问学出版

My Exploration
of Publishing Studies

方卿 著

WUHAN UNIVERSITY PRESS
武汉大学出版社

图书在版编目(CIP)数据

问学出版/方卿著.—武汉：武汉大学出版社,2023.11
ISBN 978-7-307-23627-1

Ⅰ.问… Ⅱ.方… Ⅲ.出版工作—文集 Ⅳ.G23-53

中国国家版本馆 CIP 数据核字(2023)第 043756 号

责任编辑:詹 蜜   责任校对:汪欣怡   版式设计:马 佳

出版发行: **武汉大学出版社** （430072 武昌 珞珈山）
（电子邮箱: cbs22@whu.edu.cn 网址: www.wdp.com.cn）
印刷:武汉市金港彩印有限公司
开本:720×1000 1/16 印张:24.5 字数:316 千字 插页:4
版次:2023 年 11 月第 1 版 2023 年 11 月第 1 次印刷
ISBN 978-7-307-23627-1 定价:98.00 元

方 卿

　　武汉大学人文社会科学研究院院长、出版研究院院长、教授、博士生导师。兼任多个国家级和省级学会副理事长。入选"长江学者"特聘教授、文化名家暨"四个一批"人才、"万人计划"哲学社会科学领军人才、全国新闻出版行业领军人才、湖北文化名家等高层次人才计划，获国务院政府特殊津贴。长期从事科学交流、出版营销管理、科技与数字出版等方向的教学与研究工作。主持各级各类科研项目30多项，出版著作20多部，发表论文200多篇，获中国出版政府奖、中华优秀出版物奖、国家级优秀教学成果一等奖、湖北省教学成果特等奖、湖北出版政府奖、宝钢优秀教师奖等奖励。

代序：亲历"发行专业"二三事

武汉大学的发行专业(大家都习惯这么称呼她)，在业界小有名气。院友们总自豪地将其比作发行行业的"黄埔军校"。可惜了，我不是这个"黄埔军校"的毕业生，是杂牌军，在发行专业的院友面前总觉得低人一等。但值得庆幸的是，"革命不分先后"，后来我总算混进了这个专业，而且一混就是整整30年，也沾上了"黄埔军校"的一点仙气。因此，也就有了机会，聊聊发行专业的一些事儿。

1. 闹心的"颜值"

有人说，当今是个看脸的时代，高"颜值"是走向成功的通行证。我想说的第一件事，就与"颜值"有关。虽然纯粹是件自黑的事儿，但还蛮好玩的，给我混迹于发行专业留下了美好的回忆。

大家都知道，高校招生录取的依据肯定是高考成绩，高分进名校好专业，低分只能听任"调剂"，与"颜值"应该没有多大关系(艺术类考生不在此列哈，你懂的）。事实证明，情况并非总是如此。我原本有机会改写自己结缘发行专业的历史，提前七年进入这个专业，成为"黄埔军校"的一期生，但因为低"颜值"而错过。当然，这一切我都被蒙在鼓里，并不知情。谜底的揭晓，则是七年后研究生毕业留发行专业任教时的事了。

武大发行专业，1983 年首次招生。同年，我考入武大图专，与发行专业同在一个系——图书馆学系。就学科而言，也算得上是根正苗红了。当时就听老师们讲，武大图专很牛。1977 年恢复高考后，图专的录取分数是武大文科最高的专业之一，比什么什么专业都高。自己考分不高，进了这么牛的专业，自豪呀！于是，一口气念了七年。1990 年，硕士研究生毕业留校，我被安排到了发行专业任教。这样就与发行专业结下了缘分，也才有了后来所谓闹心的"颜值"故事。

我留校时，发行教研室有十几位教师，有孙冰炎老师、乔好勤老师、罗紫初老师、黄凯卿老师、吴平老师、彭建炎老师、卿家康老师、余世英老师、朱静雯老师、黄先蓉老师等。教研室的氛围不是一般的好，大家没大没小，什么玩笑都可以开，什么话都可以说。那时，政治学习不多，周四例会大家以聊天为主，而聊天又以损人为乐。罗紫初老师，我们都叫他老罗，学生们称他罗爷爷，军人出身，豪爽得很，损人也没底线。我的闹心"颜值"故事，就是他揭晓的谜底。

据老罗讲，他是 1983 年武大招生组成员，全权负责当年图书馆学系的招生录取工作。录入图书馆学系的新生分专业就是他操刀的（估计，他是吹牛的）。他说，因为自己是发行专业的人，为发行专业招人，他有私心。要进这个专业得符合两个条件，或者其中的一个非常突出。一是考分高；二是"颜值"高（他的原话是要长得好看，长得丑的不要）。因为这两条件我都不具备，所以就没有把我放到发行专业。他这么一讲，把大家给乐坏了。我是因为长得丑而没有被录入发行专业的说法，也就这么传开了。大家乐了，我可不开心呀。回家对着镜子反复照，五官该有的都有呀，摆的也算是地方，怎么就成了老罗眼中的"长得丑"呢？三人成虎呀，坐实了事儿，想不通也不行呀。看看当时我们教研室的各位老师，个个仪表堂堂、一表人才，老罗的说法也不算太离谱。再看看今天的网红，人家靠"颜值"带货几分钟就能赚你一辈子都挣不到的钱。这样一想，我也就慢慢心安了，接受了这个低"颜值"的美名。

以貌取人，貌似不妥，但强调一个人的气质却是必需的。发行专业虽没有"美颜""整容"之功能，也绝不是老罗所说的"以貌取人"，但在培养一个人的气质方面，发行专业却有自己的一套。发行专业，培养的是文化商人，也就是"儒商"呀，必须内外兼修才行。不是说腹有诗书气自华吗？培养得好，也是可以提升"颜值"的。这些年来，武大发行专业的毕业生一直很抢手，步入社会后大多也"混"得不错，不知跟"颜值"和气质有没有点关系。如果有的话，那我这个"颜值"的故事就有了正面的意义了。

2. 永远的"情缘"

扯完闲篇，再说点正经的。头一件正事就是武大发行专业与新华书店的情缘。

发行专业来得不易。武汉大学这个专业能办起来，得益于两位先生。一位是时任新华书店总店总经理汪轶千先生，一位是武汉大学时任校长刘道玉先生。不是汪先生的执著，中国高等教育体系中不一定会有图书发行这个专业；没有刘道玉校长的开明，这个专业也不一定就办在了珞珈山、办在武汉大学。发行专业和武大的结缘，得益于他们二位。

作为时任新华书店总店总经理，汪先生为争取高校设立发行专业，付出了太多。先生曾与我谈及过其中的一些细节。从 1981 年起，他就开始积极寻求与高校合作开设相关专业，但遗憾的是，相关高校都不积极，始终没有得到响应。直到他亲自找到武汉大学时任校长刘道玉先生，才得以玉成此事。1983 年 4 月，教育部正式复函同意武汉大学设立图书发行管理学专业。在他的不懈努力下，"要选择有条件的大学设立图书发行专业"，终于写入了 1983 年中共中央、国务院颁发的《关于加强出版工作的决定》这一官方文件。

为支持这一专业建设，全国新华书店系统从办学经费、师资培训、课程教学和实习实训等方面给予了武大发行专业大量无私的支持。办学经费方面，1983 年全国新华书店系统向武汉大学无偿提供 280 多万元的共建经费。师资培训方面，总店下文要求全国新华书店系统无条件接受武大发行专业教师的专业学习和调研工作。办学初期，教研室规定凡留发行专业任课的教师都必须深入新华书店进行发行业务学习。可以说，我们第一批发行专业教师的成长都是与新华书店的培养分不开的。课程教学方面，由于新办专业师资力量严重不足，新华书店总店从全国选派理论素养好专业技能过硬的发行专业人员参与学校的教学活动。学生实习实训方面，全国所有新华书店无条件接收发行专业毕业生的实习，而且指派最好的实习指导教师，不少书店甚至还提供免费食宿。我成为发行专业的教师后，就先后去过数十家新华书店调研学习，得到了所有书店的热情接待和专业指导，亲历和见证过与新华书店系统的这种深厚情谊。

虽然发行业的市场化发展，改变了新华书店原有的计划体制，却没有改变新华书店与武大发行专业的这种情谊。新华书店总店，始终牵挂着武大发行专业的发展。2018 年，我还曾收到新华书店总店发来的公函，咨询发行专业名称变化的相关情况，希望武大发行专业继续在发行人才培养上作出新的贡献。我们武大发行专业，当然不会辜负这种期待和重托。虽然学科专业名称受教育部相关要求的限制，但我们还是在政策允许的范围内力保"发行"这一关键词。记得 2002 年，教育部启动研究生学科专业备案时，其他高校均将硕博士研究生专业名称确定为"编辑出版学"（与本科专业名称一致），但我们确定坚持保留"发行"这一关键词，将硕博士研究生专业定名为"出版发行学"，而且一直坚持至今。这是全国高校唯一带有"发行"字样的硕博士研究生专业。曾经有人问我为什么要这样做，很简单，为的就是这份情谊。

3. 尚需努力的"户口"

高校的人都清楚，业界的不一定了解，学科地位是与《学科目录》直接相关的。这里的所谓《学科目录》是指国务院学位委员会和教育部联合颁发的《学位授予和人才培养学科目录》，早期叫《授予博士、硕士学位和培养研究生的学科、专业目录》。严格意义上讲，只有上了这个目录的学科专业，才算有了"户口"，才能培养硕博士研究生，或者说，上了目录、有了"户口"，才有地位，否则就不能招收研究生，就没有地位。这个目录并不是每年都更新或曰调整的，一般十年才有一次调整的可能。

与发行相关的学科，如所谓编辑学、出版学、发行学或编辑出版学等，都没进这个目录，也就是说没有解决"户口"问题。因此，我们说，发行学等学科没有学科地位。

既然这个目录这么重要，我们为什么不进去呢？不是不想进，是人家不让。为进这个目录，编辑、出版、发行业界和学界一直都在努力，但至今仍然被挡在门外。这是几十年来我们发行专业的一大烦恼。

自 1983 年和 1984 年发行学和编辑学相继进入《普通高等学校本科专业目录》，获得正式的本科生招生权之后，出版学进入《学位授予和人才培养学科目录》，争取研究生招生权，就得以提上出版学高等教育的日程。20 世纪 90 年代初期，我刚留校时，发行专业的负责人是黄凯卿老师。关于发行专业的一些学术活动，他都放手让年轻人参加。因此，刚进入发行专业，我就有不少亲历学科建设的各类学术活动。近 30 余年来，我亲历过出版管理层、业界和学界为出版学进《学科目录》所做过的各种努力，但遗憾的是，每一次都是从希望到失望。

在我经历过的这些活动中，有两次活动给我留下了极其深刻的印象。

较早的一次是 1992 年 5 月在武汉大学召开的各相关大学参加的"全国高等学校编辑出版学专业建设座谈会"。会议是由中文系编辑学专业承办的，负责人是向新阳老师。新闻出版署分管教育和干部工作的时任副署长卢玉忆参加了这次座谈会。座谈会还形成了《高等学校编辑学专业座谈会纪要》，纪要后来还报到了教育部，作为争取进目录的支撑材料。虽然座谈会讨论的议题，主要是编辑学本科专业建设，但同时大家也呼吁要"在研究生专业目录上增加编辑学"，"改变目前借用其他学科培养编辑学专业研究生的借窝下蛋'的办法"。那时，我还是刚刚留校不到两年的青年教师，没有发言的机会，说亲历是为了好听，实际上不过是旁听了这次会而已。当时的感觉就是，副署长亲自出席，咱们这个专业有希望了。正是这次会议，让我树立了对专业的信心。我就这样一直活在希望之中。

另一次是 2004 年 8 月在北京印刷学院召开的"纪念编辑出版学专业创办二十周年座谈会"。这次会议的级别更高，时任教育部副部长吴启迪和新闻出版总署副署长柳斌杰两大部委领导同时出席。在此次座谈会上，多位重量级专家，如宋木文就编辑出版学研究生教育和学科进《学科目录》展开过深入讨论。大家一致认为，编辑出版学本科专业已经办了 20 年，培养研究生的条件已经成熟，编辑出版学完全应该进《学科目录》。在我印象中，吴启迪副部长当时还明确表态支持编辑出版学进《学科目录》的建议。这是我在经历过的多次座谈会中感觉希望最大的一次，但还是无疾而终。我们至今仍然游离在《学科目录》之外，始终没有获得我们期待的所谓"户口"。

此后，学科建设方面的座谈会、研讨会几乎年年都有，参加会议的新人也越来越多。2007 年总署人事司成立的"全国高校出版专业学科建设协作小组"、2013 年改名为"高等学校出版专业教学指导委员会"、2010 年教育部成立的出版硕士专业学位教指委、2016 年中国新闻史学会设立的编辑出版研究委员会等，每每开会讨论出版人才培养问题。几乎每次会议，都会涉及出版学进《学科目录》的问题。这些活动讨论的很多问题，也都是在"炒现饭"。因为我入行早，绝对算得上是参加此类活动的老人了，没有了年轻人的那种冲劲，对学科进《目录》一事也已不再抱太大希望了，只是抱一种平常心听听而已。

中国编辑学会的孙文科先生、张曾顺先生等领导曾多次联系我，希望在学会里牵头成立一个高教分会，大家一起努力争取进目录的事。我对他们的信任万分感谢，但我积极性并不高，一直就没有行动，实在是辜负了他们的这种信任。因为长期的努力没有得到回报，那点热情也就被浇灭了。

2002 年年初的一个深夜，传夫院长突然电话我，说是教育部启动了研究生教育学科专业备案制度，可在一级学科内自设二级学科，而且只剩两天时间就要截止了。陈院长和我连夜赶材料，第二天办完学校的手续，晚上就乘火车往北京赶。早上 7 点钟我们就到了教育部门口。零下

20 多度的气温，我俩想找个避风的地方都找不着。冻得实在受不了了，我们就叫了辆的士，在的士上待了半个多小时。后来终于在截止日前将自主设置出版发行学和信息资源管理二级学科授权点的两份材料递到相关部门。材料虽然收了，但结果却不得而知。我们当时的心情犹如北京的天气，一点都轻松不起来。可真是苍天不负有心人，我们竟然顺利地获得了在"图书馆、情报与档案管理"一级学科自主设立"出版发行学"硕博士点的权利。虽然不算正式"户口"，但我们毕竟可以自主招收硕博士研究生了。与我们同年获得首批研究生招生权的还有北京广播学院，它们是在新闻传播学一级学科自主设立的"编辑出版学"学科点。我们的出版发行学虽然是寄生在"图书馆、情报与档案管理"一级学科之下，我竟有了一种"大树底下好乘凉"的轻松感。是武汉大学"图书馆、情报与档案管理"这个一级学科收留了我们，因此，我始终对"图书馆、情报与档案管理"学科和信息管理学院心存感激。

一想到出版发行专业成功备案这件事儿，我总会联想起另外一件事，而且身怀负罪感。那还是世纪之交，作为发行专业教研室主任，我曾挑头要离开当时的图书情报学院，想加入新闻学院。可人算不如天算，刚刚闹出点动静时，图书情报学院就与新闻学院合并了，让我就这样避免了闹分裂和影响学科发展的骂名。2000 年，新武汉大学成立后，两个学院又要分开。校学科办专门派人来学院征求意见，了解发行专业是留还是去的意愿。此时，我挺身而出，组织老师们统一口径，向听取意见的领导表达了大家全部希望留在图书情报学院的愿望。这才有了发行专业今天的发展。想起这件事儿，真是觉得很可笑。从发行专业初创时期的图书馆学系，到后来的图书情报学院，一路走来，院系的主要领导黄宗忠主任、彭斐章院长、马费成院长、陈传夫院长等，对发行专业其实一直照顾有加。在早期研究生招生指标极其有限、发行专业也没有获得研究生招生授权的情况下，我们专业很早就挂靠在图书馆学之下开始培养研究生。如果放在其他学院，这几乎是完全不可能的事了。真是少不更事，险些闹成大祸。这算是学科建设中的一个小插曲吧。

还是回到自主设立出版发行学研究生专业。备案制度，并不是所有高校都像我们一样幸运，大多数高校并不具备自主设置研究生学科专业的条件。因此，这个制度虽然解决了我们的问题，但解决不了大多数高校的问题。因此，进《学科目录》仍然是困扰出版学发展的一大难题，还需要大家共同来面对。

2019 年年底，风传新一轮的学科目录调整工作又要启动了。不知是哪来的冲动，我竟又鼓起勇气给相关主管部门写了份《关于加强出版学科建设的建议》，而且很快就得到了高层领导的批示。因为与以往选择的途径不同，而且相关部门又很重视，希望再一次被燃起。受相关部门的委托，整个疫情期间，我多半时间都在折腾这件事。当然结果仍然还只是个未知数。都说谋事在人成事在天，成不成也就只有看天意了，只要努力了也就问心无愧。

这就是我亲历发行专业的二三事，都是些陈谷子烂芝麻的事儿，说道说道也就完了，并不指望它有什么意义，就算是对发行专业 30 多年发展的一点纪念吧。

原载于《武汉大学信息管理学院百年纪念丛书：世纪筑梦》，

武汉大学出版社 2020 年版

目　录

论出版学"话语权"的建构

　　一般认为，话语权是一个文化或传播学术语，其中，文化话语权看重的是不同文化的主导权和影响力，而媒介话语权强调的主要是媒介主导传播活动的能力。事实上，话语理论研究具有更加多元的取向。当今的哲学社会科学研究就十分重视各学科的话语权问题，话语权的建构甚至业已成为当下一些学科的热点议题。其中，出版学正是这样一个学科。本文拟就出版学"话语权"的建构策略谈谈个人的一些粗浅看法。

1. 出版学话语权的含义及价值

　　话语权，有两方面的基本意涵，一是话语表达的自由，即"话语权利"；二是所说话语的影响力，可以理解为"话语权力"。正如郑杭生教授所指出的，学术话语权是"说话权利和说话权力的统一"①。大家所熟知

---

① 　郑杭生．学术话语权与中国社会学发展[J]．中国社会科学，2011（2）：27-34，220.

的伏尔泰的名言"我不同意你的观点，但我誓死捍卫你说话的权利"，正是同时在这两个含义上使用了这一概念。其中，"我不同意你的观点"是指你所说话语的影响力，"我誓死捍卫你说话的权利"则是表明你有说话的自由。

但是，从学科视角看，话语权更多指向的应该是"话语权力"，即所说话语的影响力。所谓提升学术话语权，也是指要提升学科话语的影响力。本文所指的出版学话语权，针对的就是"话语权力"，而非"话语权利"，探讨的是出版学的话语影响力问题。基于话语影响力研究出版学话语权，具有十分重要的理论与实践价值，应该成为当下出版学人关注的重要学科问题。

从理论层面看，话语权是一门学科的学科体系、学术体系和话语体系科学性的集中反映。一门学科体系不健全、学术体系不成熟、话语体系不严谨的学科，是难以形成强大的学术影响力的，自然也就不可能有所谓的学科或学术话语权。也就是说，学科话语权是与学科体系、学术体系和话语体系紧密相关的。一门学科，要形成有影响力的学术话语权，必须努力建构自身科学的学科体系、学术体系和话语体系。加强学科话语权建设，实际上，是学科建设的有机组成部分，对学科的发展具有理论和现实意义。

首先，学科体系，是显示一门学科存在的价值及其在整个科学大家庭中位置的基础性指标，是衡量其学科话语权的基础。对出版学而言，其学科体系建设的关键就是要找准其在学科大家庭中的学科定位，理顺其与人文社会科学各相关学科，如新闻传播学、历史文献学、图书馆学等学科之间的关系，明确与这些相关学科之间的差异，建立自身健全的学科体系，彰显其存在的不可或缺性和独特价值。从这个意义上讲，出版学话语权的建构，首先就是一个出版学学科体系的建设问题。没有学界广泛认同的学科地位和健全的学科体系，就不可能有出版学的学科话语权。可见，出版学话语权的建构，本质上是一个出版学的学科独立性问题。只有明确了出版学是一门不同于新闻传播学、历史文献学和图书馆学等的独立学科，并且因此建立起了自身的学科体系，才有谈论其学科话语权的基础。

其次，如果说学科体系解决的是学科认同的问题，是学科存在的必要性问题，那么，学术体系所要解决的则是学科存在的可行性问题。学术体系，是展现一门学科的理论基础、概念体系、内容架构和理论观点或原理的学科核心指标，是决定其学科话语权的关键。出版学的学术体系，与新闻学、传播学和文献学等相对成熟的学科相比，还存在一些不足，如理论基础薄弱，基本概念或范畴模糊，内容框架有待完善，理论观点或原理尚有待检验等。正是其学术体系的这些不足，严重影响了出版学的话语影响力。应该说，出版学的学科话语权不足，更多的是学科自身的问题，是学科的学术积累和创新能力不足所致。因此，加强出版学话语权研究，有利于倒逼出版学学术体系的建设，有利于助力出版学学术体系早日走向成熟。

再次，话语体系是反映学科表达范式的学科要素，是学科共同体成员之间以及学科共同体向社会传递学术思想的方式与方法。一门学科的话语体系，不仅关乎其学术功能的科学建构，还直接关乎其社会功能的有效发挥。出版学的学科话语体系建设更是出版学学科建设的短板，由于其学科定位的模糊、学科基础理论的薄弱，其话语体系尚未完全形成。20 世纪，出版学研究更多的是基于人文学科范式。进入 21 世纪后，社会科学范式似乎又发挥着主导作用。这两种不同的研究范式，有着全然不同的价值取向和学术表达，造成了出版学话语体系的模糊或混乱。如果能够聚焦出版学话语权建构，重新反思其学科话语体系的缺憾或不足，促进"新文科"背景下多种研究范式的融合，必将有利于出版学科的发展。

从实践层面看，学科话语权是学科之社会功能的重要表征，学科话语权的建构直接关乎其社会功能的发挥。众所周知，出版学是一个典型的应用文科，指导出版业发展的社会功能是其最基本的学科价值体现。因此，加强学科建设与出版业发展之间的联系，从鲜活的出版实践中寻找出版研究的选题，以有针对性的研究成果服务出版实践发展，是展现出版学话语权的有效方式。然而，正如文献①所指出的，我国出版学科建设与出版产业发展之间还有某些"间隙"，"出版学界对业界的需求把握不准"，"学界的科研成果未能及时有效地解决出版业界的'痛点'"。这表明，当前出版学指导出版实践的话语影响力不够，话语权不足。只有进一步密切出版学研究与出版实践之间的联系，才能促进学科话语权的提升，出版学研究才能更好地指导出版实践的发展。

2. 基于相关学科的出版学话语权建构

出版学的话语权建构，首先需要解决的是相对于相关学科的发言权问题。只有能够证明学科存在的价值和必然性，获得相关领域的学科认同，才具有与其进行同等对话的权利，才有学科发言权。因此，理顺与相关学科之间的关系，证明学科存在的价值和必然性，尤其是学科的独立性，才是建构出版学话语权的基础。

出版学，是以"出版现象"或"出版活动"为研究对象的一个人文社会科学研究领域，它与新闻传播学、历史文献学、图书馆学等学科具有与生俱来的联系。但是，无论是从学科历史来看，还是从学界认同来看，

---

① 方卿. 从学科评估指标看出版学学科建设[J]. 出版科学，2021(2)：1.

新闻传播学、历史文献学、图书馆学等都比出版学更具影响力或发言权。因为在我国现行学科目录体系中，它们都占有一席之地，而出版学至今仍然游离于学科目录之外。囿于这一现实，出版学科建设中的各类基础性工作，如人才培养、队伍建设、项目评审、成果评价等都只能屈从于这些学科的标准和程序，完全没有学科自主性，更遑论所谓学科话语权了。那么，这种现象是否合理呢？答案是显而易见的，不合理！

出版学有自己独特的研究对象，有明确区隔于上述相关学科的清晰的学科边界，是一门不同于新闻传播学、历史文献学、图书馆学的完全独立的人文社会科学学科。

首先，"出版"与"新闻"，虽然都是人类社会有目的的传播现象，都属上层建筑范畴，但这两种社会传播的目的和侧重点却并不相同，从而导致其研究内容和研究范式与方法存在很大的差异。因此，对两者的研究也就形成了两个完全独立的学科。出版学和新闻传播学的关系，主要体现在以下三个方面。第一，两者的研究对象相邻、相近，甚至相似，但差异明显，是两种完全不同的两种社会现象。出版学的研究对象是"出版现象"或"出版活动"及其规律，新闻传播学的研究对象是"新闻传播活动"及其规律。它们的共性是，两者都属于人类社会传播现象，两者同时关乎社会上层建筑，对维系国家和社会的稳定发展具有类似的功能和价值。它们的不同之处在于，"出版活动"主要表现为一种社会文化活动，其社会功能和价值主要是通过文化的传播和传承，参与社会文化的建构，以促进民族和国家的文化认同和文化自信；而"新闻传播活动"则是一种社会舆论现象，关注的是一种"时政"文化，其社会功能和价值主要是通过时政新闻的议程设置与新闻批评，参与社会时政舆情的建构，进而影响受众的价值判断。用一句话概况，出版学强调的是文化的厚度和持久性的影响力；新闻传播学关注的则是新闻的时效性和当下影响力。可见，从研究对象视角看，出版学和新闻传播学是"和而不同"，研究对象相近，但彼此完全独立。不同的研究对象，也就决定了两者具有完全不同的社会价值和各自的学科发展规定性。第二，两者的研究内容完全不同，各自都有其自身完全独立的学科知识体系。出版学是一门研究出版活动存在和发展规律的人文社会科学学科，以社会文化建构为目标，研究书刊、音像、电子与网络出版物的编辑、复制、发行与阅读消费活动，探讨其发展规律。其中，文化是目的，出版物是载体，读者是服务对象。其内容体系以出版物为中心，研究出版物对读者和社会的文化影响及其作用机制。而新闻传播学，则是一门研究新闻事业和新闻工作规律的人文科学学科，研究新闻事业和人类社会的关系，探索新闻事业产生、发展的特殊规律和新闻工作的基本要求，具体涉及新闻的"采、写、编、评"等新闻业务活动。其研究的重点是受众、媒介或传播模式等，关注的是报纸、广播、电视等大众媒介的舆论影响及其实现机制。出版学的研究内容以出版物的"编、印、发"为中心展开；新闻传播学的研究内容以新闻的"采、写、编、评"为核心组成。各自都有其完整的内容体系。第三，两者的研究范式和方法，既有相同、相通之处，更有各自相对独立的研究范式和方法论。新闻传播学的研究范式和方法，主要是质性研究或者说规范研究，价值判断是新闻传播学方法论的核心。出版学则不尽相同，在出版学研究中，质性研究和量化研究同等重要。出版学既强调价值导向的规范作用，又注重定量化的社会学研究方法的价值。研究范式和方法的不同，其研究成果的评价标准和方法也存在显著差异。

其次，出版学与历史文献学的关系，是源于出版学研究内容中的"出版物"与历史文献学的研究对象——历史"文献"之间的相近性所造成的。无论在一般日常语境中，还是学科语境中，出版物与文献不仅相近，有时甚至完全相同。出版物就是文献，文献也是出版物。出版学与历史文献学这两个学科的研究，都会涉及出版物或文献，因此，它们的确具有一定的相关性。出版学与历史文献学，虽然相近，但却是两个彼此完全独立的学科领域，各自的研究对象、研究内容和研究范式与方法差异明显。中国历史文献学，是中国历史学的二级学科，属人文学科范畴，以历史文献为研究对象，研究历史文献的产生发展、表现方式、历史流变，以及历史文献的内容类别、整理利用，探寻其发展规律，并借以考察其社会历史或文化价值。敦煌学和古文字学是历史文献学中两个较有代表性的分支领域。由此可知，历史文献学是基于历史文献研究其所代表的历史或文化活动。其研究范式和方法，主要是史学范式或考据学方法。与此不同，文献或出版物并不是出版学的直接研究对象，只是出版学研究对象"出版活动"的衍生物，是出版学研究内容的一部分。不仅如此，出版学对文献或出版物的研究，主要关注的是文献或出版物的编辑、复制与发行活动，而不仅仅是文献或出版物所隐含的历史或文化价值。从研究范式或方法上看，出版学对文献或出版物的研究，遵循的主要是社会科学范式与研究方法，而不是史学范式或考据学方法。因此，无论从研究对象、研究内容，还是研究范式或研究方法角度看，出版学和历史文献学是两个完全不同的学科领域。它们之间的联系是形式上的，区别则是本质上的。

最后，图书馆学是一门研究图书馆的发生发展、组织管理以及图书馆工作规律的管理学学科。作为一个以机构命名的学科，图书馆学的社会认同虽然也面临不少困难，但它的建制认同问题毕竟已得到解决。图书馆现象与出版活动之间，可以看作一种临近"延续关系"，出版在前，图书馆在后。图书馆现象得以立足的书刊等文献资源，与出版业服务社会的出版物产品，虽然是完全相同的基本载体，但更是两类完全不同的社会现象。图书馆现象是一种纯粹的社会文化事业，属于社会公共文化范畴；而出版活动则基本可以定义为一种以商业形态存在的文化形态，它们各自都有其自身存在和运动的方式与规律。从学科性质上讲，图书馆学是管理学学科；出版学则是兼具人文属性的人文社会科学学科，两者的学科归属相距甚远。因此，研究范式和研究方法也存在显著不同。两者的差异性非常明显。但尽管如此，图书馆学关于读者服务和阅读推广的相关研究方法及其成果，对出版学显然具有重要的参考或借鉴价值。从这个意义上讲，两个学科之间仍然具有加强交流的必要或价值。

基于以上分析不难发现，新闻传播学、历史文献学、图书馆学等这些学科，虽然在研究对象、学科性质和研究范式方面与出版学部分相关，但却替代不了出版学。出版学是一个完全独立的人文社会科学学科领域，它有自己独特的研究对象和研究范式，完全具备形成自身话语权的学科基础。

3. 基于学科自身要求的出版学话语权建构

将学科话语权界定为学科的影响力，其中一个核心意涵是指学科自身必须具有符合学科基本规范要求的过硬的条件，即学科必须建立起完备的学术体系和话语体系。从这个意义上讲，出版学话语体系的建构完全可以理解为出版学学术体系和话语体系的建构。

出版学学术体系的建构，要围绕出版学学科知识体系的组成要素展开。一门学科的知识体系大致涉及学科的理论基础、概念体系、内容架构和理论观点或原理等方面的内容。出版学学术体系正是由理论基础、概念体系、内容架构和理论观点或原理等基本要素构成。虽然我国的出版学研究大致涵盖了这些基本要素，但是，相关各要素的研究大多并没有取得共识，形成有说服力和影响力的看法。其中，基础理论中的研究对象，就存在"出版活动""出版现象"和"出版规律"之争；学科性质，也存在"社会科学学科"和"人文学科"之争，相应地，研究范式也有"社会科学范式"和"人文范式"之争，等等。出版学的概念体系更是远未建立起来，学科的许多基础概念，如出版、读者和阅读等的内涵和外延都未得到清晰界定。出版学中的"读者"，与图书馆学的"读者"、新闻传播学的"受众"、工商管理的"用户""客户"或"消费者"等均没有被严格区隔开来。出版学的内容架构，更是仁者见仁智者见智，五花八门。理论观点或原理，更是学术体系的核心，是决定学科话语权的关键要素。然而，出版学至今并未形成能够科学揭示出版现象及其发展规律的系统性的原理或理论体系。这些现象表明，当下出版学话语权建构的核心，应该是苦练内功，首先建构好自身的学术体系。

作为学术思想表达范式的话语体系，可以从两个层面影响着学科的话语权建构，一是影响学科内部的知识体系建构，二是影响学科社会功能的建构。从学科内部的知识体系建构看，话语体系是学科共同体开展学科知识体系建构的基础，话语体系的不统一，将极大阻碍学科知识体系的建构。长期以来，我国出版学学术共同体，存在着多套不同的话语体系，大家谈论同一议题，却往往不在同一个"频道"上进行，犹如"鸡同鸭讲"。例如，关于出版的功能，业界、学界和管理层往往都是自说自话，难以形成共识。没有共同的话语基础，不遵循共同的话语范式，自然也就形不成具有共识的出版学学科知识体系。再从社会功能建构看，由于话语基础的区隔，我国出版学界和业界对出版理论和出版实践的关系有着全然不同认知，从而阻碍了出版学社会功能的有效发挥。基于这一认知，我们认为，出版学话语权的建构，还应该从建立共同的学科话语体系着手，力争早日在出版学科共体内形成一套健全的学科话语体系。

4. 基于学科社会功能的出版学话语权建构

作为一门应用文科，出版学的社会功能，主要表现为服务出版业发展。出版理论研究，若不能促进出版业发展，得不到出版业界的认同，出版学就不可能有话语权。出版学话语权的建构，必须立足于出版业发展的基本诉求，通过服务出版业发展获得学科的发言权，扩大学科的影响力。

基于服务出版业的这一社会功能，出版学话语权的构建至少要关注以下两个方面：

其一，出版学研究应该关注并积极回应出版业发展的现实需求。与任何社会科学学科一样，出版理论研究应该坚持实践导向，关注出版业发展的现实需求，回答出版业发展中的现实问题，履行其服务出版业发展的社会功能。正所谓"有为才有位"，以对重大现实问题的积极回应来争取出版业界的认同，建立起指导出版实践发展的学科话语权。然而，当前我国的出版学研究与出版实践之间始终缺乏充分的沟通和有效的对接，存在两种极端的对立倾向。一是严重脱离出版实践的所谓"纯"理论研究；二是完全没有理论指导的"唯"实践经验总结。其中，前者以单纯思辨研究范式，罔顾出版发展的阶段性和区域国别等实践特征，追求建构所谓普适性出版理论体系。后者则是陷入实践的"泥潭"，就事论事，不仅解决不了现实问题，而且还被现实问题所困。这两种极端倾向，严重影响了出版学服务出版业发展的社会功能的发挥，不利于出版学话语权的建立。当前，出版学应尽量克服这些不良倾向，积极关注新形势下我国出版业发展的现实需求。我们的研究发现，以下领域是当下我国出版业发展高度关注的重大现实问题，如出版体制与机制创新问题，出版业高质量发展问题，出版单位"双效统一"考核评价机制问题，出版业融合发展问题，文化安全、文化自信、文化强国与出版业发展问题，出版"走出去"与国际影响力问题等。

其二，强化产学研协同，注重研究成果的转化和应用。作为一门应用文科，出版学研究既要出理论、出思想，又要出技术、出对策。但无论是理论或思想，还是技术或对策，只有为出版业所用，这些研究成果的社会功能才能真正得到发挥。就笔者所了解的情况看，当下的出版研究成果，大多停留在论文、专著、软件著作权或专利证书阶段，真正转化为出版制度或政策、转化为出版生产力的却十分有限。一方面是大量的出版研究成果被束之高阁，另一方面却是出版业面临大量的棘手技术或管理难题。研究成果的闲置与业界需求的不满足，形成强烈的反差。这其中固然有研究成果科技含量不足、实用性不强、与需求的契合度不高等方面的原因，但是，仍然不乏用得上、有效果的成果同样被闲置。从这个意义上讲，强化产学研协同，建立起有效的研究成果应用推广机制，应该成为提升出版学科话语权的一个抓手。文献①就曾针对出版智库成果的转化和应用进行了专门论述，并且专门探讨了出版智库的"成果推广机制"问题。事实上，不仅是出版智库类成果，出版学研究中的政策类、策略类、技术类成果等均具有直接的应用前景，都有一个应用推广的问题。我们完全有理由相信，这种机制的建立必将大大有利于出版学基于社会服务功能的话语权的提升。

原载于《华中师范大学学报(人文社会科学版)》2021年第3期

---

① 张新新. 新闻出版智库运行机制研究[J]. 科技与出版，2019(10)：35-40.

关于出版学研究对象的思考

出版学学科建设问题的研究，总是忽冷忽热。一旦有关于学科目录调整的风声，相关研究就会"热"一阵子，等风声一过也就"冷"了下来。2019 年底，风传国务院学位委员会和教育部拟于 2020 年进行新一轮的学科目录调整，出版学学科建设问题的研究突然又"热"了起来。出版学学科建设研究的这种"忽冷忽热"现象，并不是一件好事。因为学科建设从本质上讲应该是学科发展过程中水到渠成之事，它应该与学科自身的发展水平以及社会对学科发展的需求密切相关的。从这个意义上讲，出版学学科建设应该是一个常态议题，而不应该"忽冷忽热"，时而受重视，时而被忽略或遗忘。基于这一认知，我们强烈呼吁出版管理层、业界和学界要持续关注出版学学科建设问题。

出版学的研究对象，是出版学学科基础理论中的核心或曰关键问题，也是出版学学科建设中的前置性问题。如果不能清晰地界定其研究对象，达不成共识，出版学研究及其学科建设就难以取得实质性突破。关于出版学研究对象的相关成果虽然不少，但争议较大，具有共识性的学说尚未出现。这正是困扰和制约当前出版学研究及其学科建设的症结所在。

本文拟就个人浅见，提出一些不成熟的看法，以求教于方家。

1. 学科研究对象的重要性

随着人类对自然、社会和思维认知的不断深入，学科专业的细分程度也越来越细，学科专业的数量也就越来越多。那么，什么样的研究能称其为学科，并得到学界的认可呢？就我的认知所及，并没有什么绝对的标准。但是，有两门彼此相关的学科对我们了解研究对象对于学科的重要性有一定的帮助。一门是科学学，它或多或少地涉及学科的研究对象这一问题。但遗憾的是，科学学关注的主要自然科学，很少或几乎不涉及人文社会科学。另一门是科学哲学，它对于研究对象的关注和重视对我们研究出版学的研究对象有一定指导意义。与此同时，千百年来不同学科在其发展过程中所积累的相关经验，也是指导我们解决这一问题的有效参照。

对于学科而言，研究对象的重要性再怎么强调也不为过。一个研究领域是科学或"非科学"，一门学科的存在与否，都是与它的研究对象直接相关的。

以回答"什么是科学"这一核心问题为使命的科学哲学就十分看重学科的研究对象。科学哲学中的科学划界理论(Demarcation of Science)判断一个研究领域是科学还是"非科学"的基本依据主要就是它的研究对象。早期科学划界理论中的绝对主义，甚至仅将研究对象为自然现象的研究领域界定为科学，而以非自然现象为研究对象的领域却被界定为"非科学"①。虽然后来以库恩等为代表的相对主义取代了绝对主义成为科学划

---

① 陈其荣，曹志平著. 科学基础方法论[M]. 上海：复旦大学出版社，2005.

界理论的主流，但科学划界理论对研究对象的重视和关注还是被继承了下来。也就是说，科学哲学是以研究对象来判断一个研究领域是否科学、标准。从这个意义上讲，只有加强对出版学研究对象的探讨，科学地界定出版学的研究对象，出版学才有从科学哲学视角摆脱"非科学"从而进入"科学"殿堂的可能。

一个研究领域在符合了科学哲学之"科学"标准后，是否能成为一门独立的学科，仍然是以研究对象作为衡量标准的。"学科成长的规律表明，任何一门学科要想在科学之林中谋得自己的独立地位，以求进一步的发展，其首要的条件是必须明确自己特有的研究对象"①。研究对象是一门学科区隔于其他学科的唯一标准，任何一门学科都必须有自己明确的研究对象。从这个意义上讲，研究对象实际上具有界定学科边界、限定学科研究内容的功能。学界将研究对象看作一门学科独立存在的必备条件②的这种认知，事实上，业已得到"官方"的认可。2009 年国务院学位委员会、教育部颁发的《关于印发〈学位授予和人才培养学科目录设置与治理办法〉的通知》就将"具有确定的研究对象"作为设置一级学科的四个基本条件之一，并且是四个基本条件的第一条。可见，有没有明确的研究对象是判断一门学科是否存在的前提。

有了研究对象还不够，还必须对其予以清晰的界定和表述。研究对象不明晰，即便自身科学性被认可，那也有可能只是从属于其他学科的一个研究分支，而不是一门独立的学科。人文社会科学领域中不少学科，如社会学、政治经济学、管理学等在其发展过程中都曾面临着研究对象清晰界定之困境。这些学科今天之所以得到学界的认可，得以立足于科学大家庭，与其在研究对象的明晰上所取得的突破和进展是绝对分不开

---

① 谢勇．犯罪学研究导论[M]．长沙：湖南出版社，1992.
② 陈波等编著．社会科学方法论[M]．北京：中国人民大学出版社，1989.

的。众所周知，政治经济学，作为一门独立学科，其显赫的学科地位正是与马克思在《〈政治经济学批判〉导言》《政治经济学批判大纲》《〈政治经济学批判〉序言》《关于费尔巴哈的提纲》《哲学的贫困》等系列著作中清晰界定其研究对象密不可分的①。与此相反，科学学则是一个反例。科学学本是1983年版《学科目录》中的二级学科，但是，由于其研究对象的模糊界定（"研究自然科学的社会科学"），结果到1990年版《学科目录》中却无情地"消失"了②。由此不难看出，研究对象的清晰界定对于学科发展的极端重要性了。当前，关于出版学的研究对象，成果虽然不少，但多数成果的认同度和接受度都很低。因此，深入研究，形成共识，科学表达，应该成为出版学研究对象研究的现实追求。

2. 出版学研究对象代表性观点述评

虽然出版学理论研究还比较薄弱，但在有限的出版学基础理论研究中，出版学研究对象的探讨还算得上是热点议题之一。这一方面表明，出版学界充分意识到了研究对象对学科发展的重要性，所以值得花气力去研究；另一方面也表明，这一问题尚未完全得到解决，认识还不统一，需要展开充分的讨论。为较好了解这方面的研究成果，我们通过中国知网数据库，以篇名为"出版学"且全文含"研究对象"的方式进行高级检索，得到检索结果146篇。同时，通过对超星电子书数据库，以"出版学研究对象"为检索词进行全文检索，获得检索结果50条，即研究内容涉及"出

① 许光伟. 保卫《资本论》——经济形态社会理论大纲［M］. 北京：社会科学文献出版社，2014.
② 许志峰. 端正统一学科对象是中国科学学领域当务之急［J］. 中国会议，2012（8）.

版学研究对象"检索词的著作 50 部。上述 196 篇（部）论文和著作大致反映了 20 世纪 80 年代以来我国出版学研究对象研究的基本情况。

2008 年，武汉大学罗紫初教授就曾将相关研究成果归纳为"规律说""矛盾说""文化现象说""出版要素及其关系说"和"出版活动说"等五种学说①。我们的进一步研究发现，其后的相关研究虽有表述上差异，但基本也可以纳入上述"五说"。这里我们不妨一起回顾一下罗紫初教授梳理和归纳的"五说"的含义及其代表人物。罗紫初认为，"规律说"是将出版学的研究对象界定为出版领域的有关"规律"，但究竟"以何种规律作为出版学的研究对象，各位学者又有着不同的看法"。其代表人物主要有孙权松、林人②、许力以③、梁宝柱④、高斯和洪帆⑤等。"矛盾说"是基于毛泽东关于科学研究区分的论断，即从科学对象所具有的特殊矛盾性上来确定出版学研究对象的，认为"出版发行领域的特有矛盾"是出版学的研究对象，彭建炎⑥和林岳生⑦是其代表性人物。事实上，罗紫初⑧本人也持有这类观点的。"文化现象说"，强调出版学的研究不应局限于出版发行领域，而应将社会"文化现象"作为研究对象，日本学者清水英夫⑨是其代表。"出版要素及其关系说"认为，出版发行活动是由各种具体要素构成的，要掌握出版发行活动的规律就要对各种出版要素及其相互关系进行研究，出版学的研究对象应该包含出版活动的要素及其相关关系，

---

① 罗紫初著. 编辑出版学导论[M]. 长沙：湖南大学出版社，2008.

② 孙树松，林人. 中国现代编辑学辞典[M]. 哈尔滨：黑龙江人民出版社，1991.

③ 中国出版科学研究所. 出版科研论文选粹[M]. 杭州：浙江教育出版社，1992.

④ 梁宝柱. 出版经济学导论[M]. 北京：中国书籍出版社，1991.

⑤ 高斯，洪帆. 图书编辑学概论[M]. 南京：江苏教育出版社，1989.

⑥ 彭建炎. 出版学概论[M]. 长春：吉林大学出版社，1992.

⑦ 林岳生. 图书发行学研究对象的研究[J]. 图书发行研究，1992(3).

⑧ 罗紫初，吴赟，王秋林著. 出版学基础[M]. 太原：山西人民出版社，2005.

⑨ [日]平凡社. 大百科事典第 7 卷[M]. 东京：平凡社，1985.

林穗芳①、杨斌、钟义信②、叶再生③是其代表人物。"出版活动说"，主张出版学的研究对象是具体的出版活动，包括出版活动的历史、出版活动的组织以及出版活动对社会的影响等，中国出版科学研究所主编的《编辑实用百科全书》就持有这种观点。

毫无疑问，关于出版学研究对象的这五种学说，均有一定的学术价值，为我们进一步认识出版学研究对象提供了有价值的参考。它们分别从各自不同的视角揭示了出版学研究对象本质的部分内容，或者说反映出了出版学研究对象的某一个侧面。但是，我们认为，它们揭示的只是出版学研究对象本质的部分内容，而不是全部；或者说反映出的只是出版学研究对象的某一个侧面，但不是整体。

"规律说"，强调以出版领域的某些规律，如"出版工作及其发展规律"④"出版工作过程的规律"⑤"出版全过程中的物质生产阶段的规律"⑥等作为研究对象。在我的认知范围内，将某种"规律"定义为研究对象的学科并不少，而且这种观点的认同度相较于其他观点更高，更容易被学科共同体所认同。但事实上，这是一个错误。研究对象与所谓"规律"，虽然是两个高度关联的学科范畴，但它们并不是同一个层面的学科问题。研究对象是一个学科中最基础的问题，有学者称作学科的"元问题"⑦；而规律则是"在逻辑公理规范下对研究对象的深入研究成果"⑧，是研究

---

① 中国出版科学研究所. 全国首届出版科学学术讨论会论文选集[M]. 重庆：重庆出版社，1987.
② 中国出版科学研究所. 全国首届出版科学学术讨论会论文选集[M]. 重庆：重庆出版社，1987.
③ 叶再生. 编辑出版学概论[M]. 武汉：湖北人民出版社，1988.
④ 孙树松，林人. 中国现代编辑学辞典[M]. 哈尔滨：黑龙江人民出版社，1991.
⑤ 梁宝柱. 出版经济学导论[M]. 北京：中国书籍出版社，1991.
⑥ 高斯，洪帆. 图书编辑学概论[M]. 南京：江苏教育出版社，1989.
⑦ 王子舟. 图书馆学研究对象的认识过程及范式特征[J]. 江西图书馆学刊，2002(3).
⑧ 王玉民，颜基义，潘建均，陈泽玮. 决策学的研究对象与逻辑前提[J]. 中国软科学，2018(6).

对象存在方式和运动状态的一种反映。从这个意义上讲，"规律说"能够解决的只是关于出版学研究对象认识论层面的问题，而不是本体论层面的问题，即学科的"元问题"。因此，我们认为，以出版领域的某些"规律"作为出版学的研究对象是不准确、不科学的。

"矛盾说"，将出版领域的某种矛盾，如"出版物的生产和流通的矛盾"①"出版发行活动的社会效益与经济效益的矛盾"②或"出版物商品供求矛盾"③等定义为出版学的研究对象。其理论依据是毛泽东同志的著作《矛盾论》中关于"矛盾的特殊性"的一个论断，即"科学研究的区分，就是根据科学对象所具有的特殊的矛盾性。因此，对于某一现象的领域所特有的某一种矛盾的研究，就构成某一门科学的对象"④。我们认为，基于毛泽东同志关于"矛盾的特殊性"这一论断来界定某一具体学科的研究对象同样不科学。众所周知，《矛盾论》是毛泽东同志运用唯物辩证法总结中国共产党领导中国革命斗争实践经验，阐述辩证法的实质和核心思想，即对立统一规律的一部哲学著作，而不是专门的科学学或科学哲学著作。它"对于某一现象的领域所特有的某一种矛盾的研究，就构成某一门科学的对象"的判断，对我们界定一门学科研究对象的价值，仅仅是一种哲学视角的宏观观照，而不是学理上的严格规范。事实上，《矛盾论》中具体涉及的数学中的"正数和负数"、化学中的"化分和化合"等学科特殊矛盾，也并不是数学和化学学科科学意义上的研究对象。数学的研究对象一般被界定为"现实世界的数量关系和空间形式"，而化学的研究对象则是物质，具体研究物质的组成、结构、性质、变化规律和用途等。因此，我们认为，"矛盾说"的主要价值不是体现在如何"寻找"出版学的

---

① 彭建炎. 出版学概论[M]. 长春：吉林大学出版社，1992.
② 林岳生. 图书发行学研究对象的研究[J]. 图书发行研究，1992(3).
③ 罗紫初，吴赟，王秋林著. 出版学基础[M]. 太原：山西人民出版社，2005.
④ 毛泽东. 毛泽东选集[M]. 北京：人民出版社，1972.

研究对象上，而是表现在研究对象一旦被确定后如何基于研究对象中蕴含的"特殊矛盾"开展出版学研究上。它能够解决的仅仅是学科研究中方法论问题，同样不是本体论问题。此外，从效果上看，将出版学的研究对象定义为出版领域的某种"矛盾"也将是有害的，它必将造成出版学研究价值取向的扭曲和研究范式的失准。

"文化现象说"，是这五种学说中最另类，或者说最特别的一种观点。说它另类或特别，是因为它有"越位"甚至是"错位"的嫌疑。罗紫初教授认为，"文化现象说"的代表人物是日本出版学会前会长清水英夫先生。可事实上，清水英夫并没有直接讲"文化现象"是出版学的研究对象，他只是讲"出版学是把出版作为社会文化现象科学进行调查研究的学问"①。将"文化现象"定义为出版学的研究对象显然不合适。一方面它无限放大了出版学研究的学科边界，另一方面也极大地模糊了出版学研究的焦点。在实践中，它不仅得不到出版学界的认同，而且还会给文化学、文化史、文化产业管理学等学科的研究者造成一种外来者"搅局"或"添乱"的感觉，他们自然也难以接受。当然，"文化现象说"也有它的价值，它给我们提供了界定出版学研究对象的一个文化视角。在市场经济条件下，出版更多的虽然是以产业形态出现的，但是，出版的文化属性、文化功能与文化追求却是出版学所必须坚守的研究取向。这是我们界定出版学研究对象时必须考虑的问题。

关于"出版要素及其关系说"，不同学者的表述不完全相同。林穗芳先生称作"要素"②，杨斌、钟义信等则称作"因子"③，"要素"和"因子"

---

① 平凡社.大百科事典第7卷[M].东京：平凡社，1985.
② 中国出版科学研究所.全国首届出版科学学术讨论会论文选集[M].重庆：重庆出版社，1987.
③ 中国出版科学研究所.全国首届出版科学学术讨论会论文选集[M].重庆：重庆出版社，1987.

的所指虽然也存在明显差异，但仍属同类观点。此类观点，以要素及其相互关系来定义一个学科的研究对象并不多见。一般认为，要素、结构和功能属同一学科范畴，都是系统论这一学科的研究内容。用系统论学科中单一的"要素"来定义出版学的研究对象显然是不合适的。尽管林穗芳先生所讲的"读者、出版物和出版业"等三大要素对出版学研究意义重大，但仅仅关注这些意义重大的出版"要素"（及其相互关系），而忽视或放弃统领这些要素的出版"系统"，显然是站不住脚的。林穗芳先生的读者、出版物和出版业三要素，杨斌、钟义信的"思想因子"和"形式因子"等，对出版学研究来讲都很重要，但是，即使再重要，它们仍然只是出版学的研究内容，是出版学研究对象的"衍生"问题，而不是研究对象本身。

"出版活动说"，罗紫初教授认为，这一观点源于中国出版科学研究所主编的《编辑实用百科全书》。事实上，《编辑实用百科全书》也并未明确主张这一观点，仅有类似的"暗示"，而不是明示。因此，我把这看作一个美丽的误会。之所以这样讲，是因为在我看来，将"出版活动"定义为出版学的研究对象具有一定的科学性和合理性。它既符合研究对象的规定性要求，又符合出版学自身的主体性要求。我认为，"出版活动说"是五种代表性学术中唯一可能正确的观点。相关理由将在后面详细阐述。

综上所述，上述五种学术中的四种代表性观点(除"出版活动说"外)各有各的问题和不足，但这并不能完全否定它们的价值。即便是明显错误的观点，通常也有其参考或借鉴价值。一般地讲，在学科发展初期，关于学科研究对象的争论纯属正常现象。从科学发展史上不难看出，许多学科在其产生和发展初期都出现过类似问题。即使是一些相对成熟的学科，如经济学、法学等，其关于研究对象的某些学说，虽然得到本学科学术共同体的总体认可，但其他不同观点仍有市场，甚至有一定的学术影响力。因此，我们应该鼓励大家积极参与出版学研究对象问题的讨论。

3. 定义研究对象的两个遵循

既然研究对象是一门学科的基础理论问题，那么，所有学科都会面临这一问题。然而，像这样一个具有普遍意义的学术问题，在科学学、科学哲学等与学科研究相关的学科中，竟然找不到太多有价值的理论或规范性要求。因此，我们只能参考或借鉴科学史上其他学科发展过程中界定其研究对象的一些经验或研究成果进行探索性研究。基于文献调研的相关成果，结合个人的思考，我们认为，包括出版学在内的任何一个学科的研究对象的界定，大致应该遵循基于研究对象的规定性和基于不同学科自身的主体性这样两个方面的要求。

3.1 基于研究对象的规定性

研究对象，是一门学科的基础理论部分最关键的范畴。它决定着这门学科基础理论中的其他所有问题，如研究内容、学科性质、相关学科、研究范式与研究方法等。如此重要的一个学科范畴，它不可能没有相应的规范或要求，各个学科自行其是，而应该有其自身的规定性。

我们的研究发现，研究对象的规定性可以表述为：研究对象必须是一个学科的"元问题"，而不是由"元问题"衍生出的"衍生性问题"。北京大学王子舟教授曾指出，"研究对象问题是一个最根本的元问题"[①]。所

---

① 王子舟. 图书馆学研究对象的认识过程及范式特征[J]. 江西图书馆学刊, 2002(3).

谓元问题，我们可以简单地理解为学科的第一问题，最根本、最基础的问题，或者说是该学科研究的出发点、聚焦点和落脚点。任何一门学科的研究活动都应该发源于"元问题"、聚焦于"元问题"、服务于"元问题"。

一门学科就是一个知识体系，问题众多，内容繁杂。但在一门学科的所有问题或内容中，有且仅有一个"元问题"，其他众多的问题或内容均是由这个"元问题"衍生而来。这个"元问题"就是该学科的研究对象，由"元问题"衍生而来的其他问题则是学科的研究内容，与研究对象不是处在同一层面。

界定一门学科的研究对象，正是要找到学科中的这个所谓"元问题"。从科学史上不同学科发展的经验看，学科的"元问题"通常表现为一种"客观存在"①、"目标事物或认识客体"②，而不应该是基于此衍生出来的所谓"规律""矛盾"或"要素"等。

基于这一认知，出版学研究对象中的所谓"规律说""矛盾说"或"要素及其相互关系说"也就立不住了。相反，值得我们思考的是，这些所谓的"规律""矛盾"或"要素"是从何衍生而来？很清楚，它们均是从"出版""出版现象"或"出版活动"等更为基础性的"客观存在"衍生而来，"规律"是"出版"等"客观存在"的规律，"矛盾"是"出版"等"客观存在"中的矛盾，"要素"也是"出版"等"客观存在"的要素。从这个意义上讲，"出版"等"客观存在"比衍生于其中的所谓"规律""矛盾"或"要素"更基础。同理，我们还可以循着这一思路，继续考察在出版学领域内到底还有没有比"出版"等"客观存在"更基础的范畴。如果有，就需要继续往前追，直

---

① 王玉民，颜基义，潘建均，陈泽玮. 决策学的研究对象与逻辑前提［J］. 中国软科学，2018（6）.

② 黄宗忠，彭斐章，谢灼华. 对图书馆学几个问题的初步探讨［J］. 武汉大学学报，1963（6）.

至找到其"元问题";如果没有,"出版"等"客观存在"就是出版学的所谓"元问题"了。出版学的研究对象问题也就解决了。

3.2 基于学科自身的主体性

研究对象虽然是各门学科基础理论中的共性问题,但同时更是关乎每门学科"安身立命"的"元"问题。因此,学科研究对象的界定,在遵循基于研究对象的规定性要求的同时,还必然要遵循学科自身主体性的要求。学科自身的主体性,大致包含"学科的独立性"和"学术共同体的认同"这样两个方面的内容。

学科的独立性,是各门学科按自身内在规律的要求自主发展的一种机制属性。近代以来,学科分化逐步成为学科发展的"主流"[①]。近两三百年来的科学发展史表明,学科的自主独立发展极大地推进了现代科学技术的进步。在这种背景下,学科独立性逐步成为各学科发展的不懈追求。学科的独立性,要求学科必须有可以区隔其他学科的明确的研究对象以及清晰的学科边界,力戒与其他学科"纠缠不清"。"当一门科学学科尚未将自己的研究对象与相邻学科的研究对象区分开来时,其自我意识必然是相当肤浅的、幼稚的,常常会把一些不切实际的使命强加在自己虚弱的肩上"[②],这显然不利于学科的健康发展。也就是说,学科独立性对其研究对象具有清晰界定学科边界的要求。在出版学研究对象的五种学说中,"文化现象说"就不符合学科独立性对其研究对象的这一要求。因为它模糊了"出版"等"客观存在"与其他文化现象之间的界限,容易造成研究内容的"越界"或"错位"现象,不符合"清晰的学科边界"这一要求。

---

① 刘大椿. 学科整合与交叉学科时代的到来[J]. 中国外语, 2008(5).
② 谢勇. 犯罪学研究导论[M]. 长沙:湖南出版社, 1992.

也许有人认为，学科"分化"是"融合"相伴相随的，科学研究中"越界"或"跨界"是一种普遍现象。的确如此，近几十年来学科融合现象非常普遍，但实际上，学科融合正是两个及其以上独立学科之间的合作研究行为，它恰好反映的是独立学科之间的合作，是在学科独立的基础上实现的。没有学科的独立性，也就无所谓学科融合了。因此，不应借学科融合之名否定学科的独立性，进而否定清晰界定学科边界的意义或价值。

学科自身主体性的另一项内容，是学术共同体的认同。学术共同体，大致是指一个具有共同信念、共同价值、共同规范的学术群体。一般而言，相同的学科背景更容易形成基于学科的学术共同体。学科建设是学术共同体中每一个成员的共同责任。学科建设中的一些核心问题，如学科发展、学术批判和学术规范等，只有得到共同体的总体认同，才具有约束性和影响力，起到规范学科发展的作用。学科研究对象更是需要求得本学科学术共同体的高度认同才能形成。可以说，没有学术共同体的认同，研究对象的共识就不可能形成。当然，研究对象要得到学术共同体的高度认同并非易事，尤其人文社会科学学科。即便是一些相对成熟的学科，如经济学、法学、管理学等，它们的研究对象依然存在着较大的争议，并没有哪一种观点或"学说"得到了各自学科学术共同体的一致认同。我们认为，获得学科共同体的认同，并不是指一定要形成一种所在学科所有人完全"赞同"的观点，而是指这样两个方面的含义。第一，基于学科的学术共同体对需要科学界定学科的研究对象有着共同的认知，而且各自共同朝着寻找共识而努力。第二，在学科发展进入一个相对成熟的阶段，围绕研究对象业已形成若干有较大影响力的"流派"或"学派"，虽然这些"流派"或"学派"观点不同，甚至严重对立。关于研究对象的学术争鸣，是学术研究中的正常现象，它只会有助于共识的形成，并促进学科的进步。当前，关于出版学的研究对象，虽已形成五种"学说"，但遗憾的是，这些观点基本没有取得出版学科学术共同体的广泛认同，而且大多还存在明显的不足或缺陷，各自的学科认同度都很低，基本处于一种自说自话的状态。这正是出版学不成熟的体现。

4. 界定出版学研究对象的尝试

基于以上认知，我们试图为界定出版学的研究对象做一点尝试或探索。这一尝试或探索将基于前述定义研究对象的两个遵循展开。一是从研究对象的规定性出发，寻找出版学研究的所谓"元问题"，定义出版学的研究对象；二是从学科主体性与独立性出发，界定出版学的学科边界；三是从学术共同体认同视角出发，探讨出版学研究对象的学科认同。

4.1 出版学研究对象的界定

按学科研究对象的规范性要求，一门学科的研究对象必须是该学科的"元问题"。因此，界定出版学研究对象的第一步就是要找到出版学学科的所谓"元问题"，即最根本、最基础的问题，或者说学科中的第一问题，而不是其他各类衍生问题。

我们的文献调研发现，在出版学研究中，"元问题"很少被涉及。较早论及这一问题的是浙江大学的吴赟博士。在论述编辑出版学学科发展30年存在的问题时，他指出，"编辑出版学存在一个突出的问题：缺少自有的核心理念，学科'元问题'还有待进一步明确"。"编辑出版学的学科'元问题'是什么，核心理念是什么？这些论题是编辑出版学的立身之本，亟须明确"，并且明确提出了"元问题"的含义为"是什么""解决什么问题""怎么做"等基本论题①。其后，黄新斌在建构编辑学的内容体系时曾指出，编辑学是由包括"元研究"在内的四项基本内容构成的有机整体。"元研究"包括已有研究和"元问题"的研究。其中，"元问题是学科研究中的基本问题"。他认为，编辑学的"元问题"主要是指编辑学的"基本概念、逻辑起点、学科性质及发展走向、研究方法、理论体系结构、学科结构等"②。此外这两篇文献也不同程度地涉及这一问题。文献③是在论述编辑学的新兴分支学科建设时，指出栏目学应该"强化学科元研究"。文献④则是在分析 2017 年我国出版学研究热点与趋势时，论及了版权中的"元问题"。后两者并不是针对出版学的学科建设而言的。

可见，尽管大家对什么是出版学"元问题"还存在明显的认知差异，但是就"元问题"对出版学科(或编辑学，或编辑出版学)的意义还是有共识的。这就为我们基于学科"元问题"定义出版学研究对象打下了基础。

那么，出版学科的"元问题"到底是什么呢？我想，我们是否可以从出版领域的各种所谓"客观存在""目标事物或认识客体"中来寻找。我们认为，出版领域中的"客观存在""目标事物或认识客体"不外乎出版物、读者、出版人、出版要素、出版机构、出版业、出版工作、出版经营、出版管理、出版活动，或者还有出版史、阅读、文化现象、出版技术等，也许大家可能还会罗列出更多。但从现有的出版学研究成果中，词频较高的概念主要也就这些了。上述这些出版学研究范畴，大致可以分为三类：第一，"出版"的要素类概念，如出版物、读者、出版人、出版要素、

① 吴赟. 写给"而立之年"的编辑出版学——对我国编辑出版学科发展的总结与前瞻[J]. 中国出版，2008(10).
② 黄新斌. 学科评判标准视域融合与编辑学发展新取向[J]. 现代出版，2019(2).
③ 王续琨，宋刚. 栏目学：编辑学的新兴分支学科[J]. 河南大学学报(社会科学版)，2014(4).
④ 焦俊波，崔波. 中国出版学研究热点与趋势——以 2017 年八大出版类 CSSCI 期刊为基础数据[J]. 科技与出版，2018(3).

出版机构、出版技术等；第二，出版的"种概念"，出版业、出版工作、出版经营、出版管理、出版活动、出版史等；第三，出版的临近概念，如文化现象、文献、阅读等。

应该说，这三类概念所指代的对象，虽然都是出版学科中的"客观存在""目标事物或认识客体"，符合基于研究对象规定性之形式要件的要求，但却不是出版学科的"第一问题，最根本、最基础的问题"，不符合基于研究对象规定性之实质要件的要求。其中，前两种，即要素类概念和种概念，所指代的只是出版学科知识体系中的部分"客观存在""目标事物或认识客体"，而不是全部或整体，更不是出版学科的"第一问题，最根本、最基础的问题"，它们与出版是部分与整体的关系。若将其界定为出版学的研究对象，显然"窄化"出版学。第三种，即临近概念，所指代的对象甚至都不完全是出版学科的"客观存在"，超出了出版学科边界，同样不是出版学科的"第一问题，最根本、最基础的问题"。若将其界定为出版学的研究对象，显然又"泛化"出版学。可见，上述这些出版学研究中的高频概念，似乎都不是出版学的"元问题"，不宜将其界定为出版学的研究对象。

那么，能不能把复杂问题简单化呢？如历史学、法学、社会学等相对成熟的学科，就有这种简单化的处理方法，历史学将其研究对象定义为"历史现象"，法学定义为"法现象"，社会学定义为"社会现象"等。上述这些做法，在各自学科虽然也存在不同的看法或争议，但其在学术共同体中的认同度还是比较高的，甚至成为各自学科最有代表性的经典学说。

受此启发，我们是否也可以将"出版现象"看作出版学科的"元问题"，并将其界定为出版学的研究对象呢？我们认为，这种想法是有其合理性的。

众所周知，社会科学是与自然科学对应的一个研究领域①，两者的划分标准正是其研究对象。其中，社会科学是以社会现象为研究对象的科学，自然科学是以自然现象为研究对象的科学，它们的任务是分别揭示世界某一局部现象的特殊规律②。可见，将社会现象定义为社会科学的研究对象应该是社会科学研究的一个基本规定性。正如前述，历史学、法学、社会学等相对成熟的学科，也正是将其相应的特定社会现象定义为研究对象的。出版，作为一种历史悠久影响深远的社会现象，将其定义为出版学的研究对象应该也是合适的、科学的。

从出版学研究实践看，出版现象是出版学研究的出发点，严格意义上的出版学研究均源于各种不同的出版现象；出版现象也是出版学研究的聚焦点，出版学研究的内容基本都是围绕各种不同的出版现象展开的；出版现象还是出版学研究的落脚点，揭示出版现象的存在方式和运行规律，终究是服务于出版现象科学发展的。从这个意义上讲，出版现象既是出版学科知识体系中的"客观存在""目标事物或认识客体"，也是出版学科的"第一问题，最根本、最基础的问题"，是出版学研究的"元问题"，而不是基于"元问题"的衍生问题。将其定义为出版学的研究对象，不仅完全符合基于研究对象规定性之实质要件的要求，而且也符合基于研究对象规定性之形式要件的要求。因此，我们认为，出版现象是出版学的研究对象。

4.2 出版学学科边界的界定

科学学坚信，"凡是学科就会有明确的学科范围与界限"③。出版学

① 《马克思主义与社会科学方法论》编写组. 马克思主义与社会科学方法论[M]. 北京：高等教育出版社，2012.
② 本书编写组编. 马克思主义哲学简明教程[M]. 昆明：云南人民出版社，1981.
③ 郑浩. 青年研究的学科范式冲突与再学科化——对我国改革开放四十年来青年研究的反思，中国青年研究，2019(5).

当然也不例外。所谓界定学科边界，实际上，就是确定学科的研究内容。学科的研究内容，都是围绕其研究对象展开的。它源于研究对象，又回归和服务于研究对象。研究对象一旦确定，研究内容也就相应地确定下来。

从形式上看，一门学科的研究内容大体表现为该学科的知识体系，它是由不同的知识单元按照研究对象的自身规律和研究工作的认知逻辑组成的一个严密的知识体系。界定一门学科研究内容，力戒两个方面的误操作。一是将与研究对象不直接相关的内容纳入其中，人为放大学科边界，混淆视听，干扰对研究对象的科学认知；二是遗漏研究对象理应包含的内容，导致学科知识体系的缺失或不完整，影响对研究对象认知的系统性和完整性。

既然我们将出版现象定义为出版学的研究对象，出版学的学科边界，或者说研究内容，自然也就是根据出版现象这一既定的研究对象来确定的。那么，出版学的学科边界到底在哪呢？研究内容又有哪些呢？很清楚，这些问题的答案正是蕴含在"出版现象"这一研究对象之中。

出版现象，作为一种有意识的人类社会活动，有其自身存在和运动的基本规律。出版学的研究内容，就是按照出版现象自身固有的规律开展研究所形成的知识体系。它不仅发源于出版现象，是对出版现象存在方式和运动规律的探索，而且还要"回归"出版现象，服务于出版现象，其研究成果要有助于出版现象的进步和发展。这是学科研究对象对其研究内容的基本要求，是研究对象自身规律的体现。

基于出版现象这一研究对象自身的规律，我们认为，出版学研究大致涉及出版现象的价值、要素、作业、管理和时空五个维度的内容。

出版现象的价值维度，解决的是出版现象存在的价值和意义问题，即社会为什么需要出版以及为什么有人从事出版活动，具体包括出版的功能和出版的效益两个方面的内容。其中，出版的功能，揭示的是出版现象存在和发展的社会价值问题，主要是从社会视角考察出版的价值和意义。出版的效益，揭示的则是出版存在和发展的个体价值问题，主要是从出版者(包括出版人、出版社和出版业)视角考察出版的价值问题。

出版现象的要素维度，则是揭示构成出版现象这一社会系统的组成要素，如出版产品、出版队伍、出版技术、出版资金、出版信息等各自的特征、属性、作用机制与机理，以及各要素间的相关关系等。要素维度，主要解决的是出版现象得以实现的资源保障问题。

出版现象的作业维度，是从出版现象业务流程视角揭示编辑、印刷复制、发行与阅读消费各环节的功能与价值、特征、属性、规范与要求等。作业维度，主要解决的是出版现象得以实现的业务流程问题。

出版现象的管理维度，是揭示以什么样的理念、手段与方式才能更好实现出版现象这一有意识的人类社会活动的价值和意义的问题。其内容主要包括出版工作、出版业、出版规制或管理等内容。管理维度，是出版价值维度的延伸，解决的是实现出版价值的保障机制问题。

出版现象的时空维度，包括两个方面的内容，其中，时间维度是从发展历程视角，揭示出版现象存在和发展的过去、现在和未来；空间维度则是从国家或地域视角，揭示出版现象存在和发展的共性和差异。它解决的是作为一种社会现象的出版活动必然具有的时空属性问题。

上述关于出版现象的价值、要素、作业、管理和时空五个维度的研究，既是发源于出版现象，又能"回归"和服务于出版现象。它们各自从不同的维度或视角，全方位地审视出版现象，揭示出版现象的存在方式和运动规律，服务于出版现象的进步和发展，构成基于出版现象的完整的学科知识体系。

然而，在现实中，有很多与出版现象相关的研究，如历史文献学、书史研究、文本分析等。它们虽然是基于出版活动的成果——出版物展开的，但大多是"借书说事"，其目的不在出版现象本身，而在出版现象之外。这种现象在清代表现得尤为突出，至今仍然有着很大的市场。这类研究是否属于出版学范畴，我认为值得商榷。针对这种现象，日本出版学会原会长箕轮成男先生就曾不无担心地指出，"在学科范围（意指其他学科——本文作者注）内而不是在出版范围内论述出版工作的情况越来越多。虽然这些将出版工作作为历史、文学史和哲学史学科一部分来加以论述的研究论文，从其学术研究方法来看是十分可靠的，它们对丰富和扩大出版学历史的研究起了重大作用。但是只要它们仍然仅仅作为各种知识领域的周边部分起补充作用，它们就不可能在将出版学建成一门完整学科方面直接发挥作用"①。类似现象是界定出版学学科边界时常常遇到的棘手问题，值得深入研究。

我们搭建这样一个出版学研究内容框架，是试图基于我们定义的研究对象构建一个揭示出版现象"应然状态"的学科内容体系。在当前的出版学研究中，这个内容框架中不少内容以及这些内容间的相互关系，并没有引起学界的足够关注和重视。当然，也有一些与框架中的内容关联度不高的研究，被纳入出版学研究范畴。应该说，这种现象并不奇怪，也符合人们对于学科研究对象的认知逻辑。在一门学科的发展初期，由于对研究对象认知的不确定性所造成的研究边界模糊、研究内容缺失或"越界"都属正常现象。对年轻的出版学而言，其研究对象和研究内容的认知，自然也有一个从"实然"到"应然"的过程。但是，出版学要成为一门真正的独立学科，就必须有其明确的研究对象，并基于研究对象清晰界定自己的学科边界，形成结构完整的学科内容知识体系，达到对出版

---

① 中国编辑学会编. 第六届国际出版学研讨会论文集（1993）[M]. 北京：高等教育出版社，1994.

现象"应然状态"的科学认知。

4.3 出版学科学术共同体的认同

"学科作为一种社会知识建制的基本模式，可以起到凝聚研究人员的基本功能"①，这些"凝聚"在一起的研究人员，正是所谓的学术共同体。如前所述，学术共同体是具有共同信念、共同价值、共同规范的学术群体，而对研究对象的认同，则是基于学科的学术共同体的最基本的诉求。

出版现象，虽然有着悠久的历史，但严格意义上的出版学研究时间并不长，出版学这个概念也仅有几十年的历史而已。出版学科尚处于库恩定义的"前科学时期"，距"常规科学"尚有不小的距离。库恩认为，在前科学时期，各种假说和理论相互排斥，各种学派之间也没有任何共同信念②。处于这样一个发展阶段，出版学科的学术建制尚不完备，学科的学术共同体也不成熟，凝聚力或向心力也相对较弱，对学科发展的规制能力也较为有限。

对于年轻的出版学而言，其研究对象、研究内容或学科边界，要获得其学术共同体的认同，并非易事。困难的原因主要有两个方面，一是出版学科当前所处的发展阶段使然。这样一点，参考库恩的著作就清楚了，不在此赘述。二是出版的学科性质所决定的学术共同体成员的从业背景所致。在当前相对松散的出版学科学术共同体中，成员构成异常复杂。至少涉及出版业界成员、出版学界成员和非出版领域的出版学研究者三种不同的从业背景。在出版业界和学界成员中，业界成员处于绝对的主导地位，学界与业界成员的比例严重失调，学界的话语权和话语声

---

① 郑浩. 青年研究的学科范式冲突与再学科化——对我国改革开放四十年来青年研究的反思[J]. 中国青年研究，2019(5).
② [美]托克斯·库恩著. 科学革命的结构[M]. 金吾伦，胡新和，等译. 北京：北京大学出版社，2012.

量相对较弱。这在当前我国出版学科的各类学科建制构成中表现得非常明显。非出版领域的出版学研究者，主要来自新闻传播界、文化产业界、文献学等领域，他们则更多带有原学科或行业"烙印"及诉求，学科价值取向多元。在这样一个学科专业背景结构复杂、组织松散的共同体中，期望短期在出版学的研究对象等系列基本理论问题上达成共识，显然并非易事。事实也证明，目前关于出版学研究对象的各种观点产生后，都很少得到共同体其他成员的回应或者批判。

在这样一种学术共同体中，要就出版学研究对象达成共识，仅有一种可能，即广泛开展包括研究对象在内的出版学基础理论问题的研究，力求多维度、多层次地揭示"出版现象"发展的本质属性以及出版学研究的实质性学术诉求。所谓"求同存异"，先得明"异"，知道有哪些不同的观点和学说，才便于"求同"。因此，我们认为，在广泛研究的基础上，将各种不同的观点和学说充分展示出来，将这些观点和学说各自立论的依据说清楚，阐明其学理性，方有"求同"之可能。各种观点和学说的充分展示，经过学术交流中的碰撞、蜕变、融合等现象就会出现，共识就可能达成。这虽然是一个长期甚至痛苦的过程，但一定是达成共识所必须经历的过程。因此，我们应该鼓励大家积极投身于包括研究对象在内的出版学基础理论问题的研究，为最终达成共识奠定坚实的基础。

原载于《中国出版》2020 年第 6 期

关于出版学学科性质的思考

学科性质，也称学科属性，是指一门学科在整个科学体系中的定位。研究一门学科的学科性质，就是找准其在整个科学体系中的准确定位，其目的是为规制学科发展的价值取向，规范学科研究的范式与方法，评价学科研究的成果与绩效。出版学学科性质的研究，是出版学基础理论研究的基本内容，对出版学的发展和出版学的学科建设具有重要意义。学科性质定位的失准，则可能导致其价值取向失偏、研究范式与方法失范、学科建制失策、研究成果失效等不良后果。现行出版学研究中存在的诸多问题或不足，或多或少都与其学科性质定位失当存在着实质性关联。加强出版学学科性质的研究，是出版学健康发展的需要。

1. 学科的分类标准与分类体系

对任何科学分类体系而言，其核心问题就学科分类的标准问题。只有依据一定的分类标准，才能划分出科学合理的学科分类体系。

一般地讲，学科分类的标准主要有三种：其一，按照科学研究对象进行分类。学科的研究对象，是科学研究认识的客体，它决定着学科的研究内容。研究对象不同，学科性质也就各异。也就是说，以客观世界中某种或某类事物为研究对象的各门学科，在性质上是各不相同的。因此，学科的研究对象也就成为学科分类的重要依据。按照这一标准，科学被划分为哲学、社会科学和自然科学三大类，每一大类之下，又可分为许多具体的小类。其二，按照科学研究的目的进行分类。科学研究的目的不同，最终产生的科研成果也就不同，学科性质也就各异。按照这一标准，科学界通常将科学研究活动区分为基础研究、应用研究和发展研究三种基本类型。不同目的的研究活动产生不同性质的学科。相应地，人们将整个科学划分为基础科学、应用科学和工程技术科学三大门类。这一标准主要用于自然和技术科学学科属性的界定，在人文社会科学中应用较少。其三，按照学科的内部结构进行科学分类。按照这一标准，通常将科学划分为综合性学科、边缘学科、横断学科、交叉学科、分支学科等多个学科门类。这一标准主要是从学科之间的关系定义学科性质的。

基于以上三种不同的分类标准，分别建立起了三种全然不同的学科分类体系。其中，以"研究对象"作为标准的分类体系具有普适性，且最为常用；"研究目的"标准主要用于自然和技术科学领域，对人文社会科学领域学科性质界定的意义相对有限；"学科内部结构"标准更多地应用于界定学科融合背景下发展起来的新兴学科的学科性质，对成熟学科或传统学科的适用性不足。界定一门学科的学科性质，可以从中选择其中的任何一种，当然也可以选择多种。选择其中的一个体系，就意味着基于这一分类体系的划分标准来确定其学科性质的。三类标准分别确定的学科性质，彼此并不矛盾。当然，大多数情况下，仅用单一标准判定一门学科的学科性质的情况较为普遍。

出版学学科性质的界定，原则上就应该基于这三个标准或曰三种体系展开。脱离该标准或体系的研究，往往难以获得学术界的接受或认同。

2. 出版学学科性质研究成果述评

出版学的学科性质问题，是出版学基础理论研究中争议较大的问题。我们拟在文献调研基础上，对相关代表性成果做一个简要的梳理或回顾，进而对其做一个简要的评价。

2.1 出版学学科性质研究成果综述

我们的文献调研发现，关于出版学学科性质的代表性"学说"或观点大致有"社会科学说""综合性学科说""交叉学科说"三种。

其一，"社会科学说"。此种观点认为，出版学是一门社会科学，其代表人物是林穗芳先生、罗紫初教授和魏玉山研究员。林穗芳先生在不同场合多次声明他的这一观点。例如，他曾撰文指出，"考虑到出版作为一种社会文化现象涉及许多领域，出版学的研究对象包含多种成分，每种成分的结构又极其复杂，需要运用各种学科的理论和方法从不同的角度进行综合研究。笔者倾向于把狭义的出版学（以书刊为主体，不包括报纸）看作思想、科学、文化传播领域的自成体系的综合性社会科学"①。再如，他曾在第六届国际出版研讨会上指出，"社会传播是出版的本质。依愚见，出版学是研究读者（视听人）、出版物和出版业及其相互关系以

---

① 林穗芳. 明确出版概念 加强出版学研究[J]. 出版发行研究，1990(6).

揭示出版的规律和社会作用的综合性社会科学"①。罗紫初教授在多年的出版学教学和科研活动中始终坚持，"出版学应该是一门应用性的社会科学学科"②的观点。魏玉山研究员曾主持过"出版学学科体系(与教材建设)研究"课题。在课程成果中，他指出，出版学是"一门具有应用性、交叉性的社会科学"，"出版学的学科归属于社会科学的大类之下是没有疑义的，这种分类反映了学界对出版学的研究对象、内容、方法等问题上的主流观点"③。尽管三位各自的表述并不完全相同，但在出版学的"社会科学"属性上终归是一致的。考虑到此处的社会科学是一个广义范畴，包含了人文科学，因此，我们就将出版学属于人文科学的观点略去，拟在后面另行阐述。如田建平教授等就是这种观点代表人物。④

其二，"综合性学科说"。持此种观点者认为，出版学是一门综合性学科，其代表人物是彭建炎和中岛健藏先生。彭建炎在其著作《出版学概论》中指出，"出版学是一门既属于社会科学范围，又属于技术科学和应用科学范围的学科，是社会科学、技术科学和应用科学相互渗透、相互交叉、整体结合而成的一门综合性学科"⑤。此外，日本学者中岛健藏先生关于出版学学科属性的判断，与彭建炎的观点较为接近。他认为，"出版学是某种应称之为混合学科的东西，它不像精确科学中的一门界限分明的学科"⑥。中岛健藏所指的"混合学科"，虽然并非一个常见的科学概念，但意涵还是比较清楚的，大抵相当我们通常所讲的"综合性学科"。

① 林穗芳. 明确基本概念是出版科学研究的重要课题[M]//中国编辑学会编. 第六届国际出版学研讨会论文集1993中英文对照. 北京：高等教育出版社，1994.
② 罗紫初. 编辑出版学导论[M]. 长沙：湖南大学出版社，2008.
③ "出版学学科体系(与教材建设)研究"课题. 出版学学科属性之辨[J]. 出版发行研究，2010(2).
④ 田建平，黄丽欣. 出版学学科属性新探[J]. 河北大学学报，2008(1).
⑤ 彭建炎. 出版学概论[M]. 长春：吉林大学出版社，1992.
⑥ [日]吉田公彦. 建立出版学时应考虑的几个问题[M]//第六届国际出版学研讨会论文集(1993). 北京：高等教育出版社，1994.

因此，我们将这一观点归入"综合性学科说"。

其三，"交叉学科说"。持此种观点者认为，出版学是一门具有交叉学科性质，是一门"交叉学科"，其代表人物是叶再生、张涵和吴赟等。叶再生先生在其著作《编辑出版学概论》中指出，"编辑出版学是一门社会科学与自然科学相互渗透、相互结合的交叉科学"①。张涵和苗遂奇，同样持有此类观点。他们认为，"现代出版活动既是一种物质活动，更是一种精神活动；既是一种经济活动，更是一种文化活动；既是一种科学活动，更是一种审美活动。它融合了文化学、传播学、经济学、社会学、心理学、美学等学科的特征和属性，从而使自身建立在由众多学科共筑的学术大基础上"，因此，"现代出版学是一门综合性很强的交叉学科"②。吴赟博士认为，"因为出版具有复杂的向度，出版学与其他学科之间存在着紧密的交叉、结合，跨学科的视野能够使出版学获得更加多角度的洞察与观照，获得理论与方法内在逻辑上的支持"，出版学是处于"跨学科的连接处"③。日本岳寿文章先生同样认为，出版学具有"跨学科"④性质。由于交叉学科和跨学科是同一含义，所以，将其归入同一类。

当然，相关研究成果远不止这些。有影响的观点还有不少，如王振铎先生的"耦合性学科说"⑤、蔡翔教授等的"偏应用型学科说"⑥，等等。限于文章篇幅，就不在此一一介绍。但其中的有些观点，将会在后面的研究中有所涉及。

以上是学界关于出版学学科性质研究的代表性成果。从实践上看，

---

① 叶再生.编辑出版学概论[M].武汉：湖北人民出版社，1988.
② 张涵，苗遂奇.建立一门较为成熟的现代出版学[J].中国出版，2002(12).
③ 吴赟，闫薇.出版学往何处去？——出版理论研究的范式危机与革新路径分析[J].出版发行研究，2019(3).
④ [日]吉田公彦.建立出版学时应考虑的几个问题[M]//第六届国际出版学研讨会论文集(1993)，北京：高等教育出版社，1994.
⑤ 王振铎，蔡冬丽.编辑出版学的学科体系建设[J].出版发行研究，2007(12).
⑥ 蔡翔，唐颖.对我国编辑出版学教育的几点思考[J].现代传播，2006(3).

出版学的学科性质也有全然不同的定位。从我国出版学学科建制中的高校出版学专业设置情况看，不同高校出版学专业的学科归属各不相同，分别归属于不同学科性质的学科门类，如新闻传播学、文学、管理学、图书情报与档案学等。尽管高校学科专业设置及其归属并不仅仅考虑学科性质问题，但客观地讲，它也在一定意义上反映了相关高校对出版学学科性质的认知差异。

2.2 出版学学科性质研究成果的评析

我们认为，上述对出版学学科性质定位的不同看法，从出版学的学科发展阶段来看，有其合理性。出版学，尚处于库恩定义的"前科学时期"①，其基础理论问题存在争议是一种正常现象。但是，这并不意味着，上述观点都是科学的、正确的。事实上，作为一门独立的学科，出版学的学科性质应该具有其客观的规定性，而不是可以被随意定义的。如果以判断学科性质的一般规律来衡量，上述一些观点或看法有不少是站不住脚的，对出版学的发展和出版学科建设也是有害的。我们认为，上述相关研究，其结论之所以大相径庭、差之甚远，根本的原因还是对出版学研究对象认知的偏差以及对界定学科性质的标准把握不准、运用不当所致。

首先，对出版学研究对象的认知偏差是导致对其学科性质认定出现不同结果的根本原因。如前所述，判定学科性质的首要标准就是学科的研究对象。因为当前在出版学研究对象的定位问题上出版学术共同体尚未达成基本的共识，所以就造成对学科性质认定上的差异。例如，出版学学科性质的"社会科学"与"人文学科"之争，正是与出版学研究对象的

---

① ［美］托克斯·库恩著. 科学革命的结构［M］. 金吾伦, 胡新和, 等译. 北京：北京大学出版社, 2012.

认知差异直接关联的。学界关于出版学学科性质的"社会科学说"以及高等教育实践中将出版学归入新闻传播学、文学、管理学、图书情报与档案学等学科门类的做法等，就是与出版学的研究对象是"社会现象"密切相关的。而关于出版学学科性质的"人文学科说"①以及另外一些高校将出版学专业归入"新闻传播学"和"文学"的做法，则是与出版学的研究对象是"人文现象"联系在一起的。因此，我们认为，只有清晰界定出版学的研究对象，才能真正解决其学科性质问题。如果不能清晰地界定出版学的研究对象，其学科性质的争论就难以平复。对于出版学的研究对象到底是"社会现象"，还是"人文现象"的问题，我们将在文后予以阐述。

其次，对界定学科性质的标准把握不准、运用失当则是造成出版学学科性质认知差异的关键因素。前述学界关于出版学学科性质的"综合性学科说""交叉学科说""耦合性学科"说以及"跨学科"说之争，均是对认定学科性质的"研究对象""研究目的""科学内部的结构"这三个标准的把握和使用失当使然。其中，彭建炎先生的"综合性学科说"，立论的依据是"出版学是一门既属于社会科学范围，又属于技术科学和应用科学范围的学科，是社会科学、技术科学和应用科学相互渗透、相互交叉、整体结合而成的"②一门学科。中岛健藏先生"混合学科说"立论的依据则是，出版学"不像精确科学中的一门界限分明的学科"③。两者都是混淆了判断学科性质中"研究对象"和"科学内部的结构"这两个标准所致。"综合性学科"（包括"混合学科"），不是基于研究对象区分的，而是基于"科学内部的结构"划分的。研究对象再复杂，也不会导致产生"综合性学科"，它只能将学科区隔为自然科学、社会科学和哲学。"综合性学科"，则是

---

① 田建平，黄丽欣. 出版学学科属性新探[J]. 河北大学学报，2008(1).

② 彭建炎. 出版学概论[M]. 长春：吉林大学出版社，1992.

③ [日]吉田公彦. 建立出版学时应考虑的几个问题[M]//第六届国际出版学研讨会论文集(1993)，北京：高等教育出版社，1994.

按"科学内部的结构"区分出的一种学科形态，主要是因为方法论体系的复杂性，而不是因为研究对象的模糊性所区隔出的一个学科类型。相关研究明确指出，综合性学科是"采用多学科的理论和方法进行研究的学科"，"具有很强的跨学科性，一般来说，它们都是社会科学、自然科学和技术科学汇流、交织、融合的产物"，是"既能够同时囊括多种学科的科学认识和科学方法，又能够同时容纳各类技术和多种技术的综合体"①。从这个意义上看，将出版学定义为"综合性学科"（包括"混合学科"）的观点虽然不一定是错误的，但是，他们立论的依据显然是不可靠的，相当于是"用尺子去量体重"。"交叉学科说""跨学科说"以及"耦合性学科"说，虽然表述不尽相同，但实际上含义并没有根本区别。"交叉学科"和"跨学科"原本就是同一个概念的两种不同表述。在英文中，"交叉学科"和"跨学科"同译为 interdisciplinary，所以交叉学科又称跨学科②。"耦合性学科"大致与其同义。应该说，这三种观点在一定程度上揭示了出版学学科属性的某些特质，即研究方法的多元属性，但是，它们却有一个本质上的缺陷或不足，即未能明确产生学科交叉的主体学科，也就是说，没有解决出版学是由哪些学科交叉而成的。一般而言，所谓交叉学科均是由两个或两个以上主体学科交叉结合而成。例如，在自然科学领域，化学与物理学的交叉形成了物理化学和化学物理学，化学与生物学的交叉形成了生物化学和化学生物学，物理学与生物学交叉形成了生物物理学等；在社会科学领域，教育学与心理学的交叉形成了教育心理学，法学与社会学的交叉形成了法律社会学；在自然科学和社会科学领域，环境科学与法学的交叉形成了环境法学，等等。也就是说，要将出版学定义为"交叉学科"或"跨学科"，就必须找到形成出版学的交叉主体学科。

---

① 曾月新. 论综合性学科[J]. 天津师范大学学报(社会科学版)，1988(6).
② 章菲. 百科全书交叉学科的撰稿与审稿[N]. 新华书目报，2019-9-13：14.

找不到其中的主体学科，这种观点就站不住脚。在我们看来，出版学的确具有一定的跨学科特质，其研究的确需要采用多学科的研究方法。在当今学科融合发展背景下，面向问题的跨学科研究渐成热点。出版学也不能故步自封，采用跨学科研究值得提倡和鼓励。但从本质上讲，出版学并不属于严格意义上的"交叉学科"或"跨学科"。因此，我们认为，此类观点并不严谨，值得商榷。

然后，在关于出版学学科性质的研究中，还存在两个明显的不足。一是，对"研究目的"这一标准或视角的研究关注和重视不够，更多的研究主要聚焦于"研究对象"和"研究方法"视角。尽管有少数研究涉及这方面的问题，但都是附带的，不是作为主要问题展开专门研究的。如罗紫初教授提出的"应用性的社会科学学科"①，魏玉山研究员的"应用性、交叉性的社会科学"②等，虽然都点出了出版学的"应用性"属性问题。这些观点十分难能可贵，但可惜研究不够深入，只是点到为止。事实上，这是探讨出版学学科性质的一个非常重要的视角，它对出版学研究和出版学学科建设都有十分重要的意义。这方面的研究应该进一步加强。二是，对出版学的学科性质缺乏整体性把握，常常陷入一些无端的争议。事实上，学科性质是一个需要多维度探讨的学术问题，不同维度的研究结果彼此具有兼容性，各自都有其应有的学术价值，并不是相互排斥的。一门学科，既可以是社会科学，也可以是应用科学，还可以是交叉学科，三者完全可以兼容。当然，基于同一标准划分出来的不同学科，是不能兼容的。如，一门学科是社会科学，就不能同时也是自然科学。因此，我鼓励对出版学的学科性质展开全方位立体式的系统研究，以便更加清

---

① 罗紫初. 编辑出版学导论[M]. 长沙：湖南大学出版社，2008.
② "出版学学科体系（与教材建设）研究"课题. 出版学学科属性之辨[J]. 出版发行研究，2010（2）.

晰认清出版学的本质属性。

3. 出版学学科性质的界定

界定出版学的学科性质，面临的首要问题便是如何确立认定其学科性质的标准。原则上讲，前述"研究对象""研究目标""学科内部结构"三大标准均可采用，但考虑到这些标准的适用性以及出版学自身所处发展阶段的特征，我们拟选择三个不同的视角展开研究，一是选择"研究对象"标准来审视出版学的学科性质；二是基于"研究目标"和"学科内部结构"两个标准简要分析出版学的学科性质；三是选择方法论视角对出版学的学科性质进行尝试性探索。

3.1　基于"研究对象"视角的分析

如前所述，按"研究对象"，一般可将学科分为哲学、社会科学和自然科学三大类。其中，研究对象为"社会现象"的学科便是社会科学。但需要特别强调的是，这里的所谓社会科学，实际上是一个广义的范畴，或者说是广义的社会科学。广义的社会科学，通常又可细分为人文科学和狭义的社会科学。狭义的社会科学，与人文科学相对应，通常直接简称为社会科学。人文科学和社会科学，分属两类性质不同的学科类型，其研究对象、研究范式与方法都存在显著的差异。从研究对象看，"人文学科与社会科学分别以人文现象和狭义的社会现象作为研究对象"①，而人文现象与社会现象是有一定区别的，其中，人文现象强调"人的个性、主观、心理、文化、生活等特殊方面"，社会现象强调"人的社会性、关

① 欧阳康.人文社会科学哲学[M].武汉：武汉大学出版社，2001.

系性、组织性、协作性等共性方面"。"人文科学与社会科学之间无论在关注的重点和所侧重的方面也都有所不同"①。可见，仅以广义的社会科学层次来定义一门学科的性质，还是远远不够的。如果能以更细的次级分类标准来定义学科的性质，则能够更加精确地认知学科的属性。这种以研究对象作为标准对科学进行多层次分类的方法，在现代科学分类中较为常见，它对于人们科学地认识各学科的性质有着重大意义。

首先，基于"研究对象"的首次分类。我们认为，出版学具有社会科学属性，是一门广义的社会科学。出版学的研究对象是"出版现象"。出版现象是人类社会中特有的一种社会现象，它是出版活动发展到一定历史阶段的产物，是随着出版活动的产生和发展而形成并逐步发展起来的。按照科学研究对象决定学科性质的理论，出版学就应该是一门广义的社会科学。关于出版学学科性质的这一定位，出版学科学术共同体业已形成共识。正如魏玉山研究员所指出的，"出版学的学科归属于社会科学的大类之下是没有疑义的"②。对此，我们也就无须赘述了。

然后，基于"研究对象"的二次分类。在明确了出版学属于广义的社会科学后，还面临着一个对其继续进行二次定位的问题，即它是属于广义社会科学中的人文科学，还是狭义社会科学的问题。

对于这个问题，出版学界则是存在争议的。正如前述，林穗芳先生、罗紫初教授和魏玉山研究员等均将出版学定义为社会科学。尽管他们都没有明确说明其社会科学到底是广义的社会科学，还是狭义的社会科学，但是，从他们各自的立论依据分析，我们有理由相信，他们的所指均应为狭义的社会科学。与他们不同，田建平教授等则认为，出版学属人文

---

① 欧阳康. 人文社会科学哲学论纲[J]. 江海学刊，2001(4).
② "出版学学科体系(与教材建设)研究"课题. 出版学学科属性之辨[J]. 出版发行研究，2010(2).

科学范畴，而不属于社会科学范畴。他曾明确指出，"出版学的研究，从当今学术界自然科学、社会科学和人文科学的三分法来看，应属于人文科学"①。也就是说，以广义社会科学的次级分类标准来衡量，出版学的学科性质问题，即是人文科学还是狭义社会科学的问题，出版学术共同体是没有共识的，而是存在明确争议的。

我们的分析发现，对于出版学是人文科学，还是狭义社会科学的争议，其焦点主要集中在其研究对象"出版现象"到底应该被定义为"人文现象"还是"社会现象"上。

科学哲学的著名学者欧阳康教授，曾对这两类现象进行过很有启发性的区分。他指出，人文现象强调"人的个性、主观、心理、文化、生活等特殊方面"，社会现象强调"人的社会性、关系性、组织性、协作性等共性方面"②。我们曾经梳理和回顾了出版学研究对象的五种学说，即"规律说""矛盾说""文化现象说""出版要素及其关系说""出版活动说"等。我们认为，这些观点或学说，更多的是将出版理解为一种"社会现象"。无论是"规律说"中的"出版工作"③和"出版过程"④⑤，"矛盾说"中的"出版物的生产和流通"⑥、"出版发行活动的社会效益与经济效益"⑦或"出版物商品供求"⑧、"出版要素及其关系说"中的出版三"要素"⑨或两

---

① 田建平，黄丽欣.出版学学科属性新探[J].河北大学学报，2008(1).
② 欧阳康.人文社会科学哲学论纲[J].江海学刊，2001(4).
③ 孙树松，林人.中国现代编辑学辞典[M].哈尔滨：黑龙江人民出版社，1991.
④ 梁宝柱.出版经济学导论[M].北京：中国书籍出版社，1991.
⑤ 高斯，洪帆.图书编辑学概论[M].南京：江苏教育出版社，1989.
⑥ 彭建炎.出版学概论[M].长春：吉林大学出版社，1992.
⑦ 林岳生.图书发行学研究对象的研究[J].图书发行研究，1992(3).
⑧ 罗紫初，吴赟，王秋林著.出版学基础[M].太原：山西人民出版社，2005.
⑨ 中国出版科学研究所.全国首届出版科学学术讨论会论文选集[M].重庆：重庆出版社，1987.

"因子"①，还是"出版活动说"中的"生产和流通"②等，都完全符合欧阳康教授强调的"人的社会性、关系性、组织性、协作性等共性方面"的特征，应该被看作"社会现象"，而不是"人文现象"。

但是，关于出版学研究对象五种学说中的"文化现象说"③，到底该如何定位的确值得探讨。应该说，文化现象具有典型的双重属性，既可以属人文范畴，也可以归入社会现象范畴。那到底该如何认定呢？我们不妨从欧阳康教授所说的它们各自"关注的重点和所侧重的方面"④来考察。我们认为，作为一种"文化现象"的出版，它强调的显然不是"人的个性、主观、心理、文化、生活等特殊方面"，而是"人的社会性、关系性、组织性、协作性等共性方面"，是出版"文化现象"的社会共性，而不像文学、美学等人文学科那样关注个人的主观感受。因此，我们认为，出版这种"文化现象"，应该是一种"社会现象"，而不是"人文现象"；出版学是狭义社会科学，而不是人文科学。

综上，我们认为，从研究对象的次级分类标准来看，出版学并不是人文科学，而是狭义的社会科学，属社会科学范畴。

3.2 基于"研究目标"和"学科内部结构"视角的分析

"研究对象"只是定义学科性质的维度之一，以"研究目标"和"学科内部结构"这两个标准对学科性质展开多维度的分析，对科学界定出版学的学科性质显然是必要的，也是有意义的。

如前述，按照科学的"研究目标"，通常将科学划分为基础科学、应

① 中国出版科学研究所. 全国首届出版科学学术讨论会论文选集[M]. 重庆：重庆出版社，1987.
② 彭建炎. 出版学概论[M]. 长春：吉林大学出版社，1992.
③ 平凡社. 大百科事典第7卷[M]. 东京：平凡社，1985.
④ 欧阳康. 人文社会科学哲学论纲[J]. 江海学刊，2001(4).

用科学和工程技术科学等三大学科门类。但这一学科分类体系，主要应用于自然和技术科学领域，在人文社会科学领域的适用性明显不足。就出版学而言，虽然我们完全可以排除其"基础学科"和"工程技术学科"的学科属性，但它是否具有"应用学科"的性质却有待做进一步探讨。

目前，出版学界有不少声音，认为出版学是一门应用学科，蔡翔教授等就曾对此进行过系统梳理和归纳。他指出，"对于编辑出版学的学科性质这一问题，学界还存在很大争议。代表性观点有'纯理论学科'说、'纯应用学科'说、'理论加应用学科'说、'理论为主，应用为辅学科'说、'三结合学科'说、'边缘科学'说等"。但他本人"更倾向于认为编辑出版学是一门兼容性极强的偏应用型学科"[①]。那么，这种观点是否站得住脚呢？判断一门学科是否应用学科，应该考察两个关键点。一是学科的研究是不是有实实在在的应用性目标，它要解决的是哪一个领域或行业中的应用性问题；二是学科是否基于某一"基础学科"开展应用性研究的，这一基础学科是什么。从这两个关键点来考察，我们认为，出版学仅符合其中之一，即解决出版"领域或行业中的应用性问题"。因为我们在出版学研究中找不到这样一个"基础学科"。事实上，前述各种所谓"学说"在其立论时，大多也没有很好地解决这个问题。传播学貌似有成为出版学基础学科的某种可能，但我们认为，传播学不仅难以从基本理论体系，而且也难以从研究范式和方法上，为出版学提供全方位的实质性的研究规范。因此，我们不倾向于将出版学定义为应用性学科。

按"学科内部结构"，通常将科学划分为综合性学科、边缘学科、横断学科、交叉学科、分支学科等多种学科门类。在出版学界，也有不少学者利用这一标准来界定出版学的学科性质。其结论主要有两个：其一，

---

① 蔡翔，唐颖. 对我国编辑出版学教育的几点思考[J]. 现代传播，2006(3).

出版学是一门"综合性学科"，如彭建炎先生的"综合性学科说"①、林穗芳先生"综合性社会科学"说②以及岛健藏先生的"混合学科"③说等。其二，出版学是一门"交叉学科"（含"跨学科"），如叶再生先生的社会科学与自然科学相互渗透、相互结合的"交叉学科说"、张涵先生等的综合性很强的"交叉学科"④以及吴赟博士的"跨学科的连接处"⑤等。我们认为，上述这两个观点，立论的依据也都不充分。因为无论是综合性学科，还是交叉学科，均是由两个或两个以上既有"常规学科"基于某一研究对象"综合"或"交叉"重构而成。如果找不到基于"出版现象"实现"综合"或"交叉"的两个或两个以上既有"常规学科"的话，那就难以将出版学认定为"综合性学科"和"交叉学科"。上述各种观点仅仅只是基于出版学研究需要多学科的研究方法所得出的结论，而未能从学理上阐明出版学到底是由哪些"常规学科"综合或交叉而成。解释不了这个问题，其结论的可靠性就将受到质疑。因此，我们无法认同，出版学具有综合性学科和交叉学科性质的观点。也就是说，出版学既不是综合性学科，也不是交叉学科。

综上所述，通过基于"研究目标"和"学科内部结构"视角的考察，我们不能认定出版学具有"应用学科""综合性学科""交叉学科"的属性。

3.3 基于方法论视角的分析

科学学和科学哲学，虽然没有基于研究方法界定学科性质的成熟理

---

① 彭建炎. 出版学概论[M]. 长春：吉林大学出版社，1992.

② 林穗芳. 明确出版概念 加强出版学研究[J]. 出版发行研究，1990(6).

③ [日]吉田公彦. 建立出版学时应考虑的几个问题[M]//第六届国际出版学研讨会论文集(1993)，北京：高等教育出版社，1994.

④ 张涵，苗遂奇. 建立一门较为成熟的现代出版学[J]. 中国出版，2002(12).

⑤ 吴赟，闫薇. 出版学往何处去？——出版理论研究的范式危机与革新路径分析[J]. 出版发行研究，2019(3).

论，但却不乏基于研究方法探讨学科建设和发展方面的研究成果。如，黑格尔就曾指出，从人类文明史和学术史上看，理论和方法是同时产生的，并且从来就是相互联系的，就学术理论而言"方法并不是外在的形式，而是内容的灵魂和概念"①。刘大椿教授等甚至认为，"人文学科与社会科学的区别主要是方法论意义上的，而不是实体意义上的，基本对象上的趋同远远超过它们之间的区别"②。正因为如此，所以在学科基础理论研究中，就有不少基于学科的研究方法探讨其学科性质的做法。

基于这一认知，我们不妨也尝试从方法论视角来考察一下出版学的学科属性问题。

客观地讲，出版学研究的方法和方法论尚处在形成过程之中，其研究方法体系仍不完备。在出版学研究过程中，不同的研究方向、不同的研究目的、不同的研究者，采用的研究方法各不相同，甚至是五花八门。如果一定要将研究方法区隔为人文学科研究方法和社会学科研究方法的话，那么，在出版学研究活动中，这两类方法都在被广泛使用。在出版史、编辑学、阅读研究等领域的研究中，人文学科研究方法大行其道；而在出版业务、经营管理、出版技术等领域，社会学科研究方法则使用得更为普遍。但很难量化，哪一种研究方法使用得更为普遍，通过哪一种研究方法获得的成果更加逼近"出版现象"的真相和本质。

出版学界，对这两类研究方法到底哪一种更契合出版学研究的需求同样有着不同的看法。一些学者认为，出版学应该使用人文学科的研究方法，而不是社会学科的研究方法。如田建平教授认为，"出版学研究的理论主要应是人文主义的理论，出版学研究的方法，也主要就是人文主义的方法"，"出版学研究可以运用一切人文科学的方法，诸如哲学的方

① ［德］黑格尔. 小逻辑［M］. 北京：商务印书馆，1980.
② 刘大椿，潘睿. 人文社会科学的分化与整合［J］. 中国人民大学学报，2009（1）.

法、史学的方法、文化分析的方法、经济学的方法等"①。相反，另外一些学者则认为，出版学应该使用社会学科研究方法，而不是人文学科研究方法。一些青年学者，如吴赟、刘永红等就表达了这方面的看法。如吴赟博士曾指出，目前在出版学研究的某些领域是"侧重于思辨方法"的，但"出版学研究仅仅依靠思辨方法是不够的，要对实践进行科学指导，必须大量采用实证研究方法"，出版学研究中"应处理好实证研究与思辨研究的关系"②。刘永红认为，我国"出版学研究的科学主义和人文主义特征明显"，研究方法存在"重思辨推理轻实证研究"的缺陷③。也就是说，这些青年学者对现行出版学研究中过多地使用人文学科研究方法表达了忧虑或不满，主张出版学研究应该更多地采用社会科学的研究方法。

我们认为，由于出版学研究对象"出版现象"的复杂性，人文学科研究方法和社会科学研究方法，在出版学研究中都可以有所作为。两者对科学认知"出版现象"有着彼此不可替代的作用。人文学科研究方法，有助于揭示"出版现象"的人文属性与价值追求，建构出版学研究的价值认知体系。社会科学研究方法，则有助于揭示"出版现象"的经营与管理规律，建构出版学研究的社会认知体系。这就是说，从方法论视角，似乎难以认定出版学的学科归属。

事实上，真相并非如此。这是误读学科性质与研究方法之间关系所带来的不良后果。科学学和科学哲学，关注研究方法对学科发展的影响和意义，从本质上，是要解决科学研究中正确使用方法和方法论的问题，而不是意图通过研究方法来界定学科性质。科学哲学强调，在学科性质

① 田建平，黄丽欣. 出版学学科属性新探[J]. 河北大学学报，2008(1).
② 吴赟. 关于深化出版学研究的几个问题[J]. 图书情报知识，2003(4).
③ 刘永红. 出版学研究方法的现状与完善[J]. 大学出版，2008(3).

与研究方法的关系中，"学科性质决定研究方法"①。也就是说，在学科范畴内，学科性质与研究方法的关系虽然密不可分，甚至相互成就的，但两者之间仍然是主从关系。学科性质是主，研究方法为从。学科性质决定研究方法，研究方法服务于学科性质。在明确了两者的关系后，就不应再去纠结基于研究方法认定学科性质的问题，学科性质应该交由研究对象而不是研究方法去决定。基于这一认知，我们认为，出版学研究同时需要人文学科的研究方法和社会科学的研究方法。但是，这两种研究方法的同时使用，并不能改变出版学属于狭义社会科学范畴的事实。

4. 结　语

出版学的学科性质，事关出版学研究的价值取向、研究范式与方法、绩效与成果评价的选择与运用，是出版学基础理论中的关键性研究范畴。当前，学界对这一问题的重视程度还不够，有待进一步提高认识，加强研究。

现行出版学学科性质研究的代表性观点或学说，在立论和方法上或多或少地存在一些不符合科学学和科学哲学对此问题研究的规范或要求，学界或学术共同体的接受度和认同度都不高。因此，今后的研究不仅要重视出版行业或领域的诉求以及出版学科的自主性需求，而且也必须遵从科学学和科学哲学的相关研究规范或要求。

出版学的学科性质，是一个需要进行多维度全方位研讨的学科基础理论范畴。我们的研究表明：从研究对象维度看，出版学可以被界定为

① 张华夏，叶侨健编著. 现代自然哲学与科学哲学(自然辩证法概论)[M]. 广州：中山大学出版社，1996.

狭义的社会科学，具有社会科学属性；从研究目标和学科内部结构看，我们难以认同出版学具有应用学科、综合性学科和交叉学科（含跨学科）性质的观点；从方法论视角看，出版学研究表现出多元化的方法依赖特质，但多元化的研究方法并不能影响其内在的学科性质。

原载于《出版科学》2020 年第 3 期

关于出版学专业方向设置的思考

为呼应出版学一级学科申报，在武汉暂时关闭离汉通道期间，我曾围绕出版学科的基本理论问题写过一组文章。前些天，《出版广角》的罗梅女士联系我，约我写篇出版学科建设方面的文章，而且提供了多个题目供我选择。因为前一组文章，主要是聚焦于出版学的研究对象、学科性质和研究范式等，没有系统涉及出版学的研究内容或研究方向等问题，所以我就选择了"出版学的专业方向"这一主题。

学科的专业方向，严格意义上讲，还可以细分为学科、专业和方向。其中，学科和专业，既是学术范畴，又需要"官方认可"。一般而言，只有进入《授予博士、硕士学位和培养研究生的学科、专业目录》(以下简称《研究生学科专业目录》)或《普通高等学校本科专业目录》(以下简称《本科专业目录》)的研究领域，才称得上是学科或专业。方向，则不同，既可称作学科方向、专业方向，也可称作学科专业方向，是学科或专业的下位类，是比学科或专业更小的研究领域。通常，可以将其看作一个单纯的学术范畴，一般无须"官方认可"。也就是说，它没有进目录的问题，可由办学单位自行设立。进入上述两个《目录》中的学科或专业，一般都可以自主设立下位类的专业方向。

因为出版学尚未进入《研究生学科专业目录》，本文中的专业方向，不妨将其定义为出版学科的下位类研究领域。一旦出版学以一级学科的身份进入《研究生学科专业目录》中，那它就可以称为"二级学科"或专业了；如果出版学是以二级学科的身份进入《研究生学科专业目录》中，那它就只能称为专业方向了。当然，如出版学压根就进不了《研究生学科专业目录》，那出版学本身就只能是其他学科的专业方向了，这里所探讨的所谓专业方向，也就相当于"课题"了。但尽管如此，专业方向的合理设置，的确是出版学科建设中的一个重要问题，具有很好的研究价值。

1. 出版学专业方向设置的基本规定性

作为学科或专业的下位类研究领域，专业方向虽然可由办学单位自行设立，但是，专业方向的设置仍然是一件十分严谨的学科建设工作，有其相应的学科规定性，并不能随心所欲，随意设置。

个人理解，专业方向的设置大致应该遵循三个方面的要求。一是学科或专业的规定性要求，二是社会对人才需求的规定性要求，三是办学单位人才培养目标和条件的规定性要求。其中，学科或专业的规定性要求，应该成为考虑出版学专业方向设置的重点。

专业方向设置的学科或专业规定性要求，源于学科的研究对象与研究内容。学科的研究对象决定了学科的研究内容，而研究内容的概括或凝练就形成了所谓的专业方向。也就是说，专业方向，本质上，是学科研究内容的概括或凝练。从这个意义上讲，专业方向的设置，是以科学定义学科的研究对象和准确界定学科的研究内容为前提的。当前出版学专业方向设置的不明晰，正是与其研究对象、研究内容等学科基本问题尚未达成共识直接相关的。要科学设置出版学的专业方向，必须科学定义出版学的研究对象和准确界定其研究内容。

从学科研究对象视角看，出版学的专业方向应该科学揭示出版学研究对象的本质，高度契合出版学研究对象所涉及的基本范畴或领域。学科的研究对象是一门学科的"元问题"，是一门学科区隔于其他学科而存在的基本表征及其社会认同的前提或基础。学科的研究对象，是其专业方向设置的基础或前提。

首先，出版学的专业方向必须能够科学揭示出版学研究对象的本质。出版学的研究对象是"出版现象"，出版学的专业方向设置必须以"出版现象"为基础，揭示"出版现象"存在和发展的本质规律。作为一种有意识的人类社会现象，出版的本质属性，到底是"经济现象"还是"文化现象"？对这个问题的不同回答，将直接攸关出版学的专业方向设置。如果将出版定义为"经济现象"，那么，出版学的专业方向就应该围绕出版经营活动来展开。相反，如果将出版定义为"文化现象"，那么，出版学的专业方向就应该围绕具有文化建构功能的出版编辑活动来展开。可见，对学科研究对象的不同认知，直接关乎其专业方向的设置。要科学设置出版学的专业方向，必须准确把握出版学研究对象的本质。我们认为，出版的本质属性是文化属性，出版学专业方向的设置应该围绕出版中的编辑活动来展开。这是出版学科自身规定性的要求。脱离编辑建构出版学的专业方向，不符合其学科规定性的基本要求。

然后，出版学专业方向的设置还必须高度契合出版学研究对象所涉及的基本范畴或领域，专业方向理应涵盖研究对象涉及的基本范畴或领域，错位、越位和缺位都是不可取的。例如，从出版流程角度看，出版学研究覆盖了编辑、印刷(复制)和发行等业务环节。如果以此来建构出版学的专业方向，那就应该同时覆盖上述全部流程或环节，建构包括编辑学、印刷学和发行学在内的专业方向。在《关于出版学研究对象的思考》一文①中，我曾回顾和梳理了出版学研究对象的相关代表性研究成果，将"出版现象"定义为出版学的研究对象，进而基于这一思考，将出版学的研究内容界定为出版现象的价值、要素、作业、管理和时空五个维度，并对这五个维度的研究内容做出简要界定。这虽是一家之言，但我认为，出版学专业方向的设置大致应该涵盖但却不能超越这些领域。虽然全覆盖是必须的，但越界也是不可取的，例如，将目录学、校勘学等看作出版学的专业方向，就有越位的嫌疑。

从学科研究内容视角看，出版学的专业方向是出版学研究内容的概括和凝练。专业方向虽然与学科的研究内容具有相似性，甚至一致性，但两者毕竟是不同的概念。一般而言，研究内容较为具象，而专业方向则相对概括或宏观。在学科建设中，所谓"凝练方向"之说，恰好表明了研究内容需要经过概括和提炼方可成为专业方向。出版学的研究内容很多很广，但考虑到其学科发展的阶段性特征，其专业方向却不宜太多，应该适当收敛才更容易获得学术共同体认同。

此外，出版学的专业方向设置，还应该兼顾社会对出版人才的需求以及办学单位的人才培养目标和办学条件。任何学科的专业方向设置，一般都是学科规定性与现实需求相互妥协的产物，并不完全是基于研究对象的本质规律来确定的。应该说，这是符合高等教育和学科建设发展基本规律的，并不需要遮遮掩掩。从现行学科目录看，几乎全部一级学科中二级学科(也就是我们所说的专业方向)的设置，或多或少地考虑到了学科发展的现实需求。出版学的专业方向设置更是如此。比如说，从

---

① 方卿. 关于出版学研究对象的思考[J]. 中国出版，2020(6)：15-23.

学科规定性角度看，技术只是出版的一个基本要素，但是考虑到数字技术在当今出版业发展中的特殊地位以及出版人才市场的巨大需求，设置一个"数字出版"之类的专业方向也是完全说得过去的。同时，对不同高校而言，各自的出版学专业方向设置也不必整齐划一，完全可以基于自身的办学定位和条件设置一些有特色的专业方向。如一些职校，设置"数字编辑"专业方向就不失为一种明智的选择。

需要强调一点的是，专业方向的设置，原则上是要获得学科的学术共同体大致认同的，并且具有相对的稳定性。出版学的专业方向设置，要尽量避免想当然和随心所欲，一些新的专业方向的设置，建议进行严格的论证。业已设置的专业方向，建议进行持续的培育，而不是追风逐浪，随意调整。

2. 出版学专业方向设置研究的代表性观点回顾

出版学的专业方向设置，是一个出版学学科建设议题。虽然出版业历史悠久，关于出版的相关研究自然天成、历史久远，但是，"出版学"这一概念的提出却不足百年，目标明确的出版学科建设则仅有几十年的时间。由于学科名称之争以及学科未能进入官方认可的《研究生学科专业目录》的尴尬，系统的出版学专业方向设置研究并不普遍，研究成果也相对有限。

笔者的文献调研发现，相关研究较早出现在 20 世纪 80 年代中叶，30多年来，研究工作取得了一些初步成果。我们拟对其中的一些代表性成果做一个简要的梳理和回顾。

观点一：出版基础理论、出版应用理论和应用出版业务与技术。

1986 年，宋原放先生指出，出版学是一个多层次的理论体系，出版学由三个基本层次构成。其中，第一个层次是基础理论和基本出版知识，它包含出版学(或出版学概论)、出版管理学、发展出版学、中国出版史、外国出版史等。第二个层次是应用理论和部门出版知识，它包含编辑学、印刷学、图书发行学、书籍装帧艺术、中外编辑史、印刷史、发行史以及其他分支学科，如目录学、版本学、校勘学、读者学等。第三个层次是应用出版业务和技术知识，它包含书刊编辑业务、校对业务、图书版式设计、印刷技术、信息资料业务、出版社经营管理、印刷厂经营管理、书店经营管理等①。这是笔者所见的较早研究成果，此时，"发行学"和"编辑学"专业的本科高等教育才刚刚起步。

观点二：理论出版学、应用出版学和历史出版学。1988 年，王业康先生在其主编的《简明编辑出版词典》中，将出版学划分为"广义出版学"和"狭义出版学"。其中，广义出版学主要分为三个部分：理论出版学、应用出版学和历史出版学②。王业康先生的理论、应用与历史的三分法，为李新祥教授③、张志强教授④等所继承，他们对此三分法的顺序做了一些调整，将其调整为理论出版学、历史出版学与应用出版学。这是到目前为止，影响较大的观点，获得了较多同行的认可。

观点三：基础科学、应用科学和生产科学。赵文裕和章荣华先生指出，出版学理论体系包括：基础科学、应用科学、生产科学三个层次。其中，基础科学是一般基础理论，如出版科学概论、中国出版史、外国出版史、出版管理学、出版经济学等；应用科学指与生产有关的各门专业理论，如编辑学、图书发行学、书籍装帧艺术等；生产科学是比较专门的具

① 宋原放. 关于出版学的对象和任务[J]. 编辑学刊，1986(1)：7-8.
② 王业康主编. 简明编辑出版词典[M]. 北京：中国展望出版社，1988.
③ 李新祥. 试论出版学的学科体系[J]. 科技与出版，2009(11)：69-73.
④ 张志强. 现代出版学[M]. 苏州：苏州大学出版社，2003：17-18.

体的知识，如实用编辑学、校对业务、版式设计知识、印刷技术等①。

观点四：理论出版学、业务与技术出版学和应用出版学。彭建炎先生将出版学的学科体系分为三类学科：一是理论出版学，包括出版学概论、出版学方法、出版未来学、出版比较学、出版史、出版学史等；二是业务、技术出版学，包括出版编辑学、出版复制学、出版物发行学、读者学、出版评论学、出版经济学、出版管理学、出版系统论、出版法学、出版社会学、出版现代化等；三是应用出版学，包括书籍出版学、报纸出版学、音像出版学、缩微出版学、软件出版学、盲文出版学、民族出版学等②。

观点五：出版文化学、实用出版学和出版教育学。张立先生认为，出版学应该分为出版文化学、实用出版学和出版教育学这样三个专业方向。他进一步指出，在这个新结构里，传统的出版学基本上被划归到"实用出版学"部分。此外，还有一个更加广阔的领域我们涉足尚浅，这就是"出版文化学"，我们要从"大出版学"的角度去探讨出版与文化、出版与社会的关系，从而给出版文化勾勒出一幅更加宏伟的轮廓③。

观点六：编辑学、印刷学和发行学。在 1991 年《中国大百科全书·新闻出版》卷中，许力以先生指出，"出版学是研究出版规律的科学，是研究出版的历史、社会作用的科学。出版学范围较广，其分支学科，有编辑学、印刷学和发行学"④。这一基于出版业务流程的编、印、发三分法，受到了出版业界和学界的较广泛认同。如何皓先生⑤、孔正毅教授⑥等在其研究中也继承或延续了许力以先生的这一观点。这是基于出版业

① 赵文裕，章荣华．关于出版科学研究的理性思考[J]．出版发行研究，1990(1)：47-50.
② 彭建炎．出版学概论[M]．长春：吉林大学出版社，1992：73.
③ 张立．关于出版学理论体系的构想[J]．编辑之友，1992(3)：45-47.
④ 中国大百科全书·新闻出版[M]．北京：中国大百科全书出版社，1991.
⑤ 何皓．论出版学高等教育[J]．出版科学，2005(6)：30-33.
⑥ 孔正毅．关于出版学学科体系建构的若干思考[J]．出版科学，2009(3)：18-21.

务流程建构专业方向的较早观点，它较好地反映了当时出版本科高等教育学科设置的基本状况。

观点七：编辑学、出版学（狭义）和发行学。张立先生在梳理与回顾1983 年我国第一届出版研究年会 8 年后我国出版学理论体系研究历程时指出，出版学的研究基本上是按照编辑学、出版学（狭义）和发行学三个基本板块的结构展开的[①]。在充分肯定这些研究成就的同时，他指出了出版学研究这种按"板块"展开的不足，进而提出了一种全新的出版学知识体系构想，即以上的"观点五"。

此外，张涵和苗遂奇先生[②]的四属性分类法，罗紫初教授[③]等人的"五分法"等也有一定的代表性，但限于篇幅，就不在此做专门介绍。

通过梳理与回顾，我们发现，上述各种观点虽然存在明显差异，但出版学专业方向建构的主要路径还是存在着某些相似性的。大家应该不难发现，上述研究大致沿着两条路径展开：一是出版理论与实践（或应用）路径，如前五种观点；二是出版业务流程（或环节）路径，如后两种观点。这一发现提示我们，建构出版学专业方向的路径，学界是有某种默契的。当然，至于这两种路径中，哪条路径更适合于出版学专业方向的建构，大家的看法还不尽相同。近期，在中宣部出版局组织的相关讨论中，关于这一问题的争论也十分激烈，始终难以达成共识。

3. 出版学专业方向设置的构想

下面，不妨学科专业方向设置的规定性要求，在借鉴前人相关研究

① 张立. 关于出版学理论体系的构想[J]. 编辑之友，1992(3)：45-47.
② 张涵. 苗遂奇. 建立一门较为成熟的现代出版学[J]. 中国出版，2002(12)：21-22.
③ 罗紫初. 出版学理论研究述评[J]. 出版科学，2002(S1)：4-11, 17.

成果的基础上，提出自己的相关构想，供大家批评。

我们认为，出版学，可以设置"基础出版学""编辑学""发行学""现代出版技术"四个专业方向。这一构想，沿着上述第二条路径，即出版业务流程(或环节)展开，以出版业务流程为主线，兼顾流程各环节的共性学理问题。其中，编辑学和发行学以出版业务环节命名；现代出版技术，则是以出版业务流程中的印刷环节为主，综合考虑数字出版发展而设立；基础出版学，则是考虑到出版流程涵盖不了的共性问题而设立，对其他三个方向具有一定的统领价值。之所以用基础出版学，而不是理论出版学，主要是考虑到出版学本身的实践性或应用性。基础出版学虽以出版理论为主，但同时也内含出版学的实践问题。

这一构想的基本考虑如下：

第一，这一构想大致能够体现学科规定性对专业方向设置的基本要求。

出版学的专业方向设置，首先需要考虑的是出版学的本质属性，而不是其他。出版学是研究什么问题的？出版学需要解决的根本问题是什么？在它的研究内容中，什么才是区隔出版学与其他学科的根本性问题？

我们认为，出版学之所以能够成为一门相对独立的学科，是因为它有不同于其他学科的完全独立的研究对象——出版现象，并且围绕着这一特有的研究对象形成了相对稳定的研究内容知识体系。在其研究内容体系中，有理论，有应用；有历史，有现实；有文化，有商业；有内容，有技术；有要素，有流程；有运营，有管理，等等。但在这些内容中，唯有"编辑"才是决定性的本质的东西。编辑是一种文化选择，它决定了出版的功能和价值；编辑是出版业务流程的起点，决定了出版产品或服务的市场潜力；编辑是一种行为或活动，也是一种理念或理论，它决定了出版学的学科性质。编辑学是出版学的核心内容，它是区隔出版学与其他学科的最本质的东西。从这个意义上讲，没有了编辑学的出版学是难以想象的。

既然编辑学对出版学如此重要，那么，出版学的专业方向，就应该围绕编辑学来进行建构，并且应该充分突出编辑学在出版学学科体系的核心地位。只有这样的专业方向建构，才是符合学科规定性要求的。我们的这一构想，正是基于这一理念形成的，它是以编辑学为核心进行建构的。

第二，这一构想中的编辑学、发行学和现代出版技术三个业务专业方向，在现行学科建制中均有相应的支撑，学科基础扎实。

学科的专业方向设置，既要考虑学科自身规定性要求，又要兼顾社会需求和学科发展基础。我们建构的出版学四大专业方向中，编辑学、发行学和现代出版技术三个业务专业方向，在现行学科建制中均有相应的支撑。20 世纪 80 年代，编辑学（1984）、发行学（1983）和印刷工程（1984）纷纷进入《本科专业目录》；2012 年，数字出版也进入《本科专业目录》。进入《目录》不仅是一种官方认可，更是学科建设和发展基础的一种表征，是学科的社会需求和发展基础的最好见证。

编辑学，是起步较早且相对成熟的一个出版学专业方向。诞生于 20 世纪 40 年代编辑学，由于 1984 年胡乔木同志提出在高校试办编辑学专业并得以进入《本科专业目录》而获得较快的发展[①]。但是，此时编辑学与出版学的关系一直纠缠不清。一些业界专家大多并不认可编辑学从属于出版学。如王振铎先生认为，"编辑学与出版学是既有性质区别、又有必要联系的两门相对独立的学科"[②]。邵益文先生强调，"编辑学不是出版

① 邵益文 . 30 年编辑学研究综述[J]. 编辑之友，2008(6)：95-103.
② 王振铎 . 编辑、出版与编辑学、出版学[J]. 编辑之友，1995(6)：20-23.

学的分支，出版学也不是编辑学的分支，两者不相隶属，都是独立的学科"①。1998年新版《本科专业目录》颁布后，编辑学从属于出版学的观点逐渐得到学界认同。如王波和王锦贵先生就撰文明确指出"编辑学是出版学的分支"②。目前，编辑学作为出版学分支的观点基本得到了学界的认同，相关高校的出版学类专业普遍开设有编辑学方面的课程就是最好的证明。相较于其他专业方向而言，编辑学的发展较为成熟，理论成果也更为丰硕。

发行学，进入《目录》比编辑学还早一年。1983年，在新华书店总店的努力下，图书发行管理学作为试办专业正式进入《本科专业目录》，武汉大学于当年正式招收了全国首届发行专业本科生。鼎盛时期，全国有超过百所高校开设有发行学类专业。1998年新版《本科专业目录》颁布后，发行学专业虽然被并入编辑出版学专业，但武汉大学在硕士和博士研究生培养中仍然坚持沿用出版发行学这一学科名称。与编辑学专业方向相比，发行学专业方向强调的是出版的商业价值与经济功能。在社会主义市场经济背景下，发行学专业方向的建设对出版学的发展具有很好支撑作用。

现代出版技术，是基于出版业务流程中"印刷"环节，结合现代数字出版发展需求而设立的一个专业方向，虽然从官方《目录》中找不到完全对应的学科专业名称，但它是以"印刷"为基础的，在《目录》中仍然可以找到它的身影。1984年版的《本科专业目录》中就有"印刷技术"专业，到1998年版的《本科专业目录》中调整为"印刷工程"专业。2012年，"数字出版"专业又进入了《本科专业目录》。现代出版技术，就是综合这些因素考虑而设立。或许有人会担心，"印刷工程"在《目录》中属"工学"门类中

① 邵益文. 论编辑学与出版学、传播学的关系[J]. 编辑之友，1995(4)：21-23.
② 王波，王锦贵. 论编辑学是出版学的分支[J]. 编辑之友，1999(4)：41-47.

的"轻工纺织食品类"，其学科性质与出版学相悖。但我们相信，以"现代出版技术"的名称设立专业方向，应该不会引起误解。事实上，在教育学中就有以"教育技术学"命名的二级学科。现代出版技术专业方向，既包括印刷复制技术与工艺，也包括文本、音视频及多媒体资源的数字编辑与制作技术与工艺，兼具技术、工程与人文属性，是一个典型的应用性多学科研究方向，也是出版学中时代感或技术性较强的一个专业方向。

第三，这一构想是对前人相关研究的"两条路径"的有效融合。

如前所述，前人关于出版学专业方向的研究主要涉及"出版理论与实践"和"出版业务流程(或环节)"两条路径。其中，沿着出版理论与实践(或应用)路径展开的研究显示，出版学包括三大专业方向：一是理论出版学(或出版基础理论、出版文化学)；二是应用出版学(或出版应用理论、实用出版学)；三是其他方向，如业务与技术出版学(或出版业务与技术)，历史出版学，出版生产科学。而沿着出版业务流程(或环节)路径展开的研究表明，出版学同样包括三大专业方向，其中编辑学和发行学是有共识的，另一个方向或者是印刷学，或者为狭义出版学。

我们认为，这两种研究路径均有其一定的合理性，不仅符合学科专业方向设置的基本规范，而且简洁明了，或许还易于为大家所接受。但是，它们也都有自己明显的缺陷或不足。前者，沿着理论与实践(或应用)路径建构出版学专业方向，将出版学划分为理论出版学和应用出版学或其他，不仅不能有效反映出版的本质特征，忽视了编辑在出版学科体系中的核心地位，而且还有人为割裂出版活动中理论与实践联系的嫌疑。后者，沿着出版业务流程(或环节)路径建构出版学专业方向，将出版学划分为三个完全独立的研究环节，则明显忽视了不同出版环节的共性，基于独立环节的专业方向完全涵盖不了学科的共性问题，不符合专业发行设置的学科规定性要求。

　　我们的这一构想，以"出版业务流程（或环节）为主线"，融合了"出版理论与实践"标准。其中，编辑学、发行学和现代出版技术三个业务专业方向，主要是基于"出版业务流程（或环节）"设置，而基础出版学专业方向则是基于"理论与实践（或应用）"中的"理论"标准设立的。基础出版学，主要研究出版的共性现象，侧重于出版的共性理论问题；编辑学、发行学和现代出版技术三个业务专业方向，既有理论也有实践，但主要研究各自环节的实践问题。这一构想，正是试图吸纳上述两种路径的优点，规避其中的缺陷或不足而形成的。

4. 结　语

　　学科的专业方向设置，既是学科研究对象与研究内容的自然表征，也是学科建设与学科发展生态的社会化产物。出版学专业方向的科学设置，一方面需要依靠出版学自身的健康发展，需要学科发展的长期积累；另一方面还需要出版学术共同体的有意识地努力建构或主动作为。我们所提出的"基础出版学""编辑学""发行学""现代出版技术"这一构想，正是基于后者的一种主动作为。期待同行们，更多地关注出版学专业方向的这一研究议题。

原载于《出版广角》2020 年第 8 期

关于出版学"学科范式"的思考

　　1962 年，美国科学史家托马斯 S. 库恩(Thomas S. Kuhn)的著作《科学革命的结构》(以下简称《结构》)的出版，将"科学范式"(Paradigm)一词推向了神坛。今天的科学哲学，尤其是其中的科学史研究，乃至社会科学各学科，在涉及学科基础理论或方法论时，言必称"范式"。事实上，"科学范式"只是库恩"科学革命"理论的"副产品"，是支撑其"科学革命"理论体系的一个基本范畴。"科学革命"理论的奠基之作《结构》出版后，"科学范式"引发的学术影响甚至远盖过了"科学革命"理论本身。"科学范式"的"火爆"，虽不能说是库恩栽下的"无心之柳"，但其"火爆"的程度却绝非库恩"意料之中"。应该说，库恩"科学范式"本身也自成体系，其意义或价值不在"科学革命"理论之下，所以有"范式理论"之称。库恩的"范式理论"，在科学史上的确有着具有独树一帜的重要地位，对科学发展具有全新的认识论和方法论意义。

　　科学有"科学范式"，作为科学大家庭中的一员，学科同样也有一个范式问题，即学科范式。对处于"前科学"阶段的出版学而言，其学科范式尚处于形成之中，至今还在为生存而战，学科共同体为学科建设疲于奔命，然而效果却差强人意。库恩的"范式理论"，对出版学科发展以及争取科学界的认同，或许有某些参考价值。基于这一朴素的认知，笔者不揣冒昧，拟就出版学的"学科范式"问题谈谈个人的一些粗浅看法。

1. "范式"的含义、应用及其对出版学的启示

库恩的"科学革命"理论大致可以这样表述：常规科学有其共同体普遍认同的"学科范式"，科学活动就是在此范式下得以运行；当既有"科学范式"难以解决科学中的新问题时，"范式转换"就成为必然；"范式转换"将直接导致"科学革命"的发生，经过科学革命，"常规科学"就演变为"新的常规科学"，新的科学范式得以产生①。可见，"科学范式"不仅是与科学革命相关的，而且还是科学活动的一种规制机制。它对科学革命以及科学活动都具有十分重要的规制作用。

这里我们不妨简要介绍一下"范式"含义、"范式"在科学活动中应用及其对出版学的启示。

1.1 "范式"的含义

到底什么是"范式"或"科学范式"呢？这个问题太复杂，三言两语说不清楚。在《结构》的第一版中，因其使用语境的不同，"范式"含义也不完全相同。英国学者玛斯特的统计显示，库恩在《结构》中对"范式"一词有 21 种不同的用法②。既然没有一个确切的定义，援引者就只能自行解

① 陈丽杰. 模糊的"范式"——再论库恩的"范式"[J]. 理论界，2017(7)：35-41，28.
② 崔伟奇，史阿娜. 论库恩范式理论在社会科学领域中运用的张力[J]. 学习与探索，2011(1)：40-45.

读了。结果，解读变成了"误读"，甚至还有刻意曲解库恩本意的。由于"范式"概念被广泛"误读"，库恩在《结构》第二版的后记中专门对其进行了详细阐述，将"范式"与"科学共同体"联系起来，并用解释学的方法定义了这两个概念。"范式是一个科学共同体的成员所共有的东西，而反过来，一个科学共同体由共有一个范式的人组成"①。甚至，试图用一个全新的术语"学科基质"（disciplinary matrix）来代替"范式"一词。然而，这样的矫正并没有带来多大助益，"范式"这个词依然在不同的领域被时髦地使用着。感觉对"范式"的使用已经失去了控制，库恩自1969年之后就很少再使用"范式"这个术语②。

那么，到底什么是范式呢？我们不妨从现有研究成果中摘录一些具有代表性的观点，供大家自行判断。这些观点包括：

范式是"一个科学共同体的成员所共有的东西"③；是"一个科学群体所共有的全部规定"④；是科学共同体内部进行科学实践活动的一套认知规范⑤；是"学科基质"，即一个学科的符号概括、共同体成员共同承诺的信念、价值和范例⑥；是"某些实际科学实践的公认范例——它们包括定律、理论、应用和仪器在一起——为特定的连贯的科学研究的传统提供模型⑦"等等。

除进行描述式的界定外，库恩还详细罗列出了范式的构成要素，这

① ［美］托马斯·库恩著.科学革命的结构［M］.金吾伦，胡新和，译.北京：北京大学出版社，2003：158.
② 陈丽杰.模糊的"范式"——再论库恩的"范式"［J］.理论界，2017（7）：35-41，28.
③ ［美］托马斯·库恩.必要的张力［M］.范岱年，纪树立，译.北京：北京大学出版社，2004：288.
④ 郑斌祥.试论库恩的科学社会学思想［J］.自然辩证法研究，1986（6）：25-33.
⑤ 黄宝臣，戚陈.库恩范式理论的微观考察［J］.自然辩证法研究，2014（12）：85-91.
⑥ 陈丽杰.模糊的"范式"——再论库恩的"范式"［J］.理论界，2017（7）：35-41，28.
⑦ ［美］托马斯·库恩著.科学革命的结构［M］.金吾伦，胡新和，译.北京：北京大学出版社，2003：9-10.

些要素是：信念、世界观、行为规范、科学成就与科学理论、教科书或经典著作、符号、科学仪器和设备。当他试图以"学科基质"代替"范式"时，他同样罗列出来"学科基质"的构成要素，分别是"符号概括""信念承诺""价值""范例"四项主要内容①。当然，弄清了"范式的构成要素并不等于理解了范式本身。范式并不是诸要素的简单加和，而是一个有机整体，其意义远远超过其中任何一个要素的意义"②。

应该说，通过上述这些定性的概念描述以及组成要素的罗列，"范式"的基本含义应该大致是清晰的，即"范式"是科学共同体成员普遍认同的，对科学发展具有规范意义的一系列科学要素，如核心概念、信念承诺、行为规范或范例等。

1.2 范式的应用

在库恩看来，范式是科学的范式，科学是范式中的科学。科学总是在一定的范式中发展和进步的，范式则是伴随着科学的发展而形成并实现转换的。范式对于科学发展意义重大，没有形成范式的"前科学"应努力完善和建立学科范式体系；业已形成范式的"常规科学"则应该在范式框架内开展学术科研活动，遵循范式的规范性要求；当范式难以适应学科发展时，就应该寻求建立新的学科范式，确保学科的更大发展。

建立和完善学科范式体系，是处于"前科学"阶段的学科发展的需要。从范式理论视角看，处于不同发展阶段的学科，具有完全不同特点和学科发展诉求。学科处于"前科学"阶段，往往表现出与"常规科学"格格不入的诸多特征，如学科研究对象不明晰，学科边界模糊，研究内容不系统，学科共同体的价值取向和行为规范尚未形成，学科的社会认同度低。

---

① 蒋楼. "科学范式"理论内涵的哲学启示[J]. 哲学基础理论研究，2016(7)：145-155.
② 张新华. 社会学视野中的库恩理论[J]. 自然辩证法通讯，1992(6)：30-36.

基于这样一些特征，其学科发展的核心诉求，是要凝聚学科共同体的共识，找准学科发展定位，提升学科发展水平，推进学科尽早进入常规学科发展阶段。建立和完善学科范式体系，提升学科发展的规范化水平，正是适应处于"前科学"阶段的学科发展特征、满足其学科发展诉求的有效举措。建立和完善学科范式体系，有利于学科共同体凝聚共识，促进学科精准定位，助益学科进入新的常规发展阶段。

遵循学科范式的规范性要求，则是"常规科学"发展的需要。"常规科学"，业已形成体系化的学科范式，其核心概念、价值取向、经典范例和方法论体系完备，学科发展在既有的范式框架中运行。对处于"常规科学"发展阶段的学科而言，学科共同体成员，完全按既有范式框架开展学术科研活动，严格遵循既有学科范式的规范性要求。

当常规学科出现科学危机时，既有范式就可能制约学科的发展，产生科学危机，因此，寻求范式突破，实现范式转换，完成科学革命，建立新的学科范式，学科得以进入新的常规学科发展时期，从而实现学科在更高层次上的发展。

可见，对任何学科而言，都存在着一个学科范式的建立（含完善）、遵循和突破并建立新范式的循环与螺旋上升过程。学科的发展阶段，是必须与范式的演化过程相匹配的。学科发展阶段与范式的错配，将严重影响学科的发展和进步。

1.3 对出版学科的启示

库恩的范式理论，不仅在自然科学，而且在社会科学领域均得到广泛的应用，表现出良好的学科发展指导意义。对出版学科发展而言，范式理论显然也可以给我们一些启示。首先，出版学科共同体应该充分认识库恩范式理论的普适性及其对出版学科发展的价值和意义。范式理论虽然主要是基于自然科学的，在社会科学中的应用有其一定的局限性，但是，其世界观和方法论意义却是不分学科的，对出版学这样的社会科学仍然有参考价值和指导意义。其次，出版学科共同体应该认清出版学科所处的"前学科"发展阶段所具有的阶段性特征及学科发展诉求。出版学科现阶段的任务，是努力建构体系化的学科范式。我们既没有现成的范式可以遵循，更没有突破既有范式的问题。因此，我们需要做的，就是共同体成员共同努力，不断凝聚共识，促成出版学科范式的早日养成。然后，结合学科建设实践，积极探索养成出版学科范式的路径和策略。对于出版学应该建立自己的学科范式问题，聂震宁先生①、周蔚华教授②、吴赟博士③、王鹏飞博士④等都有过相关呼吁，但对如何建立或养成出版学科的范式问题还很少有所涉及。

2. 出版学"学科范式"的学理基础

库恩的范式理论，虽然主要着眼于整体科学发展史，但它仍然具有指导具体学科发展的作用和价值。学科，虽然是一个领域概念，指向相对稳定的研究范围，但它毕竟是整体科学的有机组成部分。整体科学发展演进的一些特征或规律，在具体的学科发展演进过程中也应该会有所体现。

① 聂震宁. 当前出版理论研究之研究[J]. 现代出版，2012(4)：5-9.
② 周蔚华. 网络出版的兴起与出版的范式转换[J]. 中国人民大学学报，2002(5)：112-118.
③ 吴赟. 出版学往何处去？——出版理论研究的范式危机与革新路径分析[J]. 出版发行研究，2019(3)：15-23.
④ 王鹏飞. 编辑学研究的范式危机——也谈编辑学研究为什么不能深入[J]. 河南大学学报，2009(1)：147-152.

作为一门独立的社会科学学科，出版学虽然具有其独特的研究对象及其自身的发展规律，但同样具有整体科学和其他独立学科所共有的共同属性与特征，自然也应该遵循整体科学和其他独立学科所普遍遵循的发展演进规律。

目前，出版学科，尚处于库恩定义的"前科学"阶段，离"常规科学"尚有一定距离。库恩关于"前科学"发展阶段的相关理论正好适用于当下出版学的学科建设，其关于"常规科学"发展的理论，对出版学科的发展也具有某些启示作用。

这里，我们不妨先来看看库恩"科学范式"中支撑科学发展的两大理论基础，即"学科独立性"和"学术共同体"，对出版学科发展的启示或意义。

2.1 出版学的学科独立性

库恩的范式理论，虽然主要是一个科学史命题，其价值主要体现在科学哲学层面，但从实践上看，其学科意义同样不可低估，它对不同学科专业的建设应该也有现实的指导意义。其范式理论，虽在很多方面颠覆了传统科学哲学的科学发展理念，但是，传统科学哲学追求学科独立性的这一核心诉求，在库恩的范式理论中却得到了很好的延续或继承。

在《结构》第二版中，鉴于其相关概念和理论的广泛"误读"，库恩专门做了一些澄清和补充论述，特别强调了其理论的学科指向性。一是明确了科学革命中"学科"概念。他曾试图用一个全新的术语"学科基质"来代替"范式"这一被广泛"误读"的概念。在"学科基质"这个新的概念中，"学科"取代了"科学范式"中"科学"。这一变化表明，科学革命的发生不仅仅是针对整体科学而言的，同时更是针对具体学科的。二是进一步强调了"科学共同体"是一个学科专业范畴。他指出，"一个科学共同体由同一个科学专业领域中的工作者组成。在一种绝大多数其他领域无法比拟的程度上，他们经历过近似的教育和专业训练；在这个过程中，他们都钻研过同样的技术文献，并从中获取许多同样的教益。通常这种标准文献的范围标出了一个科学学科的界限，每个科学共同体一般有一个它自己的主题"①。从"学科基质"中的"学科"和"科学共同体"中的"学科的界限"，我们就不难看出，库恩的范式理论，并非一个笼统的科学史概念，而是具有其现实的学科建设指导意义的。

眼下的出版学科建设问题，其核心就是一个学科独立性不足的问题。我们的文献调研发现，在关于出版学科基础理论研究的相关成果中，大多数意识到了编辑学、出版学或编辑出版学等的学科独立性不足的问题。如刘兰肖研究员指出，当前我国"出版学专业尚不具备独立地位"②。赵树旺教授指出，"编辑出版学还远未获得其学科独立性"③。田建平教授等指出，"把该学科(指出版学科，作者注)纳入传播学的门庭之中，从而抹杀了该学科自身的独立性"④，等等。可见，学科独立性问题，业已成为困扰出版学发展的痛点或瓶颈。

学科的不独立，使得出版学科长期游离于新闻传播学、文学、图书情报管理等不同的学科门类之间。对这些性质全然不同的学科的依附性，严重阻碍了出版学科的自我发展，影响了其自身学科范式的养成，滞后了其迈入"常规学科"的发展进程。

客观地讲，无论是从出版学科的研究对象"出版现象"应有的社会地位，从出版业所履行的文化与经济功能，还是从其学科研究所奠定的学

① 陈丽杰.模糊的"范式"——再论库恩的"范式"[J].理论界，2017(7)：35-41，28.
② 刘兰肖."三十未立"的出版学——从2009年颁布的国家标准《学科分类与代码》谈起[J].济南大学学报(社会科学版)，2011(3)：16-19.
③ 赵树旺.反思编辑出版学：历史、学理与现实[J].现代出版，2012(6)：76-80.
④ 田建平，黄丽欣.出版学学科属性新探[J].河北大学学报(哲学社会科学版)，2008(1)：100-106.

术或理论基础来看，出版学科基本满足了库恩"科学范式"或"学科基质"之规定性的条件或要求，完全具备了成为独立学科所必需的主客观条件。现在最紧迫的问题，已开始从学科共同体的共识转向了"官方"的认可。进入国务院学位委员会、教育部的《学位授予和人才培养学科目录》，成了出版学科获得学科独立性难以逾越的最后一道"门槛"。然而，要跨过这道"门槛"，单靠出版学科共同体显然是力有不逮的，还需要出版主管部门的努力方可玉成。这就算是库恩范式理论强调学科独立性对出版学学科建设的一点启示吧。

2.2 出版学的学科共同体

"学术共同体"是英国哲学家布朗依在《科学的自治》一文中首次提出的一个概念，他把全社会从事科学研究的科学家作为一个具有共同信念、共同价值、共同规范的社会群体，以区别于一般的社会群体与社会组织，这样的一个群体就称为学术共同体①。其价值在于，他强调科学活动是一个群体的共同事业，需要大家围绕着共同的信念、价值和规范开展工作。库恩继承了布朗依的这一学术思想，并将其融入自己的范式理论中，与"科学范式"一道共同支撑着其"科学革命"的理论大厦。"科学共同体"是"库恩科学发展模式的逻辑前提和科学的社会基础"②，是库恩范式理论的一个核心范畴。可以说，没有"科学共同体"，也就无所谓"科学范式"。

出版学的"学科共同体"，正处于形成过程中。出版学科共同体是存在的，而且其成员的规模或体量还相当可观，但其向心力和凝聚力尚显不足。要达到库恩对科学共同体的要求，出版学科共同体还应在其向心

① 陈玉国. 研究生学术不端行为防范体系的构建——基于学术共同体视域[J]. 中国科技期刊研究, 2016(11)：1133-1138.
② 张新华. 社会学视野中的库恩理论[J]. 自然辩证法通讯, 1992(6)：30-36.

力和凝聚力的凝聚方面做文章。我们的研究发现，出版学科共同体向心力和凝聚力的养成还面临着两个的困难。其一，学科发展阶段的问题。出版学是一个年轻的学科，尚处于库恩定义的"前科学"时期。在"前科学"阶段，各种假说和理论相互排斥，各种学派之间也没有任何共同信念。处于这样一个特定的发展阶段，出版学科的学术建制尚不完备，学科共同体也不成熟，凝聚力或向心力也相对较弱，对学科发展的规制能力也较为有限。其二，学科共同体成员的背景问题。出版的学科性质，决定了出版学科共同体成员所具有的复杂的从业背景。在当前相对松散的出版学科共同体中，其成员的构成异常复杂。至少涉及出版业界成员、出版学界成员和非出版领域的出版学研究者等三种不同的从业背景。在出版业界和学界成员中，业界成员处于绝对的主导地位，学界与业界成员的比例严重失调，学界成员的话语权和话语声量相对较弱。这在当前我国出版学科的各类学科建制构成中表现得非常明显。非出版领域的出版学研究者，主要来自新闻传播学界、文化产业界、文献学等领域，他们则更多地带有原学科或行业"烙印"及诉求，学科价值取向多元。在这样一个学科专业背景结构复杂、组织松散的共同体中，期望短期在出版学的研究对象、学科性质、相关学科、方法论等系列基本理论问题上达成共识，显然并非易事①。

　　基于以上分析，我们认为，出版学科需要花大力气强化其学科共同体的建设。如果不能形成一个具有较强凝聚力或向心力的学科共同体，出版学科建设恐怕就只是一句空话。从科学史的角度看，虽然历史上的科学共同体的形成主要是一个自发的过程，但是，"二战"已降科学发展的建制化程度越来越高，世界各国政府或其他社会组织在助力科学共同体建设方面发挥着越来越大作用。考虑到出版业在意识形态领域、文化

---

①　方卿. 关于出版学研究对象的思考[J]. 中国出版，2020（3）：15-23.

强国战略、学术科技传播、大众文化消费等方面的重要社会功能，出版行业主管部门，应该而且完全可以在促进出版学科共同体建设方面有所作为。这应该看作库恩的范式理论强调"科学共同体"对出版学科建设的另一个启示。

3. 出版学"学科范式"的内容构成

既然科学范式是"一个科学共同体的成员所共有的东西"①，我们也可以将出版学的"学科范式"理解为出版学科共同体成员所共有的东西。这种所谓共有的东西，当然是关于出版学研究对象"出版现象"及其他基本学科问题的共性认知。这种共性认知，对出版学科共同体成员的学术科研活动有某种程度的规范作用。出版学科范式一旦形成，学科共同体成员就应遵循它，并在该范式框架内开展出版学术科研活动。

出版学科范式的内容构成，虽然可以参考库恩的范式理论，但却不必拘泥于它。因为库恩著作的导读者伊安·哈金（Ian hacking）本身就讲过"范式不是死的框架，而是活的可以完善的模式，是具有弹性的一套结构，由多种元素构成"②。我们认为，出版学科范式大致可以包括出版学科的核心概念、价值取向、经典范例和方法论等内容。

3.1 内容要素之一：核心概念

库恩"科学范式"中的"符号"和"学科基质"中的"符号概括"，蒋楼

---

① [美]托马斯·库恩. 必要的张力[M]. 范岱年，纪树立，译. 北京：北京大学出版社，2004：288.
② [美]托马斯·库恩著. 科学革命的结构[M]. 金吾伦，胡新和，译. 北京：北京大学出版社，2012：19.

等①将其理解为那些已经在科学共同体内部成员之间形成普遍共识和达成一致的，并且很容易用逻辑形式表达的"公式"或自然科学中可以符号化的概念或范畴，但我更倾向于将其理解为社会科学学科的基本概念，因为概念才是"学科基质"的第一种要素。

对一个学科来讲，概念是最基础的范畴，是关于学科研究对象认知的最精练的概括，也是学科共同体交流对话得以实现的最基本学术单元。"将现象(过程)概念化，是理性思维、直觉洞察能力的集中体现，也是理论、哲学创造中最关键的一步。命名过程就是创造过程。新思想、新观念、新理论只能用本质上的新概念来建构"②。因此，出版学科范式的培育，最首要的问题便是核心概念的凝练，或者说实现核心知识的概念化。

然而，出版学研究实践中，核心知识的概念化却远未受到应有的重视。有研究表明，出版学的一些核心概念仍然未被清晰界定，需要重新定义。如吴赟博士指出，"出版""出版业""阅读"等基础概念需要"重新界定"③，并撰文《"出版"概念的生成、演进、挑战与再认知：基于概念史视角的考论》对"出版"概念的生成、内涵和外延等方面进行了详细的论述④。事实上，出版学科核心知识的概念化要走的路还很远，一些核心概念甚至多是借用自其他学科，并未经学科化界定就直接纳入出版学科体系的。如"图书""读者""发行""版本""版权"等概念的出版学"学科化"问题就没有引起应有的重视。2011 年成立的"编辑出版学名词审定委员会"试图拿出一个学科名词术语规范，但前后快十年了，仍然难以拿出可以示人的结果。

---

① 蒋楼. "科学范式"理论内涵的哲学启示[J]. 哲学基础理论研究，2016(7)：145-155.
② [美]托马斯·库恩著. 科学革命的结构[M]. 金吾伦，胡新和，译. 北京：北京大学出版社，2012：5.
③ 吴赟. 出版学往何处去？——出版理论研究的范式危机与革新路径分析[J]. 出版发行研究，2019(3)：15-23.
④ 吴赟. "出版"概念的生成、演进、挑战与再认知：基于概念史视角的考论[J]. 中国编辑，2018(10)：21-27.

出版学科的核心概念有哪些呢？这个问题当然需要讨论，方能求得共识。我们认为，核心知识的概念化大致可以围绕出版学的研究对象——"出版现象"的"价值""要素""作业""管理""时空"这样五个维度的核心知识来遴选，并且首先需要就这个问题达成基本共识。然后，才谈得上借用概念的"学科化"、核心知识的"概念化"。

实现学科核心知识的概念化，并不要求学科共同体成员对核心概念达成所谓完全共识或一致认同，而是指学科共同体要意识到核心概念探讨的意义和价值，要围绕核心概念展开研究甚至争鸣，形成对核心概念的若干清晰认知。在学科共同体进行沟通和交流时，彼此应该清楚地理解各自对所用概念的理解。如果学科共同体内部的学术交流都是处于一种"鸡同鸭讲"的状态，那么谈什么学科地位、告别"前学科"进入"常规学科"等，都只能是一种"奢望"而已。

可见，核心知识"概念化"是出版学科范式养成中至关重要的部分，应该引起出版学科共同体的高度重视。

3.2 内容要素之二：价值取向

库恩虽然没有直接将"价值取向"明确定义为其范式体系的内容构成，甚至并不直接使用"价值取向"这一概念，但是，其理论中却充斥着"世界观""信念承诺""共有价值"等与"价值"范畴密不可分的东西。《结构》的导读者伊安·哈金指出，大家"看到的现象是一样的，但解释方式是不一样的"，"一旦认知图式、价值模式转换了，我们对对象的解释就会变得完全不同"。"范式"的"硬核"就是其"不可互换、不可重叠的——理论、观念、信念"①。毫无疑问，"理论、观念、信念""世界观""信念承诺"

---

① ［美］托马斯·库恩著. 科学革命的结构［M］. 金吾伦，胡新和，译. 北京：北京大学出版社，2012：73.

"共有价值"等这些东西，正是以"范式"的名义，规制着科学共同体成员科学活动行为的"价值取向"。学科中的哪些问题值得研究、该怎么研究、成果该如何评价等，都是由范式中共同体成员的"理论、观念、信念""世界观""信念承诺"和"共有价值"等来决定的。

范式中的价值取向问题，引起了很多学者的关注和重视。如杨怀中教授等就曾指出，库恩范式理论具有"世界观、价值观和方法论三大功能"，其中，"范式的价值观功能既能在维护共同体的科学信仰的基础上确定科学共同体的最终研究目标，也能赋予科学工作者通向微观研究领域的价值体系和评价标准，潜移默化地影响共同体和科学家的日常观察、研究和决策等具体行为"①。孙启贵先生则更加明确地指出，范式"规定了共同体成员的价值取向和行为空间"②。可见，将价值取向理解范式的蕴含内容应该是有其学理依据的。

这里的价值取向，是指学科共同体成员追求学科发展精准定位的一种价值立场，是对学科发展具有极端重要意义一个范式要素。价值取向的作用，体现在定位学科发展方向、凝聚学科共同体成员、评价学术活动及其成果等方面。其中，以对学科发展精准定位的意义最为突出。

社会科学学科的发展，精准的学科定位意义重大，而价值取向则直接关乎学科发展的定位问题。以经济学为例，早期的重商主义，关注的是金银财富，主张发展对外贸易，重点研究流通过程。其后的古典经济学，关注的则是财富的生产和分配，研究重点由流通过程转移至生产过程。重商主义是资本原始积累时期的一种经济学的价值选择，而古典经济学则是在重商主义难以适应日益壮大的企业家利益诉求且严重阻碍了

①　杨怀中，邱海英. 库恩范式理论的三大功能及其人文意义[J]. 湖北社会科学，2008（6）：101-104.

②　孙启贵. 库恩"范式"的文化含义[J]. 合肥工业大学学报（社会科学版），2000（1）：29-32.

经济发展的背景下与政治家势力抗战所做出的一种经济学的价值选择。可以说，从重商主义到古典经济学，从关注流通过程到强调生产与分配的这种学科发展定位的变化，实际上是经济学研究价值取向的转向使然。同样道理，古典经济学与凯恩斯主义的区别，从本质上讲，也是一种学科价值取向上的区别，前者追求自由市场，后者在此基础上关注政府这只"看得见的手"。可见，价值取向对学科定位的影响，在经济学发展史上，可以说是体现得淋漓尽致。

出版学科的研究对象——"出版现象"，具有经济与文化的双重属性，意识形态问题更是其无法回避的基础性议题。研究对象的多元属性，为出版学科发展的精准定位带来了更大的困难。中华人民共和国成立以来，我国出版学研究的学科定位就一直游移不定，处于不断的变化之中。20世纪50年代中期，中国出版学发展处于起步时期，学科定位尚未提上议程。此间的出版学研究不自主地选择了与时局相应的价值取向和学科定位。党的十一届三中全会以后，以经济建设为中心的发展战略重新定位了出版业和出版学科的发展，经济效益和产业导向彻底改变了出版学科的研究基础和思维方式，出版学大致沿着产业经济学的思路发展。党的十八大，尤其是十九大以来，出版的文化或意识形态属性得到强化，出版学科研究在继续关注其社会经济功能的同时，更加突显其文化与意识形态价值方面的议题，主题出版、重大文化出版工程、农家书屋、全民阅读、出版"走出去""一带一路"出版等，越来越受到出版学科的关注，出版学科发展又面临一次定位的调整。

这几个不同时期，出版学科的研究议题变了，学科共同体的价值取向变了，学科发展定位变了。我们认为，研究对象所处发展环境变了，改变学科研究议题和学科关注点，是由出版学科的社会科学属性所决定的，是完全正常的合理的。但是，由于议题或关注点的改变，就轻易改变学科共同体的价值取向，甚至改变学科的发展基础和定位，改变学科范式，则是不合适、不科学的。学科共同体的价值取向和学科发展的定位，应该是相对稳定的，不应该随着议题的变化就轻易发生改变。它们的改变，实际上就是学科范式的改变，也就是库恩所讲的"科学革命"。这几个时期，出版学科在政治、经济和文化之间不停地切换研究议题、转变价值取向、改变学科发展定位的现象，完全不同于前述经济学从重商主义到古典经济学或从古典经济学到凯恩斯主义的变化。它们是学科基础与价值取向转变带来的学科范式的改变。

出版学科，需要从根本上解决自身的学科发展定位问题，再不能随着研究议题的改变，在政治、经济和文化之间随意切换学科定位（当然，这绝不意味着三选一）。基于从库恩范式理论中获得的启示，我们认为，找准出版学科定位的关键，应该是首先明确出版学科共同体的价值取向。马克思主义政治经济学之所以能傲立于经济学丛林之中，正因为他独具慧眼地发现了"资本主义生产方式以及和它相适应的生产关系和交换关系"①这一特殊的研究对象，进而确立其政治经济学研究区别于庸俗经济学的独特的价值取向（即无产阶级政治经济学）使然。因此，对出版学科而言，凝聚共识，形成学科共同体普遍认同的价值取向应是当务之急。

当前，学科和从业背景复杂的出版学科共同体成员的价值取向虽未达成共识，但前景却并不悲观。从出版学科的相关研究成果分析看，政治、经济、文化及社会多元价值融合的学科取向开始显露，即使从单一价值维度研究出版议题的成果也开始出现了对其他多元价值关照的现象。我们认为，这是一种令人欣喜的现象。从这种态势看，出版学科共同体在价值取向上形成共识应该是可以期待的。

① 马克思. 资本论(第一卷)[M]. 北京：人民出版社，2004.

3.3 内容要素之三：经典范例

库恩曾经强调，范例是范式的典型体现，是范式的类存在，学习者是通过范例来理解和把握范式的，即使在更大的意义上，共同体的范式也可以通过成员提供的范例来体现。如共同体的范式可以通过个体成员提供的代表性作品(教材)来体现。① 他在定义"范式"时，还曾明确了构成"范式"的七个要素，其中"教科书或经典著作"就是七要素之一。

学科范例，与前述"核心概念""价值取向"以及后面拟探讨的"方法论"等不同，它既不是玛格丽特·玛斯特曼②所说的"形而上学或元范式"(如信念和世界观)，也不是"社会学范式"(如行为规范)，而是"人工范式"，它主要表现为一种"客观化"抑或"物化"的成果，也可以称作"成果范式"③，如教科书或经典著作等。也就是说，在库恩的范式构成体系中，范例算得上是最为明确的一个类存在，基本没有"误读"或想象的空间。

库恩学科范式中的范例完全适用于包括出版学在内的学科范式建设。我们认为，出版学科范例，一般应该具有经典性和示范性两个方面的规定性要求。

学科范例的经典性，是学科范例的学术质量与认同度标准，它通常体现为范例对学科研究对象的洞察深度以及学科共同体对其学术价值的认同度。出版学科的经典范例，应该是一定时期的出版学科学术成果中经过学术洗礼和实践检验的少数代表作及其蕴含的学术思想。近 40 年来，我国出版学科学术成果数量不少，但真正可以称其为出版学科范例

---

① [美]托马斯·库恩著. 科学革命的结构[M]. 金吾伦，胡新和，译. 北京：北京大学出版社，2012：159.
② 吴彤. 库恩与科学实践哲学[J]. 自然辩证法通讯，2013(1)：19-23，18.
③ [美]托马斯·库恩著. 科学革命的结构[M]. 金吾伦，胡新和，译. 北京：北京大学出版社，2012：115.

的应该不多。我国几千年的出版史，尤其是中华人民共和国 70 年丰富多彩的出版实践活动，为我国出版学研究提供了取之不尽用之不竭的学科素材，自然也为我们产出高水平的出版学理论成果，形成具有普遍学术意义的出版学科范例，奠定了坚实的实践基础。我们的出版学科范例探讨，就是要从这些成果中找出符合经典性要求的学科范例。

在界定学科范例的标准方面，我不能完全认同库恩关于"科学研究只是极少一部分精英的事，普通人已无法进入这个神秘的世界"①的观点。老一辈编辑出版人宋木文、刘杲、蔡学俭、林穗芳、邵益文，发行人汪轶千、郑士德，中壮派两栖出版人聂振宁、郝振省、刘建生、魏玉山、于殿利，出版学人肖东发、罗紫初、王振铎、赵航等精英的学科代表作虽然具有成为出版学科范例的潜质，但也不应该排除在那些从事出版学科研究的"普通人"的成果中产生出版学科范例的可能。界定出版学科范例的标准，应该是成果的学术价值以及学科共同体的认同，而不是贡献者的身份。在我国，人文社会科学各领域向来就有学科推荐书目的传统，作为《出版科学》的主编，我曾试图"鼓捣"一些专家以其个人身份拟就出版学科推荐书目在刊物上发表。但策划多年，至今仍不见书目的影子。2021 年，万安伦教授编了一套《中外出版原著选读》，虽然所选作品是否称得上"学科范例"并无定论，但总算是开了个好头。这项工作是出版学科共同体共同的责任，期待有后续探讨积极跟进。

学科范例的示范性，是学科范例的功能性标准，是指学科范例向新的学科共同体成员或后学传承传播学科理念和学科知识的一种功能属性。库恩的范式理论与传统科学哲学在方法论上存在显著的区别，它极力否定传统科学哲学基于方法论规则的科学认知活动，强调范例的认知价值。

---

① ［美］托马斯·库恩著. 科学革命的结构［M］. 金吾伦，胡新和，译. 北京：北京大学出版社，2012：18.

他认为，真正引导科学家团体从事科学研究活动的，不是传统科学哲学家所抽象出来的明确的方法论规则，而是基于范例或案例的学习和模仿①。由于学科的开放性，其共同体成员始终处于流动或迭代之中。在这一过程中，共同体成员对学科范例的"学习和模仿"将起到极大的作用。如《中国出版通史》这样一部出版史教科书，就可以向新成员展示我国出版活动发展的历史脉络、特征和规律，呈现出版学科的历史图景。这便是出版学科范例的示范性。我国的出版学著作，数量不少，堪称出版学著作之出版大国。但是，学科共同体认同的具有学科范例品质的成果并不多。以出版学本科专业教科书为例，很少有哪一种教科书能够被60%以上的高校同时选用。通常情况下，各个高校出版学专业一般都习惯本校的自编教材。这就是出版学学科范例建设的现状。对处于学科发展初期的出版学而言，其基础理论课教材、史学教科书、作业标准或流程手册等重要学科范例，最好在学科建制内集中力量进行集体创作。由国家出版职业技术资格考试委员会组编的考试教材，在出版行业中的示范性认同度就比较高，示范功能也落到了实处。类似做法值得高校出版学专业借鉴。

3.4　内容要素之四：方法论

方法和方法论，本就是内化于学科的东西。恰如大哲学家黑格尔所言，从人类文明史和学术史上看，理论和方法是同时产生的，并且从来就是相互联系的，就学术理论而言"方法并不是外在的形式，而是内容的灵魂和概念"②。这正是科学哲学以及各门具体学科都普遍重视方法和方法论的原因。

①　王荣江. 库恩对 Paradigm 一词的使用、理解及其中文翻译[J]. 自然辩证法通讯，2018
（9）：113-120.
②　[德]黑格尔. 小逻辑[M]. 北京：商务印书馆，1980：427.

回顾科学史不难发现，科学自从走出神学与形而上学，以实证主义形态出现开始，就被自然科学所主导，社会科学被拒之于科学范畴之外。19世纪，实证主义入主社会科学，社会现象被视同于自然现象，开启了严格意义上的现代社会科学发展之路。20世纪中叶，现象学、解释主义、批判主义的兴起，社会科学因此而进入实证科学与规范科学并行发展的时代。可以说，正是方法和方法论的进步，才成就了今天的社会科学。

库恩的范式理论，既是一种不同于传统科学哲学的世界观，更是一种全新的科学认知方法论。它是一种"不同于传统哲学的依赖于方法论规则的另类认知模式"①。说白了，就是它忽视科学活动中传统科学哲学依赖方法论认知规则的做法，强调对范例的模仿、习得过程所呈现的科学认知功能。这样一种新的科学认知理论，不仅适用于自然科学学科，对包括出版学在内的社会科学同样具有方法论的意义。正如《结构》总序中所指出的，方法"通常并无学科的意味，原则上说，同一学科可以采用不同的方法"②。

就出版学科而言，方法论的不严谨是困扰其学科发展的一个非常严重问题。不少学者也都看到了这一点。如王鹏飞博士，所分析的编辑学研究"范式危机"带来的"研究不能深入的困境"和"学科合法化的普遍焦虑"等现象，正是针对编辑学（出版学科）研究的方法论问题而言的③。我们的分析发现，出版学科的方法论问题，不仅体现在出版学研究未能科学理解和严格遵循传统科学哲学基于规则的方法论要求，而且对库恩的"范式"认知方法论也存在严重的"误读"。

---

① 王荣江. 库恩对 Paradigm 一词的使用、理解及其中文翻译[J]. 自然辩证法通讯，2018（9）：113-120.
② [美]托马斯·库恩著. 科学革命的结构[M]. 金吾伦，胡新和，译. 北京：北京大学出版社，2012：总序.
③ 王鹏飞. 编辑学研究的范式危机——也谈编辑学研究为什么不能深入[J]. 河南大学学报，2009（1）：147-152.

　　传统科学哲学方法论，无论是传统实证主义、工具实证主义、后实证主义等实证主义方法，还是现象学、批判理论、建构主义等非实证主义方法，都有其严格的规范和要求。以案例研究为例，在出版学的研究中，它就被普遍"误读"。案例研究，有一套完整的设计与操作规范，其中，"提出假设"是案例研究的基本前提。然而，从我们看到的出版学案例研究中，能够基本遵循这一要求地简直就是凤毛麟角。通常的做法是，先搜集关于案例的材料，然后对材料进行分析，最后得出结论了事。严格意义上说，这根本就不是案例研究，因为它连案例研究的基本规范都未得到遵循。与对案例研究的"误读"一样，其他研究方法的一些基本规范，在出版学研究中也常常被忽视。对传统科学哲学方法论而言，其方法的规范性正是研究结论可靠性的基本保障。忽视其方法的规范性，就难以取得令人信服的研究成果。

　　库恩的范式理论，其方法论意义来源于学科共同体对范例的共同认知。在库恩看来，常规科学就是一个将标准范例植入未知世界，并在其中寻找"相似性—相异性关系"从而认识未知世界的过程。范例不同于任何已有理论，正是由于它的高度抽象性和纯粹性，使得它成为一个更具开放性的认知工具。同传统科学哲学方法论一样，作为方法论使用的范式理论，也有它规范性要求。这个规范性要求主要体现在范例的"共有"或"标准"两个方面。作为学科认知工具的范例，必须是"共有范例"或"标准范例"。没有获得学科共同体认同的范例或不能反映研究对象本质规律的不具有"高度抽象性和纯粹性"的范例，均不能用作范式研究之用。库恩的范式理论研究方法，在出版学教育和研究中均有应用。但是，符合"共有"或"标准"两个规定性要求的出版学科范例，还值得出版学科共同体花些工夫和精力进行认真细致地甄别或遴选，以免不符合条件要求的范例误导了出版学科的发展。

4. 小 结

学科范式是学科发展中难以规避的议题，对处于"前学科"阶段的出版学而言，加强学科范式研究有助于学科获得科学共同体的认同，助益出版学科早日走向成熟。出版学科范式是一个由多种要素构成的规制学科学术科研活动的规范体系。学科范式体系的建构和维系是出版学科共同体的共同责任和义务。出版学科共同体的成员，既有责任和义务共同努力建构并完善这一规范体系，又有责任和义务在学科实践中遵从和维护这一学科范式的要求。

原载于《出版发行研究》2020 年第 3 期

关于出版学学科本体的思考

　　本体或本体论，原本是一个古老的哲学范畴。近年来，随着语义网的快速发展而回归学界视野，成为许多学科基础理论研究中的高频词汇。事实上，今天大多数人所讲的"本体"并非传统哲学意义上的本体概念，说是附会也并不为过。当然，我们这样讲，并不是要否定不同学科领域对其本体或本体论进行研究。甚至可以说，借助当下的"本体热"反思一下各自学科的基础理论研究问题还是很有意义的。对学界认同度较低的出版学而言，这方面的研究就更有价值了。

1. 本体和本体论研究综述

　　在西方哲学传统的演化中，直到 17 世纪才出现本体论(Ontology)这个术语①。本体论探讨的是世界的本原或基质，回答的是世界的"是"和

---

① 吕力. 什么是"中国管理学"研究的本体[J]. 管理观察，2009(16)：16-17.

"存在"问题。其中，"是"和"存在"就是本体，而关于"是"和"存在"的学问就是本体论。

不同学科领域中的本体或本体论，既不是哲学意义上的所指，也不是当下语义网场域中的本体概念(共享词表，特定领域内的对象类型或概念及其属性和相互关系)，而是借用了哲学意义上的本体或本体论范畴，它需要解决的是各自学科的理论基础和学科前提问题的。我们不妨将这类研究称作学科本体或学科本体论。事实上，学科本体或学科本体论的具体内涵，却十分模糊，很难说清楚。甚至有学者在系统研究了国内文学本体论思潮后得出了"文学本体这一范畴并不成立，文学本体论其实是一个假问题"①的结论。

在我的认知范畴内，专注学科发展研究的科学史、科学哲学和科学学，似乎都未曾涉及学科本体或学科本体论这样的概念。这些聚焦科学或学科发展的领域，关注的是学科的研究对象、研究(或内容构成)、相关学科、学科性质和研究方法等学科基本理论问题。因此，要搞清楚什么是学科本体或本体论，无法从中获得必要的学理支持，只能从不同学科领域的一些零星研究中去发掘素材并进行归纳和提炼。我们的文献调研发现，学科本体或学科本体论大致有"研究对象说""研究内容说""预设前提说"三个方面的理解。

1.1 "研究对象说"

所谓"研究对象说"，是指将学科本体或本体论解释为学科的"研究对象"，即学科本体就是学科的研究对象。

---

① 刘大枫著. 新时期文学本体论思潮研究[M]. 天津：天津社会科学院出版社，2000：488.

管理学学科就有学者持有这种观点。如吕力①指出，"管理学的本体论就是要回答管理学'是'（being）的一系列问题，即学科的研究对象问题"。在文学领域，关于文学本体或本体论的研究十分活跃。"文学本体论研究，自20世纪80年代中期出现以来，一直是我国文学理论界关注的重点、难点问题，但发展迄今，文论界关于它的论说依然众说纷纭、莫衷一是"②。但是，关于文学反映论本体论、表现论本体论和文本学或现象学本体论的观点③，还是有一定市场的。个人理解，这三种所谓的文学本体论，对文学本体的理解应该接近或类似如文学的研究对象（文学的研究对象本身就是众说纷纭的）。因此，我们不妨也将其纳入"研究对象说"范畴。

1.2 "研究内容说"

所谓"研究内容说"，是指将学科本体或本体论解释为学科的"研究内容"，即学科本体就是学科的研究内容。

同样是文学领域，就有学者将本体理解为研究内容。如金元浦教授④在论述阅读对于文学的意义时指出，阅读必须进入文学本体，阅读原本即是文学本体的一部分，是文学的历史存在的方式。可见，金元浦教授所指的文学本体大致是指文学的研究内容，而不是研究对象。

史学对历史本体和史学本体论的认知，大致相当于文学中"研究内容说"。如刘卫、徐国利等将"历史的本质、结构、内容和发展规律等"定义为"历史本体问题"⑤。再如叶建华认为，史学的本体理论包括目的论、

① 吕力. 什么是"中国管理学"研究的本体[J]. 管理观察，2009(16)：16-17.
② 陈春敏. 新时期文学本体论的发生、演变及趋势[J]. 文艺争鸣，2016(10)：134-142.
③ 参见：童庆炳. 文学理论教程[M]. 北京：高等教育出版社，1998.
④ 金元浦. 阅读：文学的本体存在[J]. 外国文学评论，1994(4)：98-107.
⑤ 刘卫，徐国利. 对史学价值观与历史本体观关系的历史考察[J]. 中国社会科学院研究生院学报，2004(4)：123-129，144.

编纂学、史评理论和历史观理论等。历史的本质、结构、内容和发展规律也好，史学研究的目的论、编纂学、史评理论和历史观理论也罢，其实都是史学的研究内容。

从这个意义上讲，学科本体或本体论并不是什么新的东西，其实就是学科的研究内容，相当于学科研究内容的别称。

1.3 "预设前提说"

与研究对象和研究内容不同，"预设前提"并不是科学史、科学哲学和科学学关注的学科基础理论问题。但在美学、经济学和政治学领域中，一些学者却将本体或本体论界定为学科研究的"预设前提"。

在美学领域，王磊①指出，"美学的研究对象和美的本体问题就像恒星世界中的一个缠绕难解的'双子'结构"。其中，研究对象"关系到对该学科的性质、内容构成、学科定位等的认识"，是"关系到该学科是否能成立的大问题"，"对美学的研究对象是什么的回答，背后潜藏着各种各样的本体论预设前提"。也就是说，本体不是研究对象，但却与研究对象相伴相随，是隐藏在研究对象背后的"预设前提"。研究对象和学科本体犹如"恒星世界中的一个缠绕难解的'双子'结构"。可见，王磊对本体的理解超越了科学史、科学哲学和科学学中学科基础理论的范畴。个人认为，将本体理解为隐藏在研究对象背后的"预设前提"是有意义或价值的。其学科价值主要体现在，它清晰阐明了学科本体与研究对象之间的逻辑关系，即学科本体不是学科的研究对象，但却与研究对象直接相关，两者共同组成一个缠绕难解的"双子"结构。只有通过"预设前提"这个本体才能科学定位学科的研究对象这一"关系该学科是否能成立的大问题"。

---

① 王磊."双子"结构：美学的研究对象与美的本体问题——对国内主流《美学》教材中相关问题的质疑与批判[J]. 江淮论坛，2012(5)：84-89.

在经济学领域，涉及本体或本体论的成果并不多见，但林毅夫教授的著作《本体与常无：经济学方法论对话》却高调地使用到了"本体"概念。林著①认为，现代经济学的本体是指经济理论的基本假设，即"理性人"。经济学研究应该遵循以"常无"心态从"本体出发"的研究方法。在比较政治学中，本体同样被理解为"对世间万物之间的因果关系的本质所作的某些基本假设，而这恰恰是构建学术理论的前提"②。在我们看来，林教授、彼得·霍尔和罗俊的"基本假设"与王文"预设前提"似有异曲同工之妙。因此，我们不妨将三者同时纳入"预设前提说"。

综上，"研究对象说""研究内容说"和"预设前提说"是当前学科本体或学科本体论研究的三种代表性观点。三种观点虽然彼此区隔，意涵不同，但大致可以纳入学科基础理论研究范畴。虽然"预设前提"并不在传统学科基础理论研究范畴之内，但它具有典型的范式与方法论特征，因此，将其纳入学科基础理论范畴也不为过。

作为学科基础理论的本体和本体论研究，具有两个方面的科学价值。一方面，准确定义学科本体，开展学科本体论研究，有助于聚焦和深化对学科研究对象的科学认知。因为学科本体与研究对象是一个缠绕难解的"双子"结构，本体不确定，研究对象的认知也难以深化，研究内容更是难以聚焦。另一方面，学科本体和本体论研究，有助于规范学科的研究方法或研究范式，确立学科发展的定位和方向。正如彼得·霍尔和罗俊③所讲的研究方法必须"适应本体"。学科本体不确定，学科的方法体系和研究范式也就无所"本"，研究的定位和方向就会迷失。

---

① 林毅夫. 本体与常无：经济学方法论对话[M]. 北京：北京大学出版社，2012：前言.
② 彼得·霍尔，罗俊. 使比较政治学中的方法适应本体[J]. 比较政治学前沿，2014(2)：25-43.
③ 彼得·霍尔，罗俊. 使比较政治学中的方法适应本体[J]. 比较政治学前沿，2014(2)：25-43.

2. 出版学研究以何为"本"？

上述研究表明，人文社会科学的不同领域，如文学、史学、美学、经济学、管理学、政治学等都不同程度地关注到其学科本体问题。这表明学科本体研究具有一定的普遍意义，也就为出版学开展学科本体研究做了很好的背书。

那么，什么是出版学的学科本体呢？或者说出版学研究该以何为"本"呢？

2.1　定义出版学学科本体的视角选择

由于不同学科对本体的理解存在实质性的分歧，有"研究对象说""研究内容说""预设前提说"三种全然不同的解读。这就为出版学本体研究出了一道难题。我们是应该从上述三种代表性学说中选择其一，还是另起炉灶呢？

我们倾向于从"预设前提"而不是"研究对象"和"研究内容"视角来定义出版学的学科本体。因为"研究对象说"和"研究内容说"都存在明显的不合理性。

"研究对象说"，将学科本体简单等同于学科的研究对象，它虽然看到了学科本体的重要性，但其不足却是显而易见的。在科学学语境中，研究对象已是一个为大家广为接受的学科范畴，而且是唯一能够决定学科"生死存亡"的核心范畴。但学科本体却只是一个影响学科研究范式与方法并不能决定学科"生死存亡"的新的学科范畴，显然不能等同于研究对象。即便两者就是一回事，也没有必要让研究对象换上学科本体的"马甲"再出来忽悠人。更何况学科本体和研究对象原本就不是一回事。研究对象是学科的"元问题",重在凝聚学科的研究内容,限定学科边界;而本体则是学科认识论和方法论的问题,解决的是如何认识研究对象的问题。两者虽然高度相关,但却并不在同一层面,更不是同一问题。

"研究内容说",将学科本体视同学科的研究内容。这种理解虽然不存在什么本质上的错误,但它却明显弱化了本体的学科价值,低估了本体对学科发展的重要性。因为只要是与学科研究对象相关的东西,大多可以成为学科的研究内容,并纳入学科知识体系之中。本体是学科的研究内容,但又不仅仅限于研究内容,将其定义为研究内容是远远不够的,它应该是在研究内容之上,是驾驭研究活动和检验研究成果的更高层面的学术范畴。

基于"研究对象说"和"研究内容说"的上述不足,我们拟选择"预设前提说"这个视角,来定义出版学的学科本体。

"预设前提"原本是学科范式的基本构成要件,是隐含在社会科学理论体系和研究活动中、支撑着社会科学研究的一种学科假设或命题①。可以说,对社会现象的研究,或者说任何一门社会科学学科,都是在一定的"预设前提"基础上展开的。这个基础性"预设前提",总是隐藏在研究对象背后,与研究对象互为表里,相互支撑,构成一对结构和功能完善的学科"双子"结构,支撑着学科的研究活动。其中,研究对象彰显着学科的独立性,而"预设前提"则是从方法论维度锚定学科的定位、牵引学科的发展方向。

当然,学科的"预设前提"未必是唯一或不变的。多数学科,甚至是学科中的不同分支,可能有多个"预设前提"。但是,对特定学科而言,总归是有一个基础性"预设前提"的。例如,经济学的"理性人"就是这样

---

① 马费成著. IRM-KM 范式与情报学发展研究[M]. 武汉:武汉大学出版社,2008:11.

一个基础性"预设前提"。同时，在学科发展的不同历史阶段，"预设前提"可能存在某些差异或变化，但其基础性"预设前提"应该是始终如一的，不会随着学科生态的变化而变化。

基于上述理解，我们认为，将"预设前提"定义为学科本体是有其合理性的。需要强调的是，"预设前提"是学科研究中的一种隐性"存在"，并不是可有可无的。从这个意义上讲，将"预设前提"定义为学科本体，是符合本体论主要是"研究存在的学问"①这一判断完全吻合的。

2.2 "出版服务"是出版学的学科本体

郑祥福等在《科学的精神：当代西方科学哲学中的认识论问题研究》中指出，"认识是对客观世界的建构"，"不管是哪种真理标准观，都存在着一个预设前提的问题，即预设某个原则的存在，认为认识必须与这个预设的前提相一致，否则就不是真理"②。事实上，任何一门学科，都是人们对其研究对象的认知建构，是探索关于研究对象的科学认知，也是一个追求真理的过程，而这一过程总是建立在一定的理论基础或预设前提基础上的。

如果说任何学科的研究都是要有"预设前提"的，那出版学科的"预设前提"又是什么呢？

我简要梳理和回顾了我国出版学研究的大致历程，尚未发现针对其学科预设前提方面的研究成果，哪怕是"预设前提"这个概念都不曾被提及。当然，这并不意味着长期以来出版学的研究就不遵循科学认知的一般规律，就没有"预设前提"。事实上，无论是编辑学、出版管理，还是

---

① 朱立元. 理论的历险[M]. 郑州：河南大学出版社，2013：171.
② 郑祥福，洪伟著. 科学的精神：当代西方科学哲学中的认识论问题研究[M]. 上海：上海三联书店，2001：143.

发行学的相关研究中，大多"隐含"着某些秘而不宣的"预设前提"。例如，王振铎的编辑思想应该是建立在"文化建构"前提基础上的，罗紫初的图书发行理论或许与"文化产业营销"这个前提分不开，而当前关于"主题出版"的诸多研究可以肯定是与出版意识形态属性有着内在关联的。也就是说，出版学虽然并未直接探讨其学科的"预设前提"问题，但在学科研究中"预设前提"却从未缺失，尽管不同的研究者所选择的"预设前提"不尽相同。基于此，我们就没有理由否认出版学"预设前提"的存在。

那么，是否有可能给出版学建构一个基础性的预设前提呢？

答案应该是肯定的。那作为出版学"本体"的这个"预设前提"又是什么呢？个人认为，"出版服务"是出版学科的基础性"预设前提"，是出版学研究需要共同遵循的基本假设，同时也是出版学的学科"本体"。

这是因为"出版服务"是隐藏在出版学的研究对象"出版现象"背后、支配出版研究活动、并检验出版研究成果的关键学科范畴。

首先，"出版服务"是隐藏在出版学的研究对象"出版现象"背后的核心学科范畴。

一般而言，关系到"学科是否能成立的大问题"是其研究对象。科学史、科学哲学和科学学的研究表明，一门学科是否能够成立，是看其是否有自己独立的研究对象。判断一门学科是否存在的首要标准就是它的研究对象。出版学之所以能称其为一个独立的学科，正是因为它有自己独立的研究对象。但是，研究对象解决的只是学科的研究内容、学科边界、学科性质和方法论等基本问题。其功能主要是显示学科独立性、建构研究内容体系、划定学科边界、确立学科性质和规范研究方法，但却解决不了学科研究中的认识论问题，解决不了学科研究的目标或动机问题。这是因为研究对象只是一种客观存在，本身并不具备目标或动机等价值特征。要解决学科研究的认识论问题，必须关注研究的目标或动机。

从学科的研究对象这一客观存在本身出发，是找不到答案的。只能从研究对象之外或背后去寻找，也就要找到前文王文所指的与研究对象缠绕难解的"双子"结构的另一半，即学科研究的"预设前提"。

出版学的研究对象存在着多种不同的表述，如早期的"规律说""矛盾说""文化现象说""出版要素及其关系说""出版活动说"，近年又出现了"出版现象说"①和"出版主客体之间的矛盾说"②等。我将出版学的研究对象定义为"出版现象"。因此，我们就只能从"出版现象"这一研究对象出发，从"出版现象"之外或背后去寻找这个"预设前提"。

在出版学科知识体系中，涉及出版物、出版业、出版活动、出版工作、出版资源、出版市场等诸多核心概念或范畴。这些概念或范畴，主要是基于"出版现象"这一研究对象衍生而来，是出版现象这一研究对象自身的有机组成部分，并不是隐藏在"出版现象"背后的东西。不仅如此，这些概念或范畴还具有一个共同特征，即它们的工具理性远远高于价值理性，更多地表现出的是其客观性。出版服务，相较这些概念或范畴，与出版学研究对象出版现象之间的关系则有所不同。其一，出版服务虽然也是源于出版现象，但其与出版现象之间的关系较上述概念松散，多数情况下它是隐藏在出版现象背后的；其二，相较上述概念，出版服务的价值理性更加鲜明，工具理性相对较弱。选择"为谁服务"以及"如何服务"是出版服务价值理性的重要表征。基于这两点考虑，我们认为，它具备了驾驭出版学学科定位和发展方向的内在潜质和能力，进而从众多的出版学范畴中脱颖而出，成为出版学研究的"预设前提"或学科本体。

其次，"出版服务"具有驾驭出版研究活动的内在潜质，是从根本上支撑出版学知识体系建构的核心学科范畴。

---

① 方卿. 关于出版学研究对象的思考[J]. 中国出版，2020(6)：15-23.
② 周蔚华. 中国特色出版学理论体系建设论纲[J]. 现代出版，2022(1)：5-18，101.

出版学学科知识体系的建构，虽然是围绕其研究对象"出版现象"展开的，但是这一知识体系建构的出发点、要素、结构与功能的选择却是建立在出版"为谁服务"和"如何服务"这个"预设前提"或学科本体基础之上的。可以讲，脱离了出版服务，回答不了"为谁服务"和"如何服务"的问题，出版学研究就无所"本"，出版学知识体系也难以被有效建构。

然后，"出版服务"还是检验出版学研究成果的尺度和标准，是衡量出版学社会功能的唯一学科范畴。

科学，尤其是社会科学，总是要面向社会实践，解决现实问题的。对此，科学学的启蒙者贝尔纳在其名著《科学的社会功能》中已有明确的阐述。出版学是一个典型的应用文科，社会功能是其学科价值的重要体现。出版学研究所揭示的出版现象产生、发展和演进的规律，是要用来指导出版实践活动、服务出版业发展的。这样一来，出版理论研究的成果，是否真正揭示了出版现象产生、发展和演进的内在规律，是否能起到指导出版业发展的作用，就只有通过"出版服务"这一标准来检验或衡量。正所谓实践是检验真理的唯一标准。

3. 基于"出版服务"本体的学科价值分析

将"出版服务"定义为出版学的学科本体，对出版学研究有何学科价值呢？

一言以蔽之，以"出版服务"为学科本体，有利于锚定出版学的学科定位，指示出版学的学科发展方向，科学履行出版学的社会功能。

出版学，以"出版现象"这一普遍人类社会现象为研究对象，其学科性质只能是狭义的社会科学①。出版学研究自然也就应该遵循社会科学研究的学科逻辑和研究范式。社会功能是社会科学学科的基本功能，为社会服务是出版学研究的重中之重。而社会功能的实现，关键在于学科的定位和发展方向。准确的学科定位和正确的学科发展方向，是出版学履行其社会功能的保障。学科定位和发展方向的迷失，将严重阻碍出版学的科学发展，甚至影响出版学学科存在的意义或价值。

以"出版服务"为学科本体，关键是要回答好出版"为谁服务"和"如何服务"两大问题。通过对这两个问题的科学回答，来确定出版学的学科定位和发展方向。

3.1　回答出版"为谁服务"的问题

出版"为谁服务"的问题，是出版学本体"出版服务"这一"预设前提"的核心所在。对这一问题的回答决定了出版学的学科定位和发展方向。

和任何其他社会科学学科一样，出版学学科定位和发展方向，不仅取决于其研究对象"出版现象"自身的发展状况，同时还受制于研究者的立场、观点或价值取向。这就是为什么"社会科学研究不像自然科学和工程技术那样可以完全做到价值中立"②。科学学先驱贝尔纳在谈到"科学和政治"的问题时，非常明确地告诉科学家们"保持中立是不可能的"③。也就是说，"既没有价值中立的、无目的性的科学，也不存在彻底致力于'真理'或者'共同利益'的科学家"④。

那么，出版学究竟应该以什么样的面貌示人？其学科如何定位？发

①　方卿. 关于出版学学科性质的思考[J]. 出版科学，2020(3)：5-12.
②　杨云香. 社会科学研究管理导论[M]. 郑州：河南人民出版社，2009：14.
③　[英]贝尔纳. 科学的社会功能[M]. 北京：商务印书馆，1995：10.
④　哈姆，斯曼戴奇. 曹新宇，樊淑英. 论文化帝国主义：文化统治的政治经济学[M]. 北京：商务印书馆，2020：113.

展方向是什么？这些问题的回答，并非信口开河，而是要有所本的，也就是要科学回答"出版服务"这一学科本体内含的"为谁服务"的问题。

关于出版为谁服务的问题。博玫①认为，"出版为谁服务，坚持什么样的政治方向，是出版事业的根本"。这体现了学界对出版服务这一学科本体的科学认知。事实上，1983 年中共中央、国务院颁发的《关于加强出版工作的决定》就明确回答了这一问题。"我国的出版事业，与资本主义国家的出版事业根本不同，是党领导的社会主义事业的一个组成部分，必须坚持为人民服务、为社会主义服务的根本方针"②。显然，这是从制度或政策层面对出版为谁服务这一学科本体问题的认同，对出版"为谁服务"这一学科本体问题的科学回答。

然而，制度和政策并不一定能从根本上解决出版学研究的理念或导向问题。例如，在出版学研究中，诸如编辑的价值中立、学科研究的范式转型、去本土化的纯理论建构和出版评价标准的客观性讨论等，或多或少地存在研究导向迷失的问题，甚至不乏追求所谓学术普世价值的倾向。这正是对出版服务这一出版学学科本体认识模糊的体现，是未能从思想上解决出版"为谁服务"这一根本问题的反映。

在当今中国，我们必须基于出版服务这一学科本体，坚持"为人民服务、为社会主义服务"的根本方针，致力于发展中国特色社会主义出版学。这才是出版学应有的科学定位和正确方向。可喜的是，十八大以来我国出版学研究对学科本体中"为谁服务"的问题有了更多的关注，我国出版学的学科定位和发展方向得以进一步明确。这对促进我国出版学的健康发展显然是有积极意义的。同时，我们更期待，回答"为谁服务"的问题不仅仅只是作为出版学的研究内容受到重视，而且更应该上升到学

---

① 博玫. 中国出版业传媒体制创新[M]. 广州：南方日报出版社，2007：67.
② 中共中央、国务院关于加强出版工作的决定[R]. 1983-06-06.

科本体层面，参与到出版学学科理论体系建构中去。

3.2　回答出版"如何服务"的问题

"为谁服务"并不是出版服务这个学科本体的全部内涵。在回答好"为谁服务"的基础上，还需要继续回答好出版"如何服务"的问题。如果说"为谁服务"是出版学发展中的立场、观点与价值取向问题，那么，"如何服务"则是出版学发展中的一个技术与方法问题。两者虽然含义不同，但却同等重要。解决不好"如何服务"的问题，"为谁服务"也只是一句空话。

要解决好出版"如何服务"的问题，需要从出版学研究上做文章。一是要突出出版服务本体在出版学知识体系建构中的主导作用。当前的出版学研究，仅仅是将出版服务作为出版营销的一个分支领域，甚至只是发行学的一个子方向，而不是基于出版服务这一学科本体来建构出版学学科知识体系的。当前的出版学科知识体系，主要是基于"出版制造"这样一个前提或假设建构起来的，其知识体系或者沿"编印发"产业流程展开，或者以"编审校"业务为核心建构。出版学的学科核心知识，与其所肩负的社会功能的要求相去甚远。研究成果对出版服务实践的指导意义不足。这既不利于出版服务能力的改善或提升，也不利于出版学社会功能的履行。因此，从长远看，基于"出版服务"这一学科本体的内在要求，优化出版学学科知识体系，是回答好出版"如何服务"问题的根本出路。

近期看，要回答好出版"如何服务"的问题，可以围绕服务理念养成、阅读消费培育、内容资源建设和服务方式优化等方面，开展一些局部的具体问题的研究。一是改变传统的出版无产品经营理念，养成面向信息服务、知识服务的全新出版服务理念；二是改变被动寻找用户的局面，形成积极培育阅读消费需求的主动营销范式；三是突破零散封闭的资源建设藩篱，基于结构化技术，建设多维融合的内容资源体系；四是整合服务渠道与手段，基于用户画像技术，建立智能化个性化的用户服务体系。这样做，至少可以基于问题导向，切实解决好出版服务实践中暴露出的一些突出问题和不足，为出版服务本体参与出版学学科知识体系的建构做些实实在在的事情。

4. 结 语

出版学科本体研究是一个新课题，虽然有价值、有意义，但更有难度、有挑战。我们对学科本体的解读、对出版学学科本体的理解及其学科价值的分析，还缺乏足够的学理支撑，立论是否站得住脚并没有信心。这项研究的意义，是希望引起大家对这一问题的关注和重视，以期从一个全新视角来审视当前出版学研究的方式方法，服务于出版学科的更好发展。

原载于《科技与出版》2022 年第 1 期

关于出版功能的再思考

我们的观察发现，当代出版学研究出现了一种"脱虚向实"的倾向。无论是出版学研究议题的设置，还是研究方法或范式的选择，均存在这种倾向。众所周知，现代社会科学，是在批判传统经院哲学基础上，基于理性主义和实证主义原则，模仿现代自然科学建立起来的。我们相信，出版学研究出现的这种倾向是完全符合出版学的社会科学学科属性要求的，是积极的、有意义的。但是，这种倾向，如果把握不好，难免将出版学研究带入"庸俗化"境地。出版学，应该是基于理性主义和实证主义原则，寻求或发现关于"出版现象"的普遍知识、普遍规律和基本原理，而主要不是以解决局部实际问题为学科发展目标的。虽然"问题导向"是当今社会科学研究的一种普遍倾向，但问题导向一定是建立在学科普遍知识、普遍规律和基本原理研究基础之上的，绝非脱离普遍性规律的"自行其是"。因此，出版学研究，不能因此而忽视对"出版现象"的普遍知识、普遍规律和基本原理的追求，出版学应力求成为"为从事现实的出版事业的人们提供指导原理的学科"①。

---

① 箕轮成男，贺鑫昌. 出版学的方法[J]. 现代外国哲学社会科学文摘，1986(8)：22-25.

出版功能，是出版学的一个核心范畴，它直接关乎"出版现象"存在和发展的价值和意义。关于出版功能的研究，对出版学具有基础性的学术价值。它回答的不仅仅是出版能否影响社会的问题，而是出版怎样影响社会的问题，是出版影响或作用社会的机制与机理方面的问题。

出版，作为一种有意识的人类社会活动，必然有其存在和发展的内在价值和外部影响。这个内在价值和外部影响，也就是出版的功能。深刻揭示并科学描述出版的内在价值和外部影响，正是出版学研究的基本目标。

事实上，关于出版功能的研究一直以来就受到了出版业界和学界的关注，相关研究也很活跃，并且产生了一些有代表性的成果。但随着出版内涵和外延的发展变化，出版功能的研究实际上是一个永恒的出版学议题。

1. 出版功能的界定

不少出版学大家，如宋木文①、巢峰②、阙道隆③、罗紫初④、周蔚华⑤等都曾涉及过出版功能这一议题，对出版（含出版业、出版活动或出版物等）多方面的功能（含作用、意义或价值等）展开过深入的探讨，并取得了不少令人信服的研究成果，为这一议题的研究奠定了扎实的基础。但稍显遗憾的是，几乎所有的相关研究都是单刀直入，直接分析论述出版具有哪些方面的具体功能，很少有人对出版功能这一范畴做过严格意

---

① 宋木文. 在全国整顿压缩报刊和出版社[N]. 新闻出版报, 1989-09-16.
② 巢峰. 出版物的特殊性——出版经济学绪论[J]. 出版工作, 1984(1)：31-43.
③ 阙道隆. 编辑学理论纲要（下）[J]. 出版科学, 2001(4)：8-23.
④ 罗紫初. 出版学理论研究述评[J]. 出版科学, 2002(S1)：4-11, 17.
⑤ 周蔚华. 重新理解当代中国出版业[J]. 出版发行研究, 2020(1)：5-15.

义上的科学界定。如出版功能范畴中的"出版",是指出版业①②、出版活动③,还是出版物④?"功能"到底是什么内涵,它与作用、影响或价值是什么关系?因此,现阶段关于出版功能的研究成果,或是出版的功能,或是出版业的功能,或是出版活动的功能,有的还是出版物的功能;而且大部分探讨的是出版的社会影响,即外部功能,很少涉及出版内在价值。我们认为,只有厘清出版功能概念的内涵和外延,才能有助于研究的聚焦,有助于问题的解决。这里,我们不妨从认识论视角对出版功能范畴中的功能、功能与作用的关系以及功能主体、中介与客体等分别作一个简要界定。

1.1 出版功能的含义

日常生活中,功能通常是与"作用"联系在一起的一个概念。在多数情况下,功能甚至被视作作用的同义词。事实上,这两个概念的确密切相关,因为功能一般被定义为事物或方法所发挥的有利作用。

学界有时候对"功能"和"作用"也做严格区分。在这种语境下,功能是指事物内部固有的效能,是事物的静态属性。它是由事物内部要素结构所决定的,是一种内在于事物的相对稳定独立的机制。作用,则是事物的外部效应,是事物的动态属性。只有当一件事物具有一定的功能且与外部环境发生关系时,作用才会产生。两者的关系可以这样理解,功能是作用产生的前提基础,作用就是事物内部要素结构所赋予的功能与客观需要相结合而产生的实际效能。也就是说,从学科意义上,功能是由事物内部要素结构所决定的事物固有的效能,是事物的静态属性,是

---

① 罗紫初. 出版学理论研究述评[J]. 出版科学, 2002(S1): 4-11, 17.
② 周蔚华. 重新理解当代中国出版业[J]. 出版发行研究, 2020(1): 5-15.
③ 苗遂奇. 现代出版学研究刍议[J]. 大学出版, 2009(3): 4-9.
④ 蔡健. 论出版物的功能[J]. 编辑之友, 2004(S1): 1.

事物作用产生的前提基础。它与"作用"虽然是密切相关的，但两者是有区别的、是两个不同的范畴。

从内涵和外延上定义"功能"这一概念，虽然是可能的，但在实践中，要将功能与作用完全分开却是困难的，有时甚至是不可能的。许多社会现象，如科学、教育、法律等，都难以将其功能与作用严格区隔开来。从作用的角度来理解功能甚至更容易为人们所接受。这正是为什么各个学科在探讨相关现象的功能时总是将其与作用联系在一起的缘故。

基于这一现实，我们认为，出版的功能，大致相当于出版的作用，是指出版自身所固有的作用于读者或社会的效用或价值。它既是出版自身固有的效能，也是出版的外部效应或作用；它是由出版自身内部要素结构所决定的，却是通过作用于读者或社会体现其影响和价值的。

1.2　出版功能的构成要素

既然功能是由要素和结构决定的，那么，解析出版功能的要素和结构就是分析出版功能的前提或基础。我们认为，出版功能是由功能主体、中介与客体三个基本要素组成的一个完整的体系结构。其中，主体是出版功能的创造者，中介是出版功能的载体，客体是出版功能的受体或作用的对象，即主体通过中介服务于客体或对象。这就是出版功能三要素的基本结构。基于这一理解，我们认为，出版功能是由这三个要素组成的系统来实现的，而不是其中的单一要素就能完成的。例如，用出版物的价值或作用来解释出版功能就可能存在片面性。因此，了解这三个基本要素及其结构，对全面掌握出版功能具有重要意义。

1.2.1　出版功能的主体

出版功能的主体，是指出版功能的创造者，具体指出版业，尤其是出版业中的出版机构和出版人。出版，作为一种社会现象，是由出版业来完成或实现的。脱离了出版业，也就不可能有所谓的出版这种社会现象的存在。从这个意义上讲，出版所固有的内在价值以及作用于读者或社会的功能，正是由出版业所创造的。作为出版功能主体的出版业，尤其是出版机构和出版人，是通过编辑、复制（印刷）与发行等出版业务活动来创造出版的各项功能的。在出版功能的创造活动中，编辑、复制（印刷）与发行工作，扮演着不同的角色、发挥着不同的作用。其中，编辑，主要承担的是出版内在价值的具体创造工作；复制（印刷），实现的是出版功能的"物化"工作；发行，承担的则是出版功能的传播工作。三者环环相扣，缺一不可，共同创造出版的完整功能价值。

主体，作为出版功能的创造者，其理想、信念和价值观直接决定着出版功能的性质。在不同的历史时期、不同社会制度下，出版功能的性质不尽相同。社会主义出版业创造的是社会主义出版功能和价值。

1.2.2　出版功能的中介

出版功能的中介，是指出版功能的载体或具体承载物，即出版产品或服务。出版业所创造的功能，虽然主要表现为蕴涵特定实事、理念、信仰或价值观的数据、信息或知识内容，但这些内容总是依附于书报刊、音像制品、电子或网络出版物等特定的出版产品或服务这一特定载体的。离开了这一载体，出版业所创造的功能就无处依附、无法传播。因此，中介是出版功能的基本构成要素。也正因为如此，有些学者总习惯从出版物的视角来研究出版功能。

作为出版功能的中介，载体总是与载体技术的进步密切相关的。先进的技术含量高的载体技术，有利于出版功能的充分发挥。当今数字技术的发展和进步，对提升出版的社会功能就起到了很好的促进作用。

1.2.3　出版功能的客体

出版功能的客体，是指出版功能的受体或作用对象，具体指出版产品或服务的消费者，即读者，间接指社会的政治、经济和文化等社会领域。出版功能虽为出版自身的固有效能，但却是通过作用于读者或社会体现其影响和价值的。离开了读者或社会，出版功能就无法实现。出版功能的客体，直接表现为读者，间接指向社会的政治、经济和文化等社会领域。读者是特定社会场域中的读者，他们通过对出版产品或服务的阅读或消费，进而对社会的政治、经济和文化等施加影响，从而实现的出版的社会功能。

2. 出版功能的内容构成

那么，出版到底有哪些功能呢？这方面的研究成果不少，但大多均是从单一角度来论述的。其中，系统性的观点有"四功能说""五功能说""十功能说"等。如罗紫初教授曾指出，"众多中外学者对出版功能从不同的角度和不同的侧面进行了探讨。我们从政治功能、经济功能、文化功能、社会功能四个方面进行综述①"。周蔚华教授在总结出版"传递信息、传播知识、传承文化、教化育人、提供娱乐""五功能"的基础上，结合21世纪出版业的新变化对当代中国出版功能进行再分析和再认识。他指出，"当代中国出版的功能至少可以概括为以下十个方面：一是传播真理、塑造信仰；二是传播观念，认同价值；三是传递信息，服务大众；四是传播知识，教化育人；五是传承历史，创造转化；六是呈现前沿，促进创新；七是规范话语，形成标准；八是提供娱乐，丰富生活；九是连接中外，交流文化；十是形成合力、推动社会"②等。

① 罗紫初. 出版学理论研究述评[J]. 出版科学，2002(S1)：4-11，17.
② 周蔚华. 重新理解当代中国出版业[J]. 出版发行研究，2020(1)：5-15.

上述这些观点或学说，虽然看问题的角度不尽相同，但是，都从各自的视角较好地揭示了出版功能的核心意涵。尽管如此，我们还是试图基于前述对出版功能的界定，提出我们的观点或看法。我们认为，出版具有"传播信息、宣扬主张和服务社会"三大基本功能，其中，"传播信息"是出版的文本(含超文本、图像、音视频)功能，"宣扬主张"是出版的理念功能，"服务社会"是则是出版的社会功能。也就是说，出版包括三大功能，即传播信息的文本功能、宣扬主张的理念功能和服务社会的社会功能。

2.1 传播信息的文本功能

信息、知识和数据是一组高度相关的概念。三者之间，共同的东西多，个性化的部分少。在信息管理科学语境中，信息是事物存在方式和运动状态的反映，不涉及明显的价值判断；知识则是体系化的信息，通常涉及价值判断，正确的或有用的信息才可能转化为知识；数据则是关于事物的未经加工的原始素材，不仅可以是人对事物观察的结果，而且还包括机器产生的关于事物的记录，它完全不涉及价值问题。在出版学语境中，早期出版人常用的主要是其中的知识这一概念①；20世纪80年代以降，信息概念逐步进入出版人的视野，如出版传播信息的功能就是这个时候出现的②；数据概念引入出版领域则更晚，世纪之交"大数据""开放数据"的兴起，在科技出版领域，数据库出版③、开放存取出版④、增强型出版⑤和数据出版⑥等的兴起，将数据概念与出版紧紧联系了在一

---

① 马克卢普著. 美国的知识生产与分配[M]. 孙耀君，译. 北京：人民大学出版社，2007：172.
② 孔祥宏. Internet与新闻出版业[J]. 中小学图书情报世界，1998(3)：3-5.
③ 许晓东. WWW上数据库出版方法的研究[J]. 江苏理工大学学报，1996(6)：90-94.
④ 李武，刘兹恒. 一种全新的学术出版模式：开放存取出版模式探析[J]. 中国图书馆学报，2004(6)：66-69.
⑤ 刘锦宏，张亚敏，徐丽芳. 增强型学术期刊出版模式研究[J]. 编辑学报，2016(1)：15-17.
⑥ 张恬，刘凤红. 数据出版新进展[J]. 中国科技期刊研究，2018(5)：453-459.

起。当然，如果离开了严格的学科语境，信息、知识和数据，并没有本质的区别，三者混用也没有太大问题。因此，在谈论出版功能时，我们就用了与传播行为关系较为密切的信息这一概念。

出版，作为一项社会传播活动，其传播的正是信息，当然包括数据和知识。出版活动中的编辑、复制(或印刷)和发行，均是以信息为工作对象的。其中，编辑，是对信息的选择、甄别和加工；复制(或印刷)是对经过编辑的信息进行文本(含超文本、图像、音视频)的物化(含电磁化)或固化处理；发行则是对经过编辑与复制(或印刷)的信息(具体表现为出版产品或服务)的传播活动。可见，出版活动中的编辑、复制(或印刷)和发行均是围绕信息这一工作对象展开的。因此，我们认为，传播信息是出版的基本功能。由于出版活动中的信息传播，均是围绕出版文本的编辑、复制(或印刷)和发行来开展的，因此，我们不妨将出版的信息传播功能称作"文本功能"。从这个意义上讲，编辑文本、复制(或印刷)文本和发行文本是出版的基本功能。其中，编辑文本，主要体现为文本的选择、规范化和标准化；复制(或印刷)文本，体现为文本的物化(含电磁化)或固化；发行文本，则体现为文本的社会传播。三者环环相扣，缺一不可。

前述关于出版功能的各种观点，部分都涉及了出版的这一基本功能。如"五功能说"中的"传递信息"和"传播知识"，显然是属于我们定义的"传播信息"这一"文本功能"范畴。"十功能说"中的"传递信息，服务大众""传播知识，教化育人""呈现前沿，促进创新"的前半部分，也可以纳入"传播信息"的"文本功能"范畴。西方出版学、图书学或书史研究，都十分关注文本功能的研究，它们更倾向于通过对出版文本的分析来解构出版的功能①。

---

① 亚德里安·范德·威尔著. 许洁、唐文辉，译. 出版学与社会学视角下的文本技术[J]. 中国出版史研究，2020(2)：68-82.

文本功能，是出版现象内部固有的效能，是出版的静态属性。它是由出版机构内部各要素结构所决定的，是一种内在于出版的相对稳定的基础机制。它是宣扬主张的理念功能和服务社会的社会功能的基础和前提。

2.2 宣扬主张的理念功能

虽然数据、信息和知识是中性的，但是，荷载数据、信息和知识的出版文本，如书报刊、音像制品、电子和网络出版物，则并非完全中性的，其中不少是富含作者、编者或出版者的某种理念、信仰和价值观的。当然，这突出表现在人文社会科学出版领域。传统文化中学者们的所谓"著书立说"，就有典型的"宣扬主张"的意味。周蔚华教授"十功能说"中的"传播真理、塑造信仰"和"传播观念，认同价值"中的"信仰""观念""价值"均是出版宣扬主张的理念功能的体现。

出版，作为一种有意识的人类社会活动，具有宣扬主张（包括理念、信仰和价值观）之目的。在阶级社会中，不同阶级的立场和观念并不相同，有时甚至完全对立。因此，以著书立说的方式，借助出版以达到宣扬主张之目的成为他们的重要选择。巢峰先生所指出的，"出版物是宣传思想的有力武器，任何阶级、学派、团体、宗教，无不利用这一武器来宣传自己的思想"①。古今中外，以出版宣扬主张已是一种普遍的社会现象。阶级立场、学派主张、团体宗旨或宗教信仰，甚至个人明志等，无不借助出版来实现。马克思主义经典作家正是通过大量的著作出版来宣扬其立场、观点和方法，传播共产主义政治观点和思想体系的。

理念功能，与文本功能一样，也是出版现象内部固有的效能，是出版的静态属性，蕴含于出版文本之中，且具有一定的隐蔽性。宣扬主张

---

① 巢峰. 出版物的特殊性——出版经济学绪论[J]. 出版工作, 1984(1): 31-43.

的理念功能，直接决定着出版的社会功能。一定的出版理念必然服务于相应的社会利益。马克思的《共产党宣言》能让广大无产阶级树立起共产主义的坚定信仰，走上革命的道路。相反，一部观念颓废、立场反动、价值观扭曲的出版文本，则绝不可能产生好的社会功能。

2.3 服务社会的社会功能

社会功能，则是指出版服务社会的政治、经济和文化发展的外在效用，它是出版的文本功能与理念功能与社会结合所产生的外化效应，是出版功能的外在表现。出版的社会功能，既是以文本功能与理念功能为基础的，更是文本功能与理念功能的延伸，是文本功能与理念功能的社会化体现。与文本功能与理念功能所具有的静态特征不同，出版的社会功能具有动态性特征，它是与社会政治、经济和文化的发展密切相关的，相同或相近的出版文本与出版理念，其社会功能并不一定相同。

社会功能，是出版的各项功能中最容易被社会认知的一种功能。目前，关于出版功能的研究，大部分直接指向这一功能。前述关于出版的"四功能说""五功能说""十功能说"几乎都涉及了出版的社会功能。其中，"四功能说"的"政治功能""经济功能""文化功能""社会功能"，"五功能说"中的"传承文化""教化育人""提供娱乐"，"十功能说"中的"传承历史，创造转化""提供娱乐，丰富生活""连接中外，交流文化""形成合力、推动社会"等均属出版的社会功能范畴。

3. 服务社会的社会功能

如前述，当前关于出版功能的研究主要囿于出版的社会功能层面。

这种现象既反映出了当前出版功能研究的片面性或不足，但也表明了出版社会功能的显性和重要价值。文本功能和理念功能，只是出版的内在功能、静态功能，而社会功能才是出版的外化功能、动态功能。文本功能和理念功能，虽然是社会功能的基础，但它们终究是要通过其社会功能作用于人类社会的发展或进步的。因此，从这个意义上讲，着力强调出版的社会功能是有其学理基础的。

出版的社会功能内容非常丰富，涉及人类社会的方方面面，其基本内容主要涉及出版的政治功能、经济功能和文化功能三个方面。

3.1 政治功能

出版的政治功能，就是出版服务于社会政治建设的效用，它是出版社会功能的核心意涵。出版，属思想上层建筑或意识形态范畴，为政治服务是其必然要求。服务于统治阶级的根本利益是出版政治功能的本质要求。阙道隆先生，从编辑的角度深刻阐明了出版的政治功能。他认为，编辑出版活动具有两大政治功能，"第一项重大政治功能是维护现存政治制度、政治权力的合法性，或者为建立新的政治制度、政治权力制造舆论……编辑活动的第二项重大政治功能，是推动社会的民主和法治建设的进程，对权力机关进行舆论监督"[1]。出版的政治功能，一般可以通过政治宣传、思想教育和舆论引导等方式来实现。罗紫初教授指出，"出版活动的政治功能主要表现在思想教育与舆论导向上"[2]。宋木文先生强调，"报刊和图书对于政治宣传、思想教育的巨大作用"[3]。巢峰先生指出，

① 阙道隆. 编辑学理论纲要[J]. 出版科学, 2001(4): 9.
② 罗紫初. 出版学理论研究述评[J]. 出版科学, 2002(S1): 4-11, 17.
③ 宋木文. 在全国整顿压缩报刊和出版社工作会议上的讲话[N]. 新闻出版报, 1989-09-20.

"出版物是宣传思想的有力武器"①，等等，都是对出版政治功能的有效诠释。

当今我国出版业，应该坚持正确的政治方向，坚持"为人民服务，为社会主义服务"的出版方针，以服务于中国共产党领导的中国特色社会主义建设为根本目标，紧紧围绕这一根本目标开展出版活动。这是我国出版政治功能的基本要求。

3.2 经济功能

出版的经济功能，是指出版之于经济发展的效用或价值。从缘起看，出版到底是以文化还是经济形态发端的，虽然并无定论，但是，出版以经济形态示人有着久远的历史却是不争的事实。在市场经济条件下，大力发展出版产业，出版业已成为一个有着重要经济影响力的产业门类，更是世界各国的一种普遍现象。关于出版的经济功能，学界有不少探讨。如，罗紫初教授将出版活动的经济功能概括为三个方面："一是产值构成功能，出版活动能向社会提供出版物或出售版权，直接创造产值，构成国民经济总产值的重要部分；二是经济促进功能，出版活动能传播知识，提高劳动素质，促进社会生产力的发展；三是经济服务功能，出版活动能传递信息，为经济决策与管理提供信息服务"②。卿家康博士则认为，"出版活动可以从五个方面促进社会经济的发展：①出版活动是整个社会再生产过程的重要环节；②出版活动能促进劳动力再生产的发展；③出版活动促进社会经济管理水平的提高；④出版活动促使科学技术转化为现实生产力；⑤出版活动直接创造产值，成为社会经济不可或缺的组成

---

① 巢峰. 出版物的特殊性——出版经济学绪论[J]. 出版工作，1984(1)：31-43.
② 罗紫初. 出版发行学基础[M]. 太原：山西经济出版社，2009：80-82.

部分"①。梁宝柱先生则侧重从科技成果应用的角度来认识出版活动的经济功能。他指出，"出版经济越发达，越能加快科技成果的推广和应用，促进社会生产力不断提高，加速国民经济的繁荣"②，等等。

我们认为，出版的经济功能至少体现在这样两个方面：第一，出版业是国民经济产业体系的有机组成部分，出版业的发展可以直接创造社会财富。西方发达国家非常重视包括出版在内的文化创意产业的发展。如英国创意产业 2013 年实现产值 76.9 亿英镑，占英国经济的 5.0%，创意产业已经成为英国经济增长的新引擎③。《中国国民经济和社会发展"十二五"规划纲要》首次明确提出，"推动文化产业成为国民经济支柱性产业，增强文化产业整体实力和竞争力"。这表明，包括出版在内的文化产业的发展，具有很好的经济发展前景，其对国民经济贡献率的提升是可以预期的。第二，出版业通过服务文化、科技和教育，间接服务于经济社会发展。对此，拟在下面"出版的文化功能"中进行讨论。

经济功能，具有典型的显性特征，易于受到出版界的重视。在出版实践中，甚至容易出现强调经济效益忽视社会效益的现象。因此，正确处理好两个效益的关系，树立"把社会效益放在首位、社会效益和经济效益相统一"的出版理念，应成为当代中国出版经营的基本遵循。当然，这也是发挥出版经济功能的前提。

3.3 文化功能

出版的文化功能，大致是指出版促进文化发展或进步的积极作用。

---

① 马费成等.信息资源与社会发展国际学术研讨会论文集[M].武汉：武汉大学出版社，1996：688-691.
② 梁宝柱.出版经济学导论[M].北京：中国书籍出版社，1991：33-34.
③ 仇景万.英国创意产业发展对我国创新驱动发展战略的启示[J].现代管理科学，2016（5）：73-75.

它是出版社会功能中社会认知度最高的功能之一。出版界及社会各界都较好地认识到了出版的这一社会功能。出版的文化功能，内涵相当丰富。罗紫初教授认为，它具体包括"文化选择功能、文化生产功能、文化传播功能和文化积累功能"①四个方面。其中，阙道隆先生②、王振铎教授③和向新阳教授等对出版的文化选择功能都有过精辟的论述。他们认为，通过出版的"选题"和"编辑加工"等对文化进行"去劣存优"，进而实现对文化的选择。彭建炎先生认为，出版是一种文化生产或创造活动。他指出，"出版其实就是一种文化承载物的生产，它是作者文化创造的继续，编辑对著作(书稿)的选择、整理、审读、加工等都是一种文化创造活动"④。将出版视作"作者文化创造的继续"无疑是对出版文化生产功能的一种最好诠释。周蔚华教授不仅对出版的文化传播功能进行过系统阐释⑤，还归纳总结出数字环境下出版知识传播的特点。他指出，出版"知识的传播已经不是标准化、批量化、大众化、单向传播的方式，而是碎片化(信息和知识碎片)与大规模集成化(信息库)并存，以定制化、个性化、互动性为主要传播方式"⑥。邵益文先生通过出版的成果——图书，阐明了出版的文化积累功能。他指出，"图书留下了人类社会发展进程中的每一个脚印，它记录了人类认识的总和，积累了无所不包的人类认识的成果，它是有史以来一切民族伟大智慧的结晶"⑦。由此可见，出版之于文化的功能或作用业已得到广泛认知。

在此需要强调一点的是，文化是个非常宽泛的概念，广义的文化至

① 罗紫初. 出版学理论研究述评[J]. 出版科学，2002(S1)：4-11，17.
② 阙道隆.《编辑学理论纲要》(下)[J]. 出版科学，2001(4)：8-23.
③ 王振铎. 文化缔构编辑观[J]. 河南大学学报，1988(3)：104-114.
④ 彭建炎. 出版学概论[M]. 长春：吉林大学出版社，1992：63.
⑤ 周蔚华. 出版：文化自信的拱心石——一个出版史的视角[J]. 出版发行研究，2018(1)：5-12.
⑥ 周蔚华. 重新理解当代中国出版业[J]. 出版发行研究，2020(1)：5-15.
⑦ 湖北省编辑学会编，点击《出版科学》[M]. 武汉：崇文书局，2003：190.

少应该包括科技、教育和消闲娱乐。因此，出版的文化功能同时也包括出版对科技、教育和消闲娱乐等发展或进步的促进作用。事实上，出版与科技、教育和消闲娱乐的关系十分密切，专业或学术出版就是专门依附和服务于科技的，教育出版服务于教育自不必言，大众出版则是面向公众消闲娱乐的。

4. 结　语

出版功能，是出版学的一个基础范畴，对其内涵和外延的理解不应流于形式，不应简单地将其理解为出版物的社会作用或价值。出版功能，一方面，是由功能主体、中介和客体等要素共同构成的一个有机体系；另一方面，则是由传播信息的文本功能、宣扬主张的理念功能和服务社会的社会功能构成的一个完整的内容体系。只有这样来理解出版功能，才能更好地解释出版活动中做好编印发等文本工作的价值，更好地解释出版活动中树立正确的价值导向的作用，更好地解释出版活动在社会政治、经济、文化生活中的作用和价值。

原载于《现代出版》2020 年第 5 期

浅论图书市场需求弹性及其营销价值

市场需求弹性是营销学的一个基本范畴，是指消费者的需求对企业营销行为的反应程度。营销学的需求弹性理论表明：消费者对商品或劳务需求量的大小不仅受其购买力及消费心理和购买行为等自身因素的影响，同时，还在相当程度上受到企业营销行为的影响。也就是说，一种商品或劳务的市场需求量固然存在一个理论上的饱和点，但是，随着企业营销行为的改善，该商品或劳务的实际销售量存在着一个很大的可变空间。企业的营销行为做得好，其商品或劳务的销售量就越接近这个理论上的饱和点。反之，若企业的营销行为做得不好，则其商品或劳务的销售量就远远达不到这个理论上的饱和点。相对于纯物质商品而言，图书商品具有鲜明的精神文化属性。正由于其这一特征，又决定了图书商品的市场需求弹性比纯物质商品更为充分，即是说，图书商品需求量的大小受书业企业营销行为的影响更大。因此，把握图书商品的需求弹性特征，采取有针对性的营销举措，对扩大图书销售，充分满足读者需求都具有现实的指导意义。本文拟就图书市场需求弹性的几个主要方面及其相应的营销价值谈谈个人的看法。

1. 图书市场需求对图书定价的弹性及其营销价值

为简便起见，我们不妨把图书市场需求对图书定价的弹性简称为图书需求价格弹性。图书需求价格弹性主要是揭示图书商品需求量的大小与图书定价高低的相关关系的。营销学认为，从总体上讲，商品定价的高低与其市场需求量的大小之间具有必然的双向互动关系，但是，就不同的产品而言，定价的高低对需求量大小的影响却有程度上的不同。其中，一些产品的需求量对价格的变动反应十分敏感，价格稍做变动，其市场需求就会迅速作出反应；而也有一些产品其需求量的大小对定价的高低反应迟缓，即使其价格有大幅度的涨跌，其市场需求却保持相对稳定，即是说价格的变动对这类需求的影响不大。因此，在企业营销实践中，无论是确立定价目标，还是选择价格策略，首先要考虑的问题不应该是价格水准或定价方法，而是必须弄清楚该商品需求价格弹性的高低。唯其如此，才能做到科学定价，才能充分发挥价格手段的营销作用。

就图书商品而言，其需求价格弹性是高还是低呢？

笔者的观点是，图书商品(教材除外)的需求价格弹性非常高，它远远高于一般的纯物质商品。这一结论首先是直接来源于我们的几次图书市场调查。1996—1998年，我们武汉大学出版发行学系的三届本科生在"书业经济学"和"图书营销学"两门课程的教学实践中曾对同一选题不同版别的一些图书(如《红楼梦》的数十个版本)的定价与印数做过三次抽样调查，每次的调查结果均显示了完全相同的结论：即在内容完全相同的选题中，定价低的版本印数就大，相反，定价高的版本印数就小，也就是说，定价几乎成了影响图书印数的唯一要素；在内容相近的选题中(如

《大学英语》的有关辅导书），定价也与印数成高度的逆向相关关系。其次，图书的打折销售之所以能大幅度促进销售量的提高，实质上也从一个侧面证明了上述结论的可靠性。尽管以制止不正当竞争为名，试图禁止新书打折销售的呼声在书业界不绝于耳，但打折销售却有愈演愈烈之势。很明显，这正是图书具有很高的需求价格弹性的直接表现。此外，图书是属于需求价格弹性高的产品这一结论也为一些市场学家的研究所证实。美国著名学者 E. 爱斯菲尔德曾对图书的需求价格弹性做过系统研究，并得出了书籍的需求价格弹性系数远远大于 1 的结论。由此可见，图书具有很高的需求价格弹性，图书定价的高低直接影响其销售量的大小，恐怕是毋庸置疑的了。

商品需求价格弹性的高低直接影响着企业的价格策略。图书商品具有的高需求价格弹性的特征对书业企业图书营销实践所具有的应用价值具体体现为：保持相对低的价格水平是扩大图书销售量的基本思路，限制过高的定价应成为出版社营销的自觉行为。由此可见，中华人民共和国成立初期我国党和政府所确立的"保本薄利"的书业价格政策不仅有其政治和社会意义，而且同样有其经济意义。它不仅可以促进书业社会效益的充分发挥，而且通过低价扩大销售对提高书业的经济效益也不无实践意义。改革开放以来，随着书业管理体制改革的逐步推进，书价也已基本放开。应该说，这本是我国书业管理体制上的一大进步，它为广大书业企业充分利用包括价格在内的各种营销手段提供了可能。但是，我们认为，书业企业经营自主权的扩大，书价政策的松动，却不应成为书价上扬的借口。从图书具有很高需求价格弹性的这一角度来看，书业企业恰好应借书业管理机制改革和图书定价权下放之机，使保持较低的书价水平从一种外部政策约束机制，转变为书业企业经营实践中的一种自我约束机制。也就是说，由于图书是一种有求价格弹性很高的产品，保持书价的低水准理应是书业企业营销实践中的一种自觉行为，不需要任何政策的约束。然而，从目前的情况来看，我们的书业企业对图书的需求价格弹性尚缺乏科学的认识，能够将其恰当地运用于图书定价实践的更是少数。应该说，这正是导致我国书价长期居高不下的重要思想根源。因此，正确地认识图书的需求价格弹性，对我国书业企业进行科学的图书定价应该具有现实的指导意义。

2. 图书市场需求对图书宣传促销的弹性及其营销价值

图书市场需求对图书宣传促销的弹性可简称为图书的需求促销弹性，它是指图书需求量的大小对图书宣传促销力度的反应程度。营销学认为，从总体上讲，加大宣传促销力度都可以适当提高产品的销售量。但是，从不同行业营销实践的具体情况来看，不同产品的需求促销弹性的大小又不尽相同。对于需求促销弹性大的产品来讲，适当加大促销力度可以大幅度提高产品的销售量，其促销的投入产出比自然就高；相反，对那些需求促销弹性小的产品来讲，即使加大促销力度，也难以促进销售量的大幅度提高，其促销的投入产出比自然就低。显然，在确定一种产品的促销力度和促销投入之前，必须准确把握其需求促销弹性的大小。图书的需求促销弹性到底具有什么样的特征呢？我们不妨先来看看两个与此相关的现象。

1991—1994 年，在国家社会科学基金委的资助下，笔者曾对湖北1000 位农村居民的购书和读书情况做过一次抽样调查。为了解农村居民的图书需求心理，我们在调查表中设计了这样一个调查提问："当您在生活和工作中遇到一些问题时，如农作物病虫害的防治、果树栽培、畜禽饲养、农机修理、对联写作等，你是否想到过去书店买本有关的图书来看看?"并给出了以下三个选项："A、想到过、也这样做过；B、想到过，但没这样做过；C、没有这样想过。"调查结果虽然基本在我们的预料之中，但是，选择"C、没有这样想过"这一选项的比例之高确实让我们吃惊不小。在607个回答了这一提问的被调查者中，竟然有603人选择了这一选项，占被调查者总人数的99.34%。

另一个是所谓的"《学习的革命》现象"。或许，不少人对此还记忆犹新，尽管"科利华"的用意并非真的就在这本书上，但是，就这么一本并非适合我国国情的"学习方法"类读物却因为其强力促销竟达近千万册的销售，这的确值得书业界好好思考。

那么，这两个现象到底说明了一个什么问题呢? 前一种现象揭示了图书作为一种精神文化产品，其需求具有极大的隐蔽性。即是说，同物质需求相比，精神文化需求的显在性要弱得多。在没有相应的足够强度的外界刺激的作用下，不少消费者的精神文化需求往往难以表现出来，总是处于一种隐蔽状态。那么，怎样才能使消费者的精神文化需求从隐蔽走向显露以达到促进其产生精神文化消费行为的状态呢? 办法固然是多方面的，但是，从企业营销的角度讲，加大对精神文化产品的宣传促销力度正是其关键所在，这也正是后一种现象所揭示的道理所在。被称作营销学"圣经"的《营销管理》一书的作者、美国西北大学教授、著名营销学家菲力普·科特勒在论述推销观念时就曾谈到，对于百科全书之类的"非渴求商品"，企业"可以利用一系列有效的推销和促销工具去刺激他们大量购买"。

可见，在营销学家的眼里，图书对促销的弹性也是很大的。图书商品所具有的极高的需求促销弹性对书业企业营销的应用价值主要体现在：加大宣传促销力度是扩大图书销售量的关键所在，建立稳定的宣传促销投入保障机制是书业企业营销管理的基本内容。同书业发达国家投入占总码洋 8% 的宣传促销经费相比，我国书业企业的宣传促销投入太低。极其有限的促销投入，一般只够投放到订单与书目的编制及一部分业内媒体的宣传上，这仅仅只能起到沟通产销之间最基本的业务信息的作用，至于说宽口径的大众传播媒体，则由于投入的制约而不敢问津，因此，过低的促销投入完全起不到刺激广大读者消费需求的作用。可见，加大促销投入，尽可能充分利用宽口径的大众传播媒体，面向广大的消费者（而不仅仅只是面向中间商）开展更广泛的宣传促销，以充分激发广大读者的消费需求，应成为我国书业未来营销发展的重点。

需要进一步强调的是，加大我国书业促销投入所要解决的还不仅仅只是一个观念上的问题。应该说，思想上的重视还只解决了问题的一半，各书业企业还应设法建立起有效的促销投入保障机制，使充分的促销投入得以制度化。发达国家的书业企业为保证促销投入足额及时到位，均从营销管理和财务制度等方面制定有切实可行的保障机制，从而减少了不必要的人为因素的影响。我们认为，这一点更值得我们借鉴。

3. 图书市场需求对图书分销渠道的弹性及其营销价值

图书市场需求对图书分销渠道的弹性，简称为图书需求分销弹性。图书需求分销弹性主要是指图书商品的市场需求量的大小与图书分销强度的关系。营销学的研究表明：不同商品的需求分销弹性尽管存在着程度上的差异，但是，从总体上讲，任何商品的市场需求量的大小与其分销强度之间总是呈正相关关系的，也就是说，分销强度的加大总会促进销售量的提高。营销学的这一理论对于书业企业的图书营销实践同样具有现实的指导意义。

书业企业要把握营销学的这一理论对其图书营销实践的意义就必须全面理解分销强度的科学含义。

首先，分销强度主要是指分销渠道中的零售网点对目标市场的覆盖程度。一般来讲，零售网点对目标市场的覆盖程度越高，满足需求的便捷性就越好，产品的销售量就越大。就书业来看，分销强度的这一方面的含义尤其重要。众所周知，图书是一种生产（即出版）高度集中、消费极其分散的商品，其消费在地域上的分散性较纯物质商品尤其突出，这就使得在零售环节对图书实行密集分销显得尤为重要。然而，从总的情况看，我国图书零售网点的数量同书业发达国家相比明显偏少，网点的单位服务区域过大，尤其是广大的农村地区，图书零售网点的数量更是少得可怜，显然，这与密集分销的要求是不相符，这对于图书的广泛分销是十分不利的。因此，要扩大图书销售量，就应该采取积极措施鼓励图书零售网点的发展，也就是说，积极发展图书零售业对于促进我国图书出版业的发展具有十分重要的意义。

其次，分销强度同时还涉及分销渠道各环节的连贯性和畅通程度。图书的分销虽然也有出版社面对零售书店的直接分销，但更多的出版社采用的还是间接的分销渠道形式，也就是说，代理商和批发商在图书的分销中仍然起着十分重要的作用。在国外"出版社—代理商—批发商—零售书店"这一渠道形式就十分普遍。既然图书的分销渠道存在着多个环节，那么，各环节之间的连贯性和整条渠道的畅通程度对于图书分销效率的高低就具有十分重要的意义。笔者以为，目前我国图书分销渠道各环节之间的连贯性和整条渠道的畅通程度就不是十分理想，分销渠道各环节之间存在不少摩擦，内耗严重，影响了图书分销的强度和效率。尽管渠道成员之间的摩擦在各行业也都不同程度地存在，但是，这一矛盾在我国书业界表现得却尤其突出。因此，笔者认为，我们应借鉴书业发达国家调和产销矛盾的方法（如订立产销契约、互持对方部分产权等）来尽可能处理好我国的图书产销矛盾，以确保图书分销渠道各环节之间的连贯和整条渠道的畅通，促进图书分销强度的提高。

由此可见，提高图书的分销强度主要是通过促进分销网点的发展和协调产销关系来实现的。因此，出版企业如果要借助图书分销弹性理论通过提高图书的分销强度来达到扩大销售的目的，就必须设法调动广大发行中间商的积极性。如果得不到广大发行中间商的大力支持，要提高图书的分销强度恐怕还是一句空话。

原载于《出版与印刷》2000 年第 3 期

概论图书营销

　　营销这个概念，近些年来在出版发行界使用的频率颇高，应该说，这是一种进步。它表明了我国书业界在出版发行体制改革的过程中书业观念的某些方面正在发生变化，正在逐步接受与市场经营相适应的新的理论。当然，也应该注意到，我们在使用这些新的名词术语时，还存在着某些问题，有时奉行的是一种"拿来主义"的做法，在并不完全了解其真实含义的情况下，就盲目地去使用。就拿"营销"来说吧，我们的不少使用者只是将其视作"销售"的代名词，以往在书界被称作销售的活动，现在被越来越多的人称作营销了。这种理解失之偏颇。事实上，"营销"与"销售"是两个完全不同的市场学概念，这两者虽然同属市场学范畴之内，除此之外，它们几乎就再也没有任何相同，甚至相近的地方了。笔者试图对涉及图书营销这一概念的有关内容做一些简要的论述。

1. 图书营销是书业企业的整体性活动

　　要弄清楚图书营销这一概念，我们从了解什么是营销入手。美国著名营销学家、哈佛大学教授麦克纳的解释是"营销即创造与传送生活水准给社会"。这一定义表明：营销不仅是一场商业活动，而且是一种"商品及劳务"的创造活动，即它还包括企业的生产过程。营销的目的不单是通过出售商品及劳务给社会以获得盈利，更主要的则是满足消费者的需求，即提高社会的生活水准。中南财大著名营销学教授、博士生导师彭星间先生认为营销是"以市场为中心，满足用户现实需要和潜在需求的企业整体性活动"。

从上面的引文我们不难看出，营销是比销售要宽泛得多的一个市场学概念。基于上面的认识，我们可以这样认为：所谓图书营销应该是以满足广大读者图书需求的书业企业整体活动，它开始于图书出版之前，贯穿于图书出版发行活动全过程。一般而言，在图书出版之前，出版社要研究广大读者的需求，分析营销机会确立目标市场，从而确定开发什么样的选题，决定将要出版的图书的内容及其装帧设计风格等；在组织图书出版发行过程中，又要使图书产品策略、价格策略、分销渠道策略以及促销策略等有机地结合起来，从而实现图书的销售；在图书销售出去之后，还要征求广大读者对图书本身以及出版发行企业在出版发行该书的过程中所提供的服务的意见，以便改进日后的出版发行工作，向读者提供更为优质的服务。

至此，对什么是图书营销，应该有了一个较明确的认识。当然，这并不表明我们就掌握了图书营销活动具体应该怎么操作。下面我们将从四个方面来分析这一问题。

2. 分析市场环境，了解读者需求，开发好的选题，出版从形式到内容都适合广大读者需要的图书是图书营销的第一步，即图书营销之产品策略

图书营销活动的第一步，就是要强调开发出好的选题。所谓好的选

题，就是既有益于社会，有益于读者，又有益于出版发行企业的选题。必须指出的是仅有利于出版发行企业，于读者、于社会无益的选题，虽然也会给企业带来丰厚的利润，但是，这绝不是营销学意义上的所谓好选题。在这一点上，书业界少数人有一些误解，以为营销活动的目的就是要给营销主体，即企业带来丰厚的盈利。事实上，这种观念早在 20 世纪 70 年代就已被营销学所摒弃，现代营销学强调的不仅是企业的利益，同时，还有社会的利益、读者的利益。现阶段，我国书业界出现的两个效益之间的冲突，不能不说与书业界对市场经济体制下图书营销活动的理解存在着偏差有关。

营销学就特别强调营销主体，即出版发行企业对社会环境的把握。出版企业在评定选题时，要深入社会、深入读者，到社会的政治生活、经济生活、科学文化生活之中去了解广大读者的需求。只有这样、才能开发出好的选题。相反，脱离社会，远离广大读者，坐在办公室是难以开发出好的选题的。任何一家出版社，都有自身的优势与特长，同时也有自己的劣势与不足。图书营销强调选题策略，就是基于这一原因。我们任何一家出版社，在了解到了读者的需求之后，还要充分考虑企业自身的情况。只有那些与本企业的优势和特长的发挥相一致的需求，才可去开发，否则，即使是需求再大，而企业自身的优势与特长又不体现在这些方面，甚至是本企业的劣势与不足，此时应该忍痛割爱，放弃这部分市场。出版社选题策略的运用，也就是权衡需求大小与满足需求能力的关系的活动。就我国目前的情况来看，确实有少数出版社，不顾自身的能力去目的跨范围跨级别抢选题，结果使得平庸书迭出，这正是书业企业选题策略之失误。

选题一确定之后，出版社将以何种方式来"包装"自己的产品呢？这也是营销学中"产品策略"所要回答的问题，好的选题，好的内容，并不一定就能受到广大读者的欢迎，搞好产品的"包装"，是让市场更好地接受产品的明智之举。我国的出版社比前些年更注重图书的装帧设计了，这显然是一种进步，值得肯定。但从近年来的图书"包装"实践来看，我们似乎又没有完全理解营销学中关于产品"包装"的理论。营销中所强调的"包装"，是指要以最佳的形式将产品推向市场。"包装"并不是指要以最"豪华"的、最"考究"的，甚至是最"奢华"的形式来"包装"产品(当然，营销学并不采用豪华、考究、奢华等方式来包装产品)。我们的少数出版社则片面地理解了这一点，因而，经常出现不顾读者购买力的大小去搞"包装"，以致制约了读者的购买。这一现象在少儿读物上表现得尤其突出。因此，在日后的出版工作中，图书的"包装"应考虑到读者的承受力，过分地追求"豪华"往往只会适得其反。

3. 预测图书的市场容量，把握市场的竞争状况，分析需求价格弹性因素，确定合理的价格水平是图书营销之第二步，即图书营销之价格策略

图书是商品也好，是特殊商品也好，它总是以一定的价格进入市场的。那么，对于每一种图书来讲，到底是以什么样的价格水平进入市场更为合适呢？这正是图书营销之价格策略所要回答的问题。

我国的图书定价，早在20世纪80年代中期就已逐步放开。出版社已有了图书的定价权，出版社完全可以在国家的价格政策范围内充分利用价格这一手段来刺激图书的发行，调节盈利水平。

营销学特别强调的是，图书定价不仅会影响企业的盈利水平，而且还会在相当程度上影响需求。因此，营销学告诫企业：在企业营销活动中，一定要十分谨慎地运用价格这一手段。笔者认为，对图书来讲，谨

慎地运用价格手段比其他产品更为重要。因为图书的定价是印在书上的。定价一经确定，可供修改的余地较小。

近年来，我国图书价格的上涨曾引起了社会的广泛关注，不少读者对此还提出了强烈的批评。应该说，这种现象的出现虽然有其客观的必然性，但是，从营销的角度来讲，也与出版发行企业在处理图书定价方面的策略选择不当有着相当关系。我们的出版社对于定价的策略考虑不多，往往是以成本加上一定比例的利润率的简单方法来确定图书的定价，而没有充分考虑影响图书价格的诸因素，尤其是读者心理、价格弹性等变量因素。这样做的结果是：价格作为图书营销的一种基本手段，不仅没有达到以合理的价格水平去刺激需求，扩大发行量，从而给企业带来丰厚的利润的目的，而且由于定价的不当策略，书价普遍上扬，且幅度过大，抑制了需求，加大了发行的难度，从而影响了企业的正常盈利。

图书作为一种特殊商品，书业作为一种文化企业，更谨慎地对待图书定价其意义不仅在于为企业带来更多的盈利，而且更在于发挥图书商品的科学文化功能，发挥书业企业在社会主义精神文明建设中的特殊作用。近十几年来，我国图书发行量始终在 60 亿册左右徘徊，而销售额却以每年两位数的百分比增长。试想，如果我们发行量也能保持与销售额等同的或者相近的比率增长的话，那么，我们书业的社会效益会比现在更好。我们深信，在这方面书业界并非无能为力。

4. 出版企业应该采取一切措施鼓励中间商(即书店)积极参与图书分销活动，为图书更便利地走向市场创造有利的条件，此乃图书营销之第三步，即分销渠道策略

营销学的研究表明：几乎任何生产企业(包括出版企业)要想扩大产

品销售都得在相当程度上依赖于中间商。我个人认为，营销学的这一理论完全适用于书业企业的图书营销实践。自从 20 世纪 80 年代初期开始的图书出版发行体制改革至今，我国出版与发行两个环节的关系始终处于整合之中。在这期间，人们对于出版与发行的关系有过多种不同的认识。其实质无非是谁主谁辅的问题。在讨论中主要表现为谁是"龙头""关键"或"基础"什么的。在此，我不想对这些讨论作一一回顾。并非这些讨论没有意义，而是我觉得，这一问题在营销学中似乎不存在着任何争论。图书的出版与发行也就是营销学中所讲的产品的生产和流通，两者的关系是一个完整流程的两个基本环节，出版业的正常运行少了谁都不行。事实上，对于出版和发行两者的关系，只要认识到了这一步也就行了，并不必证明谁主谁次，即使是真的分出了主次，主要的还是离不开次要的而存在。

营销学所真正关注的并不是出版和发行谁主要、谁次要的问题，而是这两个环节如何有效配合的问题。我们相信，这才是处理好出版和发行两者关系的核心之所在。20 世纪 80 年代初期以前，出版和发行的关系是由政府调节，无争论可言（即使有矛盾也没有争论的价值）。而自出版发行体制改革开始之后，矛盾就出现。原来计划体制下的出版与发行两者之间的"平衡"就被逐渐打破。出版社除了出版利润之外，还分享了原本属于书店的部分发行利润（主要是批发利润）。书店就将手伸进了出版环节，或者以合作出版的方式，或者干脆就买号出书，有的甚至以盗版盗印的方式干起了出版业务，以期从出版环节求得部分盈利以弥补自己的"所失"。

应该说，出版社办发行是政策允许的，从营销学的角度看，生产企业原本就应具有经营权，也就是说，出版社搞发行是合情合理的。相反，发行企业搞出版则是政策所不允许的。书业作为一种相对特殊的行业，搞出版必须具备相应的条件，政府不允许发行企业搞出版也是站得住脚的。可见，书店要想利用某些便利条件插手出版业务，以求补偿在体制改革中失去的利益是行不通的。

这样看来，我们的发行企业在出版发行体制改革中似乎就只有失去的义务，而没有获取的权利。事实并非如此，我们认为，出版发行体制改革是要协调好出版与发行两者之间的关系，并不是要去界定彼此的业务范围。我认为要处理好出版和发行两者之间的关系，使发行企业在体制改革中失去的部分利益得到相应的补偿，以求建立出版和发行之间的新的平衡，主要应从建立起新的图书流通体制上下功夫。

从营销学的角度看，科学的分销体（即流通体制）应是经销制和代理制的有机结合，实行单一的"买断"经销制或纯粹代理制都有一定的缺憾。我国的图书流体制的弊端正在于此，单一的"买断"经销制使得图书发行企业单方面承担着存货风险，而且占用了发行企业的大量流动资金，发行企业的积极性就难以调动起来，从而影响到出版发行业的整体效益。我们觉得，解决这种问题的思路只有一条，即大力推行发行代理制，让发行企业在单一"买断"经销制下失去的部分利益得到相应的补偿，从而调动起发行企业参与图书发行的积极性。目前，国家已将推行发行代理制作为我国图书发行体改革的重要任务而提到议事日程。这与营销学的要求是完全一致的。就我们所掌握的情况看，书店对此有着很高的积极性，而出版社却似乎兴趣不大，在推行代理制方面，我们的出版社远没有当初推行"三多一少"的改革措施那么积极，显得失去了些"绅士"风度。其实，我们的出版社大可不必有太多的担心。推行代理制，从表面上看，出版社虽然失去了很多，但同时却也从中得到了不少，其中，最大的收获便是获得了一种"自由"，获得了可以根据营销目标选择中间商作为自己的代理商的自由。在普遍实行代理制的流通体制下，出版社再也不必将自己的图书交由某个固定的书店（批发店）来经营，而是可以跨地区跨级别自由地选择自己所看好的中间商来作为自己的代理商。

5. 增加投入，广泛采用各种方式，加大图书宣传促销力度，可谓图书营销之第四步，即图书营销之促销策略

促销是营销的四大基本内容之一。营销学认为，企业生产的产品再好，价格再合理，分销渠道再科学，但如果没有适度的促销，其销售效果也不会理想。图书营销自然也是这样，要想获得理想的营销效果，就必须注重图书促销。

促销作为图收营销活动的一项重要内容，它需要有相应的资金来维持其运行，虽然营销并未给出促销经费应占整个营销投入的多大比重，但是，书业发达国家图书营销的实践却向我们展示了一个经验数据，即促销投入要占图书码洋的8%～12%。只有保持这样一个比例的促销投入，才能保证图书营销的理想效果。回顾我国的图书出版发行实践不难看出，我们的促销投入还远未达到这个比例。当然，我们并非一定要达到8%～12%的投入水平。但是，将促销投入作为出版发行业务投入的一个必需的项目列入每种图书的出版发行预算，且在现在基础上适当提高这个比例，应该成为我们努力的目标。否则，不能保证相对稳定的投入，促销活动自然就难以开展。

投入问题解决了，并不等于促销工作一点就能做得好，要保证图书促销取得好的效果，还必须系统地分析每一种图书的市场前景、市场容量、竞争状况、目标读者的需求心理及购买行为等，在此基础上再来分析营销广告、人员推销、营业推广以及公关等各种促销方式的适应性，继而确定科学的促销策略。一般来说，最佳的促销策略应该是上述各种

促销方式的有效配合，而且在图书生命周期的每一个不同阶段都有不同的策略。这一点，不仅为营销学理论研究所证明，而且也被书业发达国家图书营销实践所证实。就我国目前的情况来看，不少书业企业还只是按经验办事、未能按照营销学的要求来科学地组织图书促销活动。

在图书促销方面，还有一点值得一提的是，出版和发行两个环节在促销上如何进行有效配合的问题。目前，我国书业对这一问题的处理不算理想，出版和发两个环节在促销方面还存在着不少分歧。营销学研究表明：促销活动贯穿于生产和流通两个环节。出版和发行双方都有进行图书宣传促销的义务。再者，从营销的角度看，生产者对产品具有全方位的营销义务，而流通者对产品只负有部分的营销义务。这主要是考虑到，作为生产企业，其生产的产品在市场上的销售状况直接关系到生产企业的最终利益，也就是说，只要产品销售得好，不管是谁销出去的，生产企业都可以从中获利。对流通企业而言，情况就不同了。因为一个生产企业生产出的产品往往是通过多个中间商来进行分销的，同时，同一个中间商往往也承担着不同生产企业的产品分销任务。这样一来，某个生产企业生产出的产品销售状况的好坏，并不一定会对中间商的利益产生根本性的影响。这一点在促销方面就具体体现为：生产企业在宣传促销的收益上具有明显的排他性，而相反，流通企业在宣传促销的收益上就不具有排他性。由此可见，出版社应比书店承担起更多的图书促销业务。当然，这并不是说书店就可以不重视图书宣传促销了。这只能说明，书店在宣传促销上应根据流通企业的特点去选择适合于自己的宣传促销策略和方式。例如，在四种基本的促销方式中，营业推广、人员推销等方式都是书店可以广泛运用的。再如，从宣传促销的内容上看，书店可以以宣传本企业的形象为重点，以确保促销收益的排他性占有。可见，出版和发行两者在促销方面的分歧是可以通过促销策略上的调整来处理的。

　　综上所述，营销是书业企业的整体性活动，它包括相互联系、相互促进的四项基本内容。在建立社会主义市场经济体制的今天，我国书业界必须树立起科学的图书营销意识，力求以科学的营销观念来指导书业企业的经营活动。

原载于《新闻出版导刊》1996 年第 5 期

论出版企业的目标市场战略

　　随着社会主义市场经济体制的逐步确立和日趋完善，政府对出版市场的划分(专业分工)将逐步成为历史，实施了几十年的出版专业分工也将逐步淡出市场。依靠企业自身的智慧和力量来选择目标市场业已成为当今我国出版企业所面临的重要战略选择。下面，本文将从我国图书市场和出版企业当前的基本需求出发，简要分析一下出版企业的目标市场战略，即出版市场细分、目标市场选择和出版企业的市场拓展问题。

1. 出版企业的图书市场细分

　　1956 年，美国市场营销学家温德尔·史密斯首次提出了市场细分(Segmenting)的概念。这一概念提出后很快就应用到了企业的营销实践活动中，并进而成为指导企业营销实践的重要营销学理论工具。

　　图书市场是全体社会公众全方位多层次精神文化需求的集合体，没有哪一个出版企业有能力满足作为整体的图书市场的需求。因此，对作为整体的图书市场进行细分就显得尤为必要。按照我们的理解，图书市场细分就是依据特定的标准将作为整体的图书市场划分成具有不同特质的多个组成部分的一项市场营销行为。图书市场细分，通常有一些共同的标准，如国内通常将图书市场划分成少儿图书市场、成人图书市场、教育图书市场和一般图书市场等。国外出版界也大致遵循这种划分方法。但是，据我们的考察，发达国家出版界对图书市场划分的标准和方法同我们还是有些出入的，其划分标准与方法或许值得我们借鉴。下面以美国图书市场为例谈谈这个问题。

熟悉美国出版业的人大多知道，美国图书市场通常被细分为三大部分，即商业出版市场（Trade Book）、教育出版市场（School Publishing）和科技出版市场（STM Publishing, Science, Technology & Medicine）（当然，此外也还有宗教出版市场、政府出版市场等）。教育出版的特点是，市场稳定、集团购买、利润丰厚，但门槛较高，完全由大型出版集团控制，中小出版企业难以涉足；科技出版的特点是，市场稳定、集团购买、增长迅速、利润丰厚，但个性化需求突出，主要由专门的大型科技出版集团控制，鲜有中小出版企业介入；商业出版的特点是，市场机会多、社会关注度高、投资与回报适度，各种规模的出版企业都广泛涉足其中。

了解营销理论的同仁应该知道，上述这种划分方法采用的似乎并非同一个标准。但是，对于以实用主义为优先考量条件的美国出版人来讲，标准是否统一并不重要，重要的是这种划分对出版企业确认市场、把握市场和开发市场所具有的实际意义。从美国出版业的实际运作情况来看，数以万计的美国出版企业各自都有自己的目标市场选择策略。尽管各出版企业都有选择目标市场的高度自主权，很少有出版企业同时涉足这样三个目标市场，甚至是这三个市场中的两个。它们要么定位于教育出版市场，要么定位于科技出版市场，要么定位于商业出版市场。除了超大规模出版集团以外，一般出版企业很少同时跨这三个市场来经营。从我们掌握的情况看，欧洲、日本等发达国家出版市场的细分思路与美国也几乎完全一致。

发达国家出版市场细分实践表明，选择实用性的分类标准是出版市场细分的关键。市场细分的标准不仅应该可以清晰地区隔不同的读者对象，而且同时还应该能够显示这种细分对出版企业所具有的营销价值。发达国家所采用的出版市场细分标准，既考虑到了细分市场的差异性（这有利于清晰地区隔不同的读者对象），而且还考虑到了这些需求的特征以及企业满足这些需求的营销战略选择。美国出版市场的这种三分法，看似简单，实际上它是充分考虑到了出版企业的营销战略选择的。例如，三个细分市场的读者对象和购买方式完全不同，进而决定了分别选择这些细分市场作为目标市场的出版企业在分销渠道建设、促销组合选择上的完全不同。面向商业出版市场的企业，主要应依靠广大图书发行中间商对出版产品的分销，依靠大众传播媒体做宣传促销；而面向教育出版的企业，则主要依靠企业的销售代表做产品分销，依靠公共关系搞宣传促销；面向科技出版市场的企业，则主要依靠数据库方式开展直接销售，依靠专业媒体进行有针对性的促销。

市场细分的结果是出版企业选择目标市场的依据，因此，细分市场的规模应该与出版企业的实力和市场地位相适应。如果一次细分的结果难以满足出版企业选择目标市场的需要，企业可以再次选择新的标准对业已划分出的细分市场做进一步细分，直到划分出能够满足出版企业需要的细分市场为止。例如，依据教育程度的高低将教育出版市场进行二次划分，可得出学前教育出版市场、小学教育出版，但市场、中学教育出版市场等。

2. 出版企业的目标市场选择

当企业采取一定的标准对市场进行细分后，企业就应该根据这些细分市场的特征以及企业自身的实力或营销目标，决定其目标市场选择战略。实质上，目标市场选择是将企业实力或营销目标与细分市场的各项特征进行匹配研究的一个过程。通过匹配研究，将细分市场中那些与企业实力或营销目标完全吻合的细分市场确定为企业的目标市场。从理论上讲，可供企业选择的目标市场战略不外乎三种，即集中型目标市场战略、差异性目标市场战略和无差异性目标市场战略。从发达国家出版企业营销实践看，上述三种目标市场策略尽管都有应用，但是，绝大多数出版企业采用的还是前两种策略，即集中型目标市场战略和差异性目标市场战略。大型出版集团普遍倾向于使用差异性目标市场战略，而数量庞大的中小型出版企业更青睐于集中型目标市场战略。

一般而言，出版企业选择目标市场策略时要综合考虑的要素主要有出版企业的实力或营销目标、目标市场的盈利潜力以及目标市场竞争状况等三个方面。

2.1　出版企业自身的实力或营销目标

由于出版企业自身实力的差异，不同出版企业的营销目标也不完全相同。像培生、麦格劳-希尔、里德-尔斯维尔、施普林格、蓝登和企鹅等具有雄厚经济实力的世界顶级出版集团，往往具有极高的营销目标，通常更倾向于关注需求稳定、容量大、成长潜力好的宽泛的目标市场。与此相反，一些中小规模的出版企业由于经济实力所限，通常只专注于容量有限的相对狭窄的目标市场。超越企业营销实力的目标市场选择，往往难以使企业在宽泛的市场上形成鲜明的营销优势和特征，更不容易得到广大读者的认同。

2.2 目标市场的盈利潜力

目标市场盈利潜力主要受目标市场的需求特征、市场容量和增长潜力等因素的影响。一般而言，目标市场需求稳定强劲、容量大、增长快，市场的盈利潜力就大；相反，市场的盈利潜力就小。从理论上讲，盈利潜力大的市场应该成为企业选择目标市场时优先考虑的对象。但需要强调的是，目标市场盈利潜力的大小，还要与企业的实力与营销目标相协调。盲目进入盈利潜力大的市场，也会使企业面对强劲的竞争对手，在竞争中处于劣势，造成不必要的被动。例如，随着高等教育的迅速发展和外语学习的持续升温，大学英语教材市场的盈利潜力也越来越大。可是，这并不意味着任何出版企业都可以贸然进入这一市场。

2.3 目标市场的竞争状况

在市场经济条件下，市场主体的多元化不仅仅体现在宏观市场层面，即使在微观的细分市场中，竞争也依然存在。当然，在市场的不同层面，竞争的激烈程度应该是有差异的。就一般情况而言，在微观市场层面，不同的细分市场竞争的激烈程度往往相差较大。企业在选择目标市场时，要对不同细分市场的竞争程度进行客观评价，在其他因素相同或相近的情况下，选择竞争性较低的市场往往会有利于企业的成长。例如，在少儿出版市场和服务于老年读者的"银发"市场中，后者的竞争程度明显低于前者，具有显著的低竞争优势。

目标市场一旦确定之后，应该保持其高度的稳定性，企业应该集中人财物力资源并通过 4Ps 或 4Cs① 的科学组合，集中开发这一目标市场。

3. 出版企业的目标市场拓展

当企业在目标市场的经营中取得良好的业绩，具备做强做大的条件时，就有必要进一步考虑拓展其目标市场。经过改革开放二十多年的经营，我国出版业得到了迅速发展，一些出版企业也具备了做强做大的条件。在这种背景下，采取适当的思路拓展企业的目标市场，对企业的发展壮大是有重大现实意义的。

概括起来讲，出版企业的市场拓展战略主要有产品拓展、市场扩展、一体化经营和多角化经营等四种途径。

3.1 产品拓展战略

产品拓展战略是指出版企业在充分了解当前目标市场的条件下，致力于开发新的出版物产品以满足当前目标市场的新需求，进而深度开发当前目标市场的一种营销战略，是对企业目标市场的深度开发。例如，上海"外教社"在通过《大学英语》教材占领了全国高校英语学习读物市场后，陆续开发出版了系列大学英语配套读物的举措正是对产品拓展战略的妙用。同理，"外研社"在出版大量大学英语读物并确立了其在大学英语读物市场地位的情况下，开发《新编大学英语》，进一步扩大在这一市

---

① 4Ps 是 20 世纪 50 年代末由 Jerome McCarthy 提出的一套营销理论，此后被营销经理们奉为营销理论中的经典。4P 即指产品（Product）、价格（Price）、渠道（Place）和促销（Promotion）。4Cs 则是 20 世纪 80 年代由美国人劳特朋针对 4Ps 存在的问题而提出的又一营销理论。4C 即指顾客（Customer）、成本（Cost）、便利（Convenience）和沟通（Communication）。

场的影响和地位也称得上是产品拓展战略在出版营销应用中的经典案例。

3.2　市场扩展战略

市场扩展战略是指出版企业利用在当前目标市场条件下开发的出版物产品去占领新的细分市场或区域市场，即当企业开发的某种出版物产品业已满足当前目标市场时，试图将该产品引入新的目标市场以进一步扩大销售的一种市场营销战略。市场扩展战略是企业对目标市场范围的拓展。例如，里德艾尔斯维尔开发的系列科技数据库在基本占领了发达国家科研机构、图书情报机构等市场后，目前正致力于向发展中国家推进，以期占领新的区域市场。再如，清华同方的"中国学术期刊数据库"在国内市场业已取得良好经营业绩的背景下，也积极开始向海外市场渗透。这些都是出版企业市场扩展的典范。

3.3　一体化战略

一体化战略是指处于出版产业链中间环节的企业向前、向后或者横向扩展经营范围的一种目标市场拓展方式。例如，一些出版企业在经营好主营出版业务的同时，向印刷环节拓展。这就是所谓的后向一体化；如果出版企业在做好出版业务的同时向发行领域渗透，就是所谓的前向一体化。一般而言，一体化战略是在产业发展环境有利于本产业的发展时广泛采用的一种目标市场拓展策略。

3.4　多角化战略

多角化战略则是在环境的变化对本产业的发展相对不利的条件下，企业为降低经营风险而采取的一种市场拓展战略，它是指企业在继续维持原有目标市场的同时，开发本产业外的其他产业市场以转移经营风险的一种目标市场拓展战略。例如，在网络技术迅猛发展对传统纸质出版业带来巨大挑战的背景下，发达国家的一些大型出版集团在继续其原有纸质出版业务的同时，纷纷向音像与电子出版领域拓展。这可以看作出版企业的多角化目标市场战略。

以上四种目标市场拓展战略分别都有其各自的特征和适用范围。出版企业在寻求目标市场拓展时，要同时考虑市场环境和企业自身条件两个方面的要素，有针对性地选择使用上述战略。例如，当企业拥有产品优势时，可以利用现有产品占领新的市场，选择使用市场扩展战略较为有效。相反，当企业拥有健全的渠道体系，能够很好地掌控现有目标市场时，产品拓展战略则是其最好的选择。再如，在市场环境相对有利于出版业发展的背景下，应优先考虑一体化战略，而在市场环境相对不利于出版业发展的背景下则可以转向多角化战略。

原载于《出版发行研究》2005 年第 12 期

产品或服务：出版人的一道选择题

可以说，出版人天天都在做选择题。如一部本书稿该出还是不该出，一篇文章该发还是不该发？一个选题该找哪位作者，老赵还是小张？如此多的选择题天天困扰着我们出版人。从选择的结果看，可以说是有得有失。该出的出了、该发的发了，不该出的没出、不该发的没发，这叫得；该出的没出、该发的没发，不该出的出了、不该发的发了，这叫失。这类选择所带来的得失对出版业的影响虽然也很重要，但它毕竟只是局部的、有限的。与这类问题相比，出版人还面临着决定着出版业发展大局的更重要的选择，那就是出版人到底是应该立足产品还是服务来开展出版活动，或者说，出版业为社会提供的到底是产品还是服务？如果这个选择题答错了，其后果显然会更为严重，影响会是全方位的。

1. 出版业是服务业

任何行业或企业都必须为消费者创造价值，而这种价值均是以产品或服务的方式传递给消费者的。产品或服务是行业或企业生存和发展的根本所在。一个行业或企业如果不能为消费者提供有价值的产品或服务，那它就失去了存在的意义。显然，出版业或出版企业也不例外，为读者提供出版产品或出版服务正是出版业或出版企业存在的价值之所在。

虽然说产品或服务是行业或企业的立足之本，但是，产品和服务却并不是一回事，两者之间存在着巨大的差异。一个行业或企业到底该以产品还是服务为其立足之本却大有讲究。一个行业或企业一旦在这两者之间做出了选择，那它的产业类别属性也就被相应确定下来。如果选择以产品的生产与销售为立足之本，那它就属于第二产业——工业或制造业范畴；如果选择的是立足于服务的创新与提供，那它就属于第三产业——即服务业范畴。产业类别属性的不同，产业的经营理念和策略也就大相径庭。那么，在产品或服务之间，出版业或出版企业到底该如何选择呢？

应该说，出版产业的类别属性并不取决于个人的选择，而是在出版业的发展历程中逐步确立下来的。它既是一代代出版人的选择，更是出版业自身发展规律的表征。也就是说，出版产业的类别属性是由出版业发展的客观规律所决定的，它并不以个人的意志为转移。我们这里所说的出版人的选择，实际上是对这种客观规律及其历史选择的正确认知和科学把握。我们应该基于这种客观规定性来选择出版业到底是该立足产品还是服务求发展，而不要违背这种基于客观规律的历史选择自行其是。

那么，出版业到底是应该属于立足于产品的工业或曰制造业，还是立足于服务的第三产业——服务业呢？我们的研究发现，在出版业发展的不同历史阶段，出版业发展的立足点、行业属性及其行业归属并不完全相同。粗线条地看，20世纪五六十年代之前，出版业的工业属性较为明显。人们更多地将出版业定位为文化工业。例如，法兰克福学派文化工业理论的代表性人物阿多诺和霍克海默就将凭借现代科学技术手段大规模地复制、传播文化产品的行业定义为"文化工业"（Cultural industry）。① 进入 20 世纪 60 年代，西方国家工业经济开始迅速向服务经济转型，服务业在国民经济中的地位迅速提升。在这种背景下，包括出版业在内的文化产业的发展方式也发生了重大变化，其工业属性开始淡化，服务业属性得到充分显现。如今，在一些主要行业分类标准中，出版业已被纳入服务业范畴。如联合国统计委员会的《国际标准产业分类体系》（ISIC）、美国的《北美产业分类体系》（NAICS）以及我国的《国民经济行业分类》国家标准等都未将出版业纳入工业门类中。虽然各种分类体系结构复杂，国外的分类体系多将出版业中的不同领域或环节纳入不同的门类中，但是，基本从属于服务业范畴。这表明，从政府管理层面看出版业从性质上讲属于服务业。

换一个角度看，即使将出版定义为文化工业，也仍然不排斥应该以服务业的理念来发展出版业。20 世纪 60 年代以来，工业经济不断向服务经济转型，从而使得很多传统工业表现出新的发展生机和旺盛的生命力，极大地促进了生产型服务经济的发展。著名营销学家美国西北大学教授菲利普·科特勒曾指出，"重视以服务为导向的制造企业比传统的仅提供实物产品的竞争者更优胜"。② 近年来，我国经济的转型升级同样反映出制造业的服务化、以服务业的理念发展制造业的重要性。2015 年 5 月 19 日，国务院印发的《中国制造 2025》指出，制造业"服务化意味着向价值链的高端发展"。2016 年 7 月 26 日，工业和信息化部联合国家发改委和中国工程院共同发布了《发展服务型制造专项行动指南》，以指导我国服务型制造业的转型发展。由此可见，出版业即使属于工业范畴，仍然应该选择立足于

① ［美］安东尼·J.卡斯卡迪著.启蒙的结果［M］.严忠志，译.北京：商务印书馆，2006.
② ［美］菲利普·科特勒，［美］凯文·莱恩·凯勒著.营销管理［M］.王永贵，等译.北京：中国人民大学出版社，2012.

服务的发展理念，决不能固守传统的产品和生产导向。只有这种理念上的转变，我国出版业的发展才能走出误区、走向光明。

2. 错误的选择及其表现

如果说计划经济体制时期我国出版业还不具有产业属性的话，那么，文化体制改革完成后出版业的产业属性应该是已被确定下来了。作为产业的出版业，首先就应该明确其自身的类别归属。唯其如此，产业发展理念和发展思路的选择才能有所本。虽然我国的《国民经济行业分类》国家标准已经明确地将出版业定义为服务业，但遗憾的是，这种行业定位并未被广大出版人所真正接受。从我国的出版实践看，我们所选择的出版产业发展理念和思路更接近于工业或制造业，完全有别于服务业。当前，我国出版企业大多仍然还是典型的出版产品生产加工型企业，除国家授予的出版权外，出版物的编辑制作仍然是其核心竞争力，上游的策划创意和内容生产，下游的营销推广与用户服务主要都不掌握在出版企业手中。出版企业的业务流程、组织架构和员工构成如同工厂一般，离典型的服务型企业相去甚远。因此，我们有理由认为，我国出版人在产品或服务两个选项中，选择的是前者——产品，是在按传统加工业的发展思路经营出版业的。以下就是这一选择的具体表现。

其一，过度的产品导向。虽然产品是企业的立足之本，但是，在现代经济生态背景下，对服务类产业或服务型制造业而言，产品仅仅只是企业服务用户的载体，仅有产品是远远不够。作为服务业，出版业更不能单纯依赖产品谋发展，而是要以市场和读者的阅读消费需求为中心，向读者提供完整的阅读需求解决方案。基于这种发展理念，出版社应该从出版产品生产商转型为阅读内容服务商，不断创新出版服务方式。然而，现实情况恰恰相反，对不少出版社而言，除了"书号"之外就只剩下出版产品了，而且很多还是没有市场的库存产品。近些年来，我国出版品种数量屡创新高，低水平重复出版严重，库存积压居高不下；出版社的编辑不堪重负，编审校工作量不断攀升；发行人员苦不堪言，销售量却不见增长。如此种种，都是过度的产品导向带来的恶果。因此，必须改变这种错误的产业发展导向，立足于出版服务创新。

其二，错位的业务中心。现代出版业有其自身基本的业务流程。那么，在这个业务流程中，哪个环节是业务中心、是关键呢？微笑曲线理论将价值链曲线的"两端"定义为价值链的高端，曲线的中段定义为价值链的低端。也就是说，价值链的两端应该成为出版业务流程的中心和关键。众所周知，出版价值链的前端应该是内容创作和策划创意，中段是编辑加工和印刷复制，后端则是营销推广和读者服务。那么，我们的出版企业又是怎样定位出版业务的中心和关键的呢？毫不客气地讲，我们的大多数出版企业选择了其中唯一一个错误的选项，即业务流程的中段——编辑加工。编辑加工几乎成了我国大多数出版企业的核心业务。前端的内容创作主要是由作者来完成的，出版社创作并拥有著作权的书稿少之又少；策划创意环节更多地被各类工作室所强占，"市场上80%的畅销书均出自图书工作室(其中大多数是民营的)"。① 可以说，整个出版价值链的前端完全不掌握在出版社手中。后端的营销推广和读者服务，主要由发行商承担，虽然也有出版社部分参与，但是出版社所起到的作用却不敢恭维。基于以上事实，我们有理由认为，我国不少出版社事实上已经沦为一种低端加工型企业，承担的是出版价值链中价值含量最低的出版产品加工业务。

---

① 戴颖琳，尤建忠. 我国民营图书工作室生存突破探究[J]. 出版广角，2015(22).

其三，不合理的企业组织架构。企业的组织架构是其经营理念的直接反映。我国出版企业的业务部门虽然较计划体制时期有所变化，但大多数出版社的业务部门仍以编辑部、出版部和发行部为主体。出版产业链上游的市场调研和策划创意、下游的营销推广和读者服务等高端业务，却没有专门的业务部门负责分管。这种组织架构是典型的产品导向型企业组织架构，与服务性企业的组织架构差之甚远。

其四，失衡的员工构成。从员工的构成大致可以看出企业的类别属性。以产品生产加工人员为主的员工结构，是典型的加工型工业企业。我国大多数出版企业的员工结构主要是以编辑人员为主，编辑人员一般占其业务人员的半数以上，有的甚至超过七成。虽然编辑人员也部分承担选题策划业务，但从出版实践看，其主要精力仍然是稿件的编辑加工，"看稿子"是编辑人员的主要工作。

3. 如何做好出版服务

出版既然是服务业，显然就应该摒弃传统加工业的理念，以服务业的思维和逻辑开展出版活动。那么，出版业和出版企业该如何做好出版服务呢？

首先，树立为读者创造价值而不是单纯生产和销售出版产品的经营理念。为客户创造价值日益成为现代企业的共同追求。早在 1954 年，Drucker 就曾指出"顾客购买和消费的绝不是产品，而是价值"[1]。读者从出版市场购买的虽然是出版产品，但是，读者从中获得或感受到的却是

---

[1] Peter Drucker. The Practice of Management [M]. New York : Harper and Row Publishers, 1954.

价值。读者所获得或感受到的价值，既包括出版产品的功能或效用，还包括购买和消费过程中的用户体验。顾客价值是一种可量化的指标，企业带给客户的价值越大，客户对企业的忠诚度也就越高。传统出版企业关注的只是读者需求本身，忽视了读者出版消费的价值需求。以教育出版为例，教师和学生需要的不仅是教材和教辅读物，而且还需要大量的配套教学服务，如教师的备课材料、授课辅助材料、课外学习材料、考试考核材料、释疑点评材料等。因此，教育出版机构仅仅关注教材和教辅的出版是远远不够，满足不了教师和学生的教学需求的，而应该基于教育教学需求为师生提供全程教学解决方案。在现代技术背景下，西方教育出版机构从早期的教材出版逐步转型到为师生提供电子书包、电子校园和电子教师服务，在为师生创造价值方面做出了很好的尝试，深受师生们的广泛欢迎。

其次，拥抱新技术，创新出版服务方式。在传统技术背景下，出版业的服务方式相对有限，服务创新的难度也较大。当今数字技术的发展和普及为出版服务创新带来了无限的想象空间。新媒体、大数据、云计算、移动互联、物联网、人工智能等现代数字技术的发展和普及为出版企业读者定位的精准化、出版传播的交互性、出版产品的定制化、出版服务的个性化等提供可能。数据库出版、开放存取出版、融合出版、富媒体出版、增强型出版、云出版、语义出版、智慧出版等新型出版方式为读者提供了更加丰富多彩的服务选择，创造了更好用户服务价值。出版企业应该大胆地拥抱新技术，应用新技术寻找新市场和新客户、创造新价值和新内容、开发新产品和新服务、拓展新渠道和新模式。应该说，在拥抱新技术方面，西方出版业比我们更主动。开放存取出版在西方学术和专业出版领域的广泛普及、e-learning、电子校园和电子教室在教育出版领域的广泛应用等都是基于技术实现的出版服务创新。

然后，立足服务做产品。选择产品和选择服务虽然是两者迥然不同的出版经营理念，但是产品和服务之间还是有着本质联系的，两者并不矛盾。服务型企业，同样也可以生产和销售产品，出版社就属于这类企业。与一般加工型企业不同，出版企业生产和销售产品应该立足于服务，立足于为读者创造更丰厚的价值。在发达国家，这类立足服务做产品的出版企业比比皆是。例如，著名财经出版商麦格劳·希尔投资收购评级机构标准普尔以向全世界各类经济体和企业提供财经普及服务，进而通过服务完善财经类书刊出版发行体系。再如，著名学术出版商汤森·路透基于学术评价服务不断提升和优化其学术数据库出版。又如，著名财经杂志《财富》(Fortune Magazine)、《福布斯》(Forbes)等并不限于杂志本身的出版发行，而是将更大的精力用在举办了一系列引人注目的财经论坛。这种以出版社和杂志为平台，组织与其产品内容和客户高度关联的服务活动，两者相互促进，更好地服务客户的经营理念正是立足服务做产品的典型模式。

4. 结　语

出版业是建设文化强国和建立文化自信的重要支撑，做强做大出版业是出版人的责任。然而，空有做好出版业的决心是不够的，还必须有科学的出版理念和创新精神。将出版定义为服务业，立足于为读者创造价值，不仅有利于更新传统的产品导向出版观念，拓展出版服务领域，创新出版方式，促进出版业繁荣发展，而且还可以更好地满足读者精神文化需求。

原载于《现代出版》2018 年第 1 期

出版营销的"融"路径

出版营销，虽是出版企业的一种市场行为，但它总是与媒体技术的发展密切相关的。随着媒体环境的发展变化，出版企业的营销理念与行为也会千变万化。单一媒体时代，书报刊出版，各有各的营销理念、策略与方法，彼此泾渭分明，区隔明显；多媒体时代，文本、声音和图像等多种媒体形式同时汇聚于各种出版产品之中，传统书报刊出版界限逐渐模糊，新的出版形态开始出现，出版营销的方式和路径也悄然发生了改变；进入媒体融合时代，单一出版形态几乎不复存在，出版的产业格局、产品形态、营销方式与路径等，全然不同于传统媒体时代。

媒体融合时代，出版营销应该有新的思维、新的策略和新的方法。这种所谓的"新"，突出体现在一个"融"字上，即定义"融读者"，开发"融内容"，建构"融渠道"，开展"融促销"。

首先，出版营销的对象不再限于传统的读者，而是融合了传统媒介背景下"读者""受众""听众""观众"和"消费者"的"融读者"。众所周知，营销的首要战略是精准定位其服务的目标群体。单一媒体环境下，出版营销强调服务目标的精准定位，说白了，就是要清晰区隔不同读者的不同需求。进入融合出版时代,读者接受信息的方式改变了,多感官同时获取信息不仅技术上可行,而且效果更好。出版营销就不应再囿于传统的划分标准来区隔和定义读者了,而是要基于多感官获取信息的特征来定义自己的服务对象。出版营销的这一"融"路径,大致可以从大家熟知的"喜马拉雅"听书 App、"薛兆丰的经济学课",以及"抖音短视频""斗鱼直播"等新出版业态中获得印证。"融读者",在大众出版和教育出版两大细分市场中均有应用,因此,对大多数出版企业的营销都有参考价值。

其次,出版营销的客体不再是单一的书报刊、音像制品、电子出版物或网络出版物,而是基于用户需求的定制化的"融内容"服务。产品或服务,是营销的基本抓手,是企业营销战术的根本。没有产品或服务,也就没有企业营销可言。出版企业天天挂在嘴上的"内容为王",强调的也正是出版产品或服务的这一重要性。传统媒体环境下,出版产品内容结构完整、形态封装完备、产品边界清晰,一本书、一本刊、一张盘,就是一件出版物产品。进入融媒体时代,阅读消费发生了巨大的变化,非线性、碎片化的所谓"浅阅读"变得越来越普遍。虽然不少人对此持批评态度,但"浅阅读"却是融媒体时代的必然产物,其发展势不可挡。有需求,市场营销就会有回应。满足"浅阅读"需求,是融媒体时代出版营销的当然责任。出版营销的"融内容",是一种基于细粒度知识单元的结构化内容,这种内容可以根据用户需求进行定制化重组,以满足用户的非线性、碎片化的个性化需求。这种出版产品或服务的形态是数据库,内容是结构化的知识单元,内容表现形式是富媒体,服务方式是客户化重组。目前,这种基于"融内容"服务的出版营销,在爱思唯尔、施普林格等知名学术出版商的出版服务中已经得到有效应用。国内出版社也有尝试。

再次,纸媒体时代,出版物分销是以纸质载体的物理位移为基础的。

数字媒体时代，出版内容则完全实现了网上的虚拟分销，省去了物流环节。出版物曾经被认为是最适合在线销售的产品形态。当今，如日中天的电子商务实际上最早就是出现在出版领域的。建构出版内容分销"融渠道"，具体包含多种路径，如线上线下融合渠道、专业化数字内容分销渠道以及综合性网络分销渠道等。"融渠道"不仅成本低，而且精准性好。基于出版企业及其内容产品的特征，建构合理的"融渠道"，是新媒体时代出版企业发展的不二选择。

最后，传统媒体环境下，宣传促销是一种"烧钱"的活。作为微利行业，出版很难做到大量烧钱，强力促销。这也是出版营销的一个"痛点"。新媒体的发展改变了促销的传统逻辑，好的促销策划并不一定烧钱。网络就是一个"秀场"，只要有自己独特的销售主张，能抓住消费者的心，即使烧钱大多也是值得的。比如，薛兆丰的网络课程，李佳琦等的直播带货，都具有"融促销"的意思。他们借助网络平台，将销售促进与产品销售融为一体，彻底改变了传统媒体环境下促销与销售分离的局面。出版融促销，往往赢在策划，一味地模仿、跟风则难以取胜。

原载于《出版与印刷》2020 年第 2 期

论发行代理制

发行代理制是近年来图书发行领域里一个比较热门的话题。在出版发行领域的一些专业报刊中经常可以看到关于发行代理制的论述。这些论述不仅为发行代理制在我国的推行提供了舆论支持，而且对人们全面了解代理制也有积极意义。为了让人们对发行代理制有一个较深入的了解，澄清对发行代理制的一些误解，本文特就发行代理制的几个基本问题谈谈个人的看法。

1. 到底什么是发行代理制

关于什么是发行代理制，不少专业报刊做过专门介绍。这里我不想从代理制自身的概念入手来阐述这个问题，而是从与代理制密切相关的"代理商"这一概念入手，谈谈自己对代理制这一概念的认识。

大家知道，图书发行是居于图书出版与消费的中间环节，即流通环节。既是流通，就少不了要选择合理的流通渠道。所谓流通渠道，是指图书商品从出版者向消费者流转的通道，而在这一通道中，又有一系列的机构和个人参与图书商品的交换活动。这一系列参与图书商品流转的机构或个人，便是中间商。

营销学将中间商划分为零售商和批发商两类。其中，批发商又可分为经销批发商(简称批发商)和代理批发商(简称代理商)，而批发商中的经销批发商和零售商一起又被称为经销商。具体划分见图1：

图1 发行代理制

那么，什么是代理商，什么是经销商呢? 所谓代理商，是指在商品流转过程中，不持有商品所有权的批发商。而经销商，则是指在从事商品交易的业务活动中拥有商品所有权的中间商。经销商所经营的商品一般是从生产者手中购进的，享有商品的所有权，承担商品经营风险。而代理商所"经营"的商品是以受委托的方式从生产领域获得的，不享有所经营的商品的所有权，商品所有权仍归委托其代理经营的生产者(即委托方)所有，它不承担商品积压的风险。

由此可见，代理商是中间商这一属概念的一个种概念，它与零售商、批发商和经销商一起构成中间商这一属概念。这就说明，代理商是同批发商、零售商和经销商紧密相关的一个概念。

首先，代理商是批发商的一种，它主要是接受商品生产者的委托，代理生产者执行商品批发业务的批发商，是代理批发商的简称，一般，它不直接从事商品的零售业务。

其次，代理商在执行商品批发业务时，往往是以生产者的名义同众多的零售商发生业务往来，不直接或较少同消费者发生业务关系。这就是说，零售商是代理商的直接客户或业务对象。

最后，代理商是与经销批发商(即经销商的一部分)处于同一层次的一种中间商。生产者(即出版社)生产的商品(即图书)，既可以以委托代理的方式交给某个或某些代理商经营，也可以自己直接将商品以批发的方式转让给经销商经营。至于说商品生产者是选择经销商，还是选择代理商来经营自己的商品，则要取决于多方面的因素。但是，生产者既可以只选择经销商，也可以只选择代理商，还可以同时选择这两种中间商来经营自己的商品。

需要说明的是，作为中间商的代理商和经销商，在主体上并没有什么不同，同一个中间商既可以以代理商的身份出现，也可以以经销商的身份出现，所不同的只是其从生产者手中获得商品的方式有所区别而已。如果他是以代理的方式从生产者手中获得商品进行经营的话，他就是代理商；如果他是以所有权转让的方式从生产者手中购进商品进行经营的话，他就是经销商。

我想，如果能从营销学中关于中间商的划分的有关理论中真正把握了代理商的有关含义，那么，要了解什么是代理制就不难了。

据此我们可以认为，所谓代理制，即代理商制度，是指流通环节如何建立代理商、规范代理商的行为以及商品生产者如何选择代理商、如何确立与代理商的代理关系的一系列习惯、规范及制度等。

2. 关于代理制的一些误解的剖析

无论是从营销学的角度来看，还是从其他各行各业商品经营的实践活动来看，代理制确实如某些研究者所说的不是一种什么新东西。代理制是商品经济高度发达的产物。在简单商品经济条件下，由于交易活动比较简单，交易范围也不广泛，商品生产者凭借自己的能力完全可以将产品推向市场，也就不可能产生代理制。到了资本主义社会，由于商品交易的频繁，交易范围的不断扩大，而商品生产者又不可能事必躬亲，这样代理商就应运而生，代理制就逐步形成。到今天，代理制已发展到了极其完备的程度，已成为一种十分成熟的商品流通制度。可见，代理制的确不是什么新东西。

然而，就我国图书发行领域而言，代理制却又是一种新生事物，只是在近年才开始提倡推行代理制，以往我们的流通制度主要是经销制，这就无怪乎在我们所进行的一次调查中有近一半的发行人员对什么是代理制尚不清楚。

作为一种新生事物，在其出现之初，人们对它产生一些误解是在所难免的。在近年来的讨论中，人们对发行代理制确实有不少误解，下面将对这些误解做些分析。

2.1　将代理制简单地定义为一种购销形式

这是一种最普遍的误解。这一误解主要源于代理制与寄销的相近性。从表面上看，代理制同购销形式中的寄销的确容易混淆，因为在寄销中，商品所有权也并不因为商品实体的转移而变更，存货风险的承担方式也与代理制相同。但事实上，这两者有着本质的区别。代理制是一种基本的商品流通制度，而不是购销形式，它是商品生产者以不转移商品所有权的形式，自担存货风险而委托中间商代理其执行商品推销职能的一种基本流通制度。在出版社的委托授权范围内，中间商(指书店，主要是批发店)的一切经营行为，都是代表出版社而进行的，且以出版社的名义进行图书经营。但寄销则不同，它只是一种购销形式。实行寄销时，出版社虽然也是将自己出版的图书以暂不转移所有权且自担风险的方式交给书店（主要是零售店）"寄卖"，但是书店在经营中并不能代表出版社，更不能以出版社的名义进行经营，也就是说，书店并不是受出版社的委托而代表其经营图书的，它与出版社之间不存在代理关系。

可见，代理制与寄销是有本质差异的，它们是两个不同层面的问题，不可混为一谈。

2.2 认为代理制并不一定就是法制，其是否是法制，也同经销制一样，要受执法环境的影响

邓耘同志在谈及发行代理制时，一再强调它是一种法制的突出特点。应该说，这是对代理制的一种科学的认识。然而，也有人并不这样看，认为代理行为是否受法律保护要看社会的执法环境如何，即使实行发行代理制，书店的经营行为也未必就能受到法律的保护，因为我国目前的执法状况并不乐观。

自然，这也是对代理制的一种误解。这是对立法和司法这两个不同层面的问题的不了解所造成的。说代理制是一种法制，是从立法的角度而言的。我国《民法通则》对代理行为的民事法律责任已有明确的规定，这就肯定了代理制是一种法制。至于说，在代理制的实施中所产生的法律纠纷，是否能真正以法律手段来解决，则是一个司法问题，具体地讲，是一个执法问题。但是，要以此来否定代理制的"法律"特征显然是不妥的。

2.3 认为我国图书发行体制改革前新华书店实行的总发行、总经销实际上就是代理制，只不过是称谓不同而已

严格说来，这也是一种误解。发行体制改革前，我国图书发行中实

行的总发行、总经销并不是什么代理制，而是一种地道的经销制，只不过是具有计划经济的特色而已，绝不能因此就认为它是代理制，这是因为：

第一，总发行、总经销伴有商品所有权的转让。出版社将图书交给新华书店总发行、总经销时，图书商品的所有权已不归出版社所有，而是归新华书店所有，虽然货款的结算并不是同图书商品所有权的转让同时进行的，但是，在规定期限内新华书店必须向出版社支付货款，而不存在退货问题。这就说明，在总发行、总经销中，图书商品所有权是伴随图书商品实体的转让而转移的。这与代理制中，商品所有权不属中间商所有的要求是截然不同的。

第二，在总发行、总经销中，新华书店不是受委托代表出版社进行图书商品经营的，它也不能以出版社的名义进行图书商品经营。这又与代理制的要求有出入。

第三，总发行、总经销中的风险承担方式与代理制的要求也不符。代理制中，存货风险应由商品生产者(即出版社)承担，中间商(即新华书店)是不应承担风险的。可是，发行体制改革前实行的总发行、总经销中，存货风险事实上是由书店承担的(即中间商承担的)。当然，由于计划体制下，我们实行的是逐级征订的办法，从而使得实际上由新华书店发货店和销货店共同承担的风险不复存在(或者说主要由销货店承担了)，但是，绝不能因此就混淆出版社和新华书店发货店在承担风险上的区别，甚至认为总发行、总经销中出版社承担了经营风险。

第四，在总发行、总经销中，出版社并不存在自由选择中间商的问题。出版社出版的图书只能按地区或级别交由本省或几个发行所发行，各省店及几大发行所是按地区或级别固定充当发行中间商的，出版社无权跨地区、跨级别自由挑选中间商。这又与代理制的要求不符。

由此可见，发行体制改革前新华书店实行的总发行、总经销与代理制的要求相去甚远，绝不是代理制。

3. 推行代理制势在必行

推行发行代理制，已作为深化我国图书发行体制改革的主要内容被提上议事日程。无论从哪个角度讲，这都是一种明智的选择。

首先，从我国出版发行的外部环境看，建立社会主义市场经济体制的步伐日益加快。市场经济的这种外部环境，正是实施发行代理制的前提条件。在市场经济条件下，发行环节如果只实行单一的经销制，不搞代理制，出版社就不能跨地区自由选择中间商，书店也因产销双方风险承担的均衡而难以提高经营积极性，这就不足以搞活图书市场。这一点，营销学中有关流通渠道的理论早已证实。也就是说，要适应市场经济体制的要求，搞活图书市场，就必须在原有经销制的基础上，大力推行发行代理制。

其次，推行代理制是解决目前出版与发行两个环节风险承担不均的有效之举。在经销制下，发行环节承担风险比例过大，严重影响了发行企业进货的积极性，从而影响图书的发行量，难以有效满足市场需求。如果推行代理制(指代理制与经销制并行)，就可以在相当程度上分担发行环节的经营风险，提高流通环节开拓市场的积极性，从而扩大图书发行量，更好地满足市场需求。

再次，推行代理制是解决出版社自主选择中间商、充分拓宽流通渠道的最佳选择。随着代理制的推行，出版社将不受地域限制，根据市场需求及自己确立的营销决策自由选择中间商，解决现行体制下的"地方割据"状态，拓宽本版书的发行渠道，搞好本版书的发行。

最后，代理制还是提高流通领域竞争性，促使中间商改善服务，提高发行环节服务质量的有效办法。现行体制下的图书流通环节，总给人一种"沉闷"的感觉，似乎没有一点朝气，每一个发行企业各自据守着"分封"来的领地，缺乏足够的竞争性。正因为如此，流通环节的服务质量总是难以提高，出版社对此极不满意。如果推行代理制，出版社可自由选择中间商，那么，服务质量不好、打不开市场的中间商（即书店）不仅会失去计划体制下"分封"所得的领地，而且更难以争取新的"主顾"。这就迫使其改善服务，积极参与市场竞争，从而搞活整个流通环节。

由此可见，推行代理制，于出版社，于发行企业，甚至于广大读者都是有积极意义的，推行代理制势在必行。

原载于《出版广场》1996 年第 1 期

论出版产业链的基本属性

出版产业链是指以出版价值链为基础的，具有连续追加价值关系的出版关联企业（如工作室、出版社、印刷厂、书店等）组成的企业战略联盟。或者简单地讲，出版产业链就是出版关联企业基于出版价值增值所组成的企业联盟。处于出版产业链上、下游的出版关联企业虽然彼此都是完全独立的市场主体，但是，在面向战略联盟的业务范畴内，这些独立的企业又完全可以像蒋国俊、蒋明新等所讲的那样，"能像单一的公司那样运作，不是一种松散的企业联合。"①

我们认为，要确保加入基于产业链的出版关联企业联盟的企业"能像单一的公司那样运作"，而不至于出现貌合神离的现象影响到产业链的运作效率，把握出版产业链的基本属性，保证产业链上游企业和下游企业之间价值、物质和信息的充分沟通十分必要。正如卢明华等所指出的，产业链"上游产业（环节）和下游产业（环节）之间存在着大量的信息、物

① 蒋国俊，蒋明新. 产业链理论及其稳定机制研究[J]. 重庆大学学报，2004(1).

质、价值方面的交换关系"①。如果认识不到出版产业链的这些基本属性，保证不了产业链上游企业和下游企业之间价值、物质和信息的充分沟通，那么，要保证出版产业链的高效运作将是一句空话。可见，把握出版产业链的基本属性，是建设和维护出版产业链、保证出版产业链高效运作的重要前提。本文拟就出版产业链的价值增值、物流供应和信息传播三个基本属性谈谈个人的一些粗浅看法。

1. 价值增值属性

1985 年，哈佛大学商学院迈克尔·波特（Michael E. Porter）教授提出"价值链"理论后，基于价值链的产业链研究才逐步成为当今企业战略管理研究的热门话题。从这个意义上讲，称波特教授"价值链"理论的提出极大地推进和进一步丰富了产业链的相关理论研究，并不为过。当然，我们也应该清楚地认识到，价值链就是价值链，产业链就是产业链，尽管两者高度相关，但毕竟不是一回事。我们认为，波特教授的"价值链"理论主要关注的是企业内部的价值增值活动，产业链理论所关心的则主要是企业之间的价值增值问题。一个是站在企业角度，一个是站在产业层面，两者研究的视角并不相同。

尽管我们并不同意产业链就是价值链的观点，但是，我们仍然像波特教授一样关注产业链中的企业价值活动，仍然重视产业链中不同环节的企业行为的价值增值问题。我们甚至相信，产业链中不同环节的企业价值活动、企业行为的价值增值问题正是产业链理论的核心问题。从这

① 卢明华，李国平，杨小兵. 从产业链角度论中国电子信息产业发展[J]. 中国科技论坛，2004(4).

个意义上讲，一些文章所说的"产业链主要是指产业价值链"①的观点是完全站得住脚的。强调产业链与价值链的关联性，实际上，就是强调产业链的价值增值属性。

出版产业链的研究首先需要关注的就是其产业链的价值增值问题，是出版产品与出版服务在出版产业链各环节的价值增值问题，是出版关联企业连续追加出版产品与出版服务价值的问题。出版产业链的基础和归宿就是出版产品与出版服务的价值增值。因此，我们认为，价值增值是出版产业链的基本属性。我们的研究表明，出版产业链的价值增值属性主要体现在以下三个方面。

第一，出版产品和出版服务最终价值的共创性。在出版产业链中，每一种出版产品(出版服务)都不是由单一企业所创造的，而是由基于产业链的出版关联企业构成的企业联盟共同完成的，联盟中的每一个企业都将按照自己在产业链中的定位为产品的价值增值贡献力量。这种由出版关联企业构成的企业联盟共同创造出版产品的价值增值模式，更有利于按照不同企业的资源禀赋条件组织与整合社会出版资源，有利于出版产业的专业化发展。

第二，出版产业链各环节价值增值的连续性。出版产业链上的成员企业是围绕有效满足广大读者出版物需求而建立联盟关系的。单个出版关联企业通常只是这个产业链中的一个环节，或曰一个片段，链环之间具有严格的时间次序。正如龚勤林②所强调的，"产业链的关联关系，从本质上理解，是一种逻辑关系和时空顺序"。他进一步解释为，"产业链有时间的次序，上下链环之间有时间先后之分，即从上一链环到下一链环是由于下一产业部门对上一产业部门产品进行了再次的一道追加工

① 郑胜利.产业链的全球延展与我国地区产业发展分析[J].当代经济科学，2005(1).
② 龚勤林.论产业链延伸与统筹[J].区域发展，2004(3).

序"。出版产业链的价值增值正是在这种环环相扣的一道道追加工序中得以实现的。

第三,出版产业链不同环节价值增值的差异性。在出版产业链中,虽然每一种出版产品(出版服务)的价值都是由基于产业链的出版关联企业构成的企业联盟共同创造的,但是,产业链中的不同企业对于出版产品最终价值增值的贡献率却是不同的,有些环节的企业贡献大,有的环节贡献小。一般地,处于产业链高端的出版关联企业对出版产品价值增值的贡献率大,而处于产业链低端的企业贡献率小。在出版产业链中,哪类企业处于产业链的高端主要依据企业的资源禀赋与品牌价值来确定。通常情况下,在专业出版、教育出版领域,品牌知名度高的出版企业往往处于产业链的高端,贡献产品价值增值的大部分,同时也分享产业链的大部分利润;而在大众出版市场,有时候一些大型连锁发行企业、网上书店(如美国的 B&N、Borders、Amazon. com 等)却走上了高端,贡献产品价值增值的大部分,分享了丰厚的利润。

2. 物流供应属性

产业链不仅与价值链是一对高度相关的概念,同时与供应链也是一对高度关联的概念。关于产业链与供应链的高度相关性,南京农业大学经济与贸易学院的王凯教授就曾进行过深入研究。王凯教授在国家社会科学基金项目研究成果《中国农业产业链管理的理论与实践研究》中就强调"本研究所应用的农业产业链管理理论是以'供应链'为理论基础的"[1]。众所周知,所谓供应链,其实就是由供应商、制造商和分销商等构成的

① 王凯. 中国农业产业链管理的理论与实践研究[M]. 北京:中国农业出版社,2004.

物流网络。从这个意义上讲，产业链也具有鲜明的物流属性。

出版产业链，也与出版供应链，尤其是其中的物流链高度关联，具有鲜明的物流性质。我们认为，出版产业链的物流属性集中体现在：出版业实现出版物的精神文化价值需要物质载体的支持，出版产业链的上下游企业之间既存在一种出版物内容的传递关系，同样也存在着物质载体的供求关系。

出版作为文化产业的有机组成部分，虽然是以精神文化产品满足读者需求的，但是，依托物质载体仍然是出版产业实现其价值的基本方式。不管是传统的纸介质出版业，还是音像与电子出版业，往往都需要有一定的物质载体作为支撑。在出版产业链的各个环节，不仅有出版物内容的传递，同样也有有形的物流活动的存在。在基于产业链的出版关联企业联盟中，无论是从印刷企业到出版企业，还是从出版企业到发行企业，都存在着大量的物流活动。在出版产业链的某些环节之间（如从出版企业到发行企业），物流活动甚至是其价值活动的主要内容，物流活动所创造的价值在出版产业链的这些环节占有相当大的比重。因此，出版产业链的建设不仅要考虑加盟企业在出版目标市场上的一致性以及"内容"方面的关联性，而且还应该关注到加盟企业之间物流处理能力方面的协调性。我们认为，基于企业的物流属性构建出版产业链是出版产业链建设应该重视的一个基本原则。

目前，在我国出版产业链的建设中有一种重视加盟企业目标市场一致性和"内容"关联性，而忽视加盟企业物流处理能力协调性的倾向。例如，一些专业出版社纷纷建立具有一定战略意义的"合作"关系，尽管这些"合作"体系中的加盟企业大多具有目标市场的一致性和"内容"的关联性，但是，他们在物流处理能力方面却缺乏足够的联盟价值。这种"合作"没有能够充分发挥产业链的物流供应属性。我们认为，这正是导致目前我国出版产业链建设进展缓慢的重要原因。从这个意义上讲，一些出版能力较强、品牌价值较高的出版企业迫切需要的不是寻求同类的出版企业进行联盟，而是要从出版价值链的物流属性视角出发，考虑选择具有较强物流处理能力的下游发行企业组成战略联盟，来构建"以我为主"的出版产业链。同样道理，处于出版产业链下游的品牌价值较高的强势发行企业，也应该重视与关联出版企业的联盟，力求以自己的物流处理能力吸引上游出版企业加盟，构建由发行企业主导的出版产业链。

3. 信息传播属性

如前述，出版产业链是出版关联企业组成的一个战略联盟，而不是一个独立的出版市场主体。要维系由多个独立出版市场主体组成的这个联盟的有效运作，必须要有一套健全的管理机制。一般认为，契约机制、诚信机制和信息机制等都是确保该联盟有效运营的不可或缺的重要组成部分。由于信息传播是出版产业链所固有的基本属性，所以建立高效的信息传播机制对于维系基于出版产业链的企业联盟具有非常重要的意义。

首先，充分的信息沟通是科学地构建出版产业链的前提和基础。出版产业链的构建无论对主导企业而言，还是对加盟企业来讲，都是一项十分重要的战略管理决策。对于产业链主导企业来讲，不仅要充分占有大量的出版产业发展基本面的信息，而且要充分了解潜在合作伙伴的全面信息。对有意加盟的企业而言，既要了解主导企业组建产业链的基本思路与政策，又要确立加入联盟的方式和在联盟中可能谋求的地位。在此基础上，主导企业必须与潜在的联盟成员进行充分的信息沟通，才有可能达成组建基于出版产业链的战略联盟意向。此后，还要经过反复的信息沟通和充分协商，才可能真正组建起具有战略意义的出版产业链的战略联盟。

其次，建立有效的信息沟通机制，促进联盟企业之间信息的充分沟通是出版产业链得以正常运行的重要保证。联盟企业之间充分信息沟通的意义是不言而喻的，但是，由于企业联盟与单一企业在构架上具有本质的差异，所以，建立有效的信息沟通机制就成了促进联盟企业之间信息充分沟通的重要保障。

最后，充分的信息占有是进行出版产业链调整的必要条件。出版产业链的组织者和主导力量，应该随时根据出版市场的变化和产业链的运行状况，适时进行出版产业链的管理与维护。出版产业链作为出版关联企业之间的一种战略联盟关系虽然具有一定的长期性和稳定性，但是，这并不意味着加盟企业在企业联盟中的地位就一成不变。事实上，随着出版环境以及加盟企业自身条件的变化，出版产业链总是处于一种动态的变化之中。因此，主导企业应该随时掌握出版市场和出版产业链运行的基本信息，对出版产业链的运行状况进行定期评估，根据产业链运行绩效对产业链的结构、对加盟企业的定位等进行必要的调整，既可以吸收新的企业加盟，还可以淘汰难以适应形势发展变化的企业，以确保产业链的结构和功能与变化了的出版市场相适应。

原载于《出版科学》2006 年第 4 期

产业链分类与出版产业链的类别归属

产业链分类研究，属产业链基本理论范畴，研究产业链的分类及产业链的类型特征是实施产业链管理的重要基础。不同的产业领域，由于资源特性、产业发展动力、产业格局、供求关系以及市场特征的差异，其产业链的类型属性也不尽相同。刘贵富教授在《产业链的分类研究》一文中指出"产业链从不同角度出发有不同的分类方法"，进而将近年来产业链分类的一些重要研究成果进行了简要的梳理①。本文将基于产业链分类研究的上述成果，对出版产业链的类别归属及其类型属性作一个简要分析。

1. 出版产业链是一种资源导向型产业链

产业链是建立在波特价值链基础上的、由不同产业的企业所构成的

---

① 刘贵富. 产业链的分类研究[J]. 学术交流，2006(8).

一种空间组织形式，是相互独立的企业之间的连接，通常是指不同产业中企业之间的供给与需求关系①。既然产业链是相互独立的企业之间的连接，而且在这个空间组织形式中企业彼此之间还存在着特定的供给与需求关系，那就为我们从这种供求关系的视角研究产业链分类提供了可能。有学者正是从产业链内部企业之间这种供求关系的视角对产业链的类型进行了界定，从这个角度把产业链分为资源导向型、产品导向型、市场导向型和需求导向型四种基本类型②。那么，出版产业链应该属于其中的哪种类型呢？

众所周知，出版业属内容产业范畴，出版产业竞争力的形成高度依赖于以内容为核心的各种资源要素。资源禀赋条件的优劣对出版竞争力的形成具有决定性的影响。在出版产业链内部，掌握内容资源的环节对其他环节以及整个产业链的结构具有重要影响，拥有资源优势的企业对产业链内部联盟企业更是具有几乎决定性的影响。出版产业链明显属于资源导向型产业链。在出版产业链的出版、印刷和发行三个基本环节中，出版内容资源几乎完全掌握在出版环节手中。因此，与印刷和发行两个环节相比，出版环节的产业集中度明显偏高。正因为如此，出版环节相对于其他环节更容易形成垄断，而印刷和发行环节企业的数量也明显多于出版环节，其市场竞争激烈程度也远远高于出版环节。

在资源导向型产业链中，产业链的组织形式主要是由掌控资源的环节决定的。出版产业链的组织形式，正是由掌握着内容资源的出版环节所决定的。在不同的出版领域，由于出版环节对内容资源控制程度的不同，其产业链的组织形式也存在一定差异。例如，在科技出版领域，由于作为科技出版主要资源形式的是科技论文，而科技论文又高度分散于

---

① 刘刚. 基于产业链的知识转移与创新结构研究[J]. 商业经济与管理，2005(11).
② 刘贵富. 产业链的分类研究[J]. 学术交流，2006(8).

不同的科研机构和科技人员，这些机构和个人通常无力与出版企业抗衡，因此，具有高品牌价值的科技出版机构一旦掌控了这些资源，它在产业链中的主导地位就将坚不可摧。由于掌握了科技资源而确立了其在产业链中的主导地位，因此，不少大型科技出版企业往往通过"一体化"策略尽可能压缩产业链，将科技出版物的发行业务纷纷收归己有，以避免产业链环节过多而分享了产业利润。可见，正是科技出版内容资源的这种易控性，导致了科技出版产业链的压缩。与此相反，在大众出版领域，尽管出版环节名义上控制着出版内容资源，但是，真正对这些资源具有实质控制力的还是各种书稿的作者或经纪人，因而大众出版企业难以像科技出版企业那样自如地控制出版内容资源。正因为如此，大众出版企业就必须将其主要精力放在出版环节的业务上，而对出版物的印刷与发行业务则无暇顾及，寻求合适的企业加盟也就是情理中的事了。这就是为什么大众出版产业链较科技出版产业链长的重要原因。

一般而言，在资源导向型产业链中，产业利润在产业链各环节之间的分配通常也是由掌控资源的环节所决定的。从出版产业的行业利润分配看，占有明显资源优势的出版环节往往分享远远高于印刷和发行环节的利润水平。这一点从国内外出版、印刷和发行企业的实际赢利情况可以得到充分的体现。

2. 出版产业链是技术、生产、经营共同作用的综合主导型产业链

产业链的形成机制是产业链研究的一个重点。在产业链的分类研究中，有学者试图从产业链的形成机制以及发育过程这一视角探讨产业链

的分类问题。如有学者从产业链的发育过程将产业链分成技术主导型、生产主导型、经营主导型和综合主导型四种基本类型①。我们认为，研究者的这一独特视角对人们深刻认识产业链的类型属性具有很好的启发价值。它不仅揭示了不同力量和要素在产业链形成过程中所发挥的不同作用，而且解释了因不同要素与力量的作用而形成的不同产业链所具有的不同性质与特征。那么，从形成机制，或者发育过程角度看，出版产业链又是属于哪种类型呢？

我们认为，技术、生产和经营等都在出版产业链的形成中发挥着不可替代的作用，它们分别为出版产业链的形成作出了各自的贡献。但是，这三者都不是出版产业链形成的主导因素，它们共同形成的合力才是导致出版产业链得以形成的主导力量。因此，我们认为，出版产业链既不是技术主导型产业链，也不是生产主导型和经营主导型产业链，而是综合主导型产业链。

首先，技术要素在出版产业链的形成过程中始终发挥着重要作用。可以毫不夸张地讲，出版产业的发展是与技术的进步密不可分的。没有与出版直接相关的造纸、印刷、编校等各项技术的进步，也不可能有今天的出版业。出版作为一种文化和经济现象有着悠久的历史。尽管在科技发展水平极其低下的历史时期，出版业就已渐成气候。但是，造纸术、印刷术的发明和应用不仅大大提升了出版业的发展水平，而且还在一定程度上改变了出版的产业流程和组织形态。例如，在人工印刷时期，出版产业流程实际上是以印刷机构为中心展开的。印刷企业是这个时期出版产业链的"龙头"企业。进入机械印刷时代，印刷企业在出版产业链中的地位开始下降，形成了以编辑业务为核心的出版产业流程，出版机构上升到产业链的"龙头"地位。再如，近几十年来，按需印刷技术、数字

① 刘贵富. 产业链的分类研究[J]. 学术交流，2006(8).

出版技术的发明和普及，也在一定程度上影响了传统出版业的产业流程和组织形式。可见，出版产业流程与组织形式的这种变化完全是由于与出版直接相关的技术进步所带来的。这就充分表明，在出版产业链的形成过程中，技术因素起到十分重要的作用。

其次，出版是一种文化传播活动，它是以物化的出版物产品传播精神文化内容的，而这种物化的出版物产品正是出版企业和印刷企业共同开展的生产活动的结晶。正是编辑、印制人员向出版物产品先后追加的价值创造活动才最终形成了能够有效满足市场需求的出版物商品。特别需要指出的是，出版产业领域的生产活动主要是一种精神文化生产活动，脑力劳动是出版生产活动的主要部分。正因为如此，在出版产业链的形成过程中，精神文化生产活动决定着出版产业链的基本形态。例如，从出版产业链的空间布局看，作为产业链主要链环的编辑出版环节基本都集中在文化、教育高度发达的大城市。这就是出版工作中精神文化生产活动对出版产业链形成施加影响的重要表现。

最后，出版物产品经营活动，同样在出版产业链的形成过程中发挥着不可替代的作用，它对出版产业链的形成也具有重要意义。出版物产品虽然是精神文化产品，但是，其价值的实现仍然与普通物质产品一样，需要通过市场交换来进行。离开了市场，不仅出版物产品的价值无法实现，出版活动传播精神文化的目的也将落空。出版物产品的经营活动是出版活动的基本组成部分，具体表现为出版物的发行活动，它是出版价值链的一个不可缺少的环节，它向出版物产品追加的是时间价值和空间价值。在出版产业化程度不断提升，出版物市场竞争日趋激烈的背景下，出版物产品的经营活动在出版产业链中的地位有逐步提升的迹象。在出版业发达国家，大型发行企业对出版产业链的结构和组织形态的影响也越来越大。例如，在美国的大众出版物市场，诸如巴诺、鲍德斯等大型连锁书店的出现和不断做大，几乎改变了美国图书零售市场生态，大批中小独立书店纷纷倒闭。凭借自身实力和影响的不断扩大，少数大型连锁书店在美国大众出版产业链中的发言权也越来越大。传统上主导大众出版产业链的出版企业开始向中间商企业让利，整个大众出版产业链的利益格局出现了重新洗牌的可能。显然，出版物经营活动也是影响出版产业链形成的重要因素。

从上面的分析可以看出，技术、生产、经营诸要素和力量在出版产业链的形成过程中都分别施加着各自的影响。正是它们的共同作用才导致出版产业链的形成和不断重组。也正是从这个意义上，我们认为，出版产业链是由技术、生产、经营等三种要素和力量综合主导的一种产业链类型。在这种综合主导型产业链中，产业链的结构和功能通常是由多个要素和力量共同作用而形成的，单一要素和力量的发展变化一般不可能导致产业链的彻底瓦解和联盟企业的彻底重组。在本类别的四种产业链中，综合主导型产业链的稳定性相对较高，"龙头"企业要形成垄断地位也往往需要花费更长的时间和更多的投入。

3. 出版产业链是联盟企业之间高度依存的相互依赖型产业链

在蒋国俊、蒋明新二位先生看来，产业链是由在某个产业中具有较强国际竞争力的企业与其相关产业中的企业组成的一种"战略联盟关系链"①。既然产业链是关联企业之间的一种联盟，那么，自然可以从联盟企业之间的关系着手对产业链进行分类。刘贵富教授在其产业链分类综

---

① 蒋国俊，蒋明新. 产业链理论及其稳定机制研究[J]. 重庆大学学报，2004(1).

述中就曾指出，有人根据产业链中企业之间的相互依赖程度，将企业与其供应商的关系划分为供应商垄断型、目标企业垄断型、独立竞争型和相互依赖型四种类型。显然，这也是一种十分有意义的产业链分类方法。其所揭示的产业链中联盟企业之间的依存关系是产业链得以维系的基础，清晰地判定和科学地维护联盟企业之间业已存在的某种特定依存关系是产业链管理的出发点和归宿。那么，从联盟企业的依存关系考察，出版产业链又是属于哪种类型呢？

我们不妨首先分析一下这几种类型的产业链各自的特征。供应商垄断型产业链是指由上游企业控制着产业链的核心资源或关键技术，决定着产业链的组织形式，支配着下游其他联盟企业的一种产业链。目标企业垄断型则正好相反，它是下游支配和控制上游联盟企业的一种产业链形式。在这两种类型的产业链中，垄断企业要么控制着产业链的核心资源，要么掌握了产业发展的关键技术。前者如大多数国家的采矿、石油等资源型产业链，后者如 IT、军工产业链等。出版产业链显然不具备上述这些特征，因此，它不可能是供应商和目标企业垄断型产业链。独立竞争型产业链是指上游企业所提供的产品或服务不完全依赖下游企业，可以直接面向终端市场的联盟企业所构成的产业链。例如，"公司+农户"的农业产业链、"煤、电、冶"能源产业链就属于这种类型。在这种类型的产业链中，联盟企业之间的依存度相对较低，企业即使离开联盟企业仍然可以独自生存。出版产业链应该不具备这些特征，出版企业、印刷企业或发行企业一旦离开产业链中的其他企业就无以在出版产业领域中生存。可见，出版产业链也不是独立竞争型产业链。

在排除了上述三种可能性后，余下的就是相互依赖型产业链了。相互依赖型产业链是指联盟企业中的上下游企业互为供应商和用户，联盟企业彼此之间相互高度依存的一种产业链形式。在这种产业链中，上游企业的产品离开了下游企业的支持就无法实现其价值；反之，下游企业缺乏上游企业提供的产品也无法生存。从上下游企业之间的关系看，出版产业链符合上述基本特征，完全具备相互依赖型产业链构成的基本要件。出版企业、印刷企业和发行企业三者之间的相邻两家都是互为供应商和用户关系的，彼此之间高度依存。据此我们可以判定，出版产业链就是一种相互依赖型产业链。

对于相互依赖型产业链而言，联盟企业之间的关系越稳固，产业链运行的效率和效益就越高，企业和产业都会从中受惠。相反，如果联盟企业之间的关系出现松动，甚至产生矛盾与冲突，产业链的运行效率就会低下。这不仅不利于联盟企业自身的发展，而且也会损害产业的整体利益。考虑到出版产业链是一种相互依赖型产业链，不仅出版产业链管理层，而且每一个产业链中的联盟企业，都应该从维护出版产业整体利益的角度出发，加强产业链的管理，积极维系联盟企业之间的合作关系，以确保产业链高效运作。

原载于《科技与出版》2008 年第 8 期

论出版产业链建设

　　1985 年，哈佛大学商学院迈克尔·波特(Michael E. Porter)教授提出"价值链"理论后，基于价值链的产业链研究就逐步成为当今企业战略管理研究的热门话题。出版界也敏锐地意识到了产业链理论对出版企业战略管理的重要性，出版产业链研究也进而成为出版业界和学界普遍关注的课题。出版集团的老总(上海世纪出版集团的陈昕)[1]、出版管理的政府官员(江西省新闻出版局的朱胜龙)[2]、出版媒体人士(《中华读书报》的翁昌寿)[3]等纷纷就出版产业链问题发表研究成果，就出版产业链建设的意义、思路与举措等提出很多很好的见解。出于对本课题研究的浓厚兴趣，笔者也想就出版产业链的概念与特征以及我国出版产业链建设等几个基本问题谈谈自己的一点粗浅看法。

---

① 陈昕. 加快出版产业链和价值链建设[J]. 编辑学刊，2004(3).
② 朱胜龙. 出版产业链：拉动地方经济发展的强力引擎[J]. 当代财经，2004(5).
③ 翁昌寿. 中国出版产业链理论构想与现实操作[J]. 编辑之友，2003(3).

1. 出版产业链的含义及特征

无论在经济学还是管理学领域，产业链都是一个新概念。正如卢明华等在《中国科技论坛》中所指出的："产业链"这个词虽然用得很普遍，但是，人们对这个概念的内涵还缺乏统一的认识①。在什么是产业链尚没有解决之前，要解决什么是出版产业链显然是不可能的。那么，到底什么是产业链呢？

这里不妨让我们先列举几种有代表性的观点。

刘刚指出，产业链是建立在波特价值链基础上的、由不同产业的企业所构成的一种空间组织形式，是相互独立的企业之间的连接，通常是指不同产业中企业之间的供给与需求关系②。

蒋国俊等指出，产业链是一种建立在价值链基础上的相关企业集合的新型空间组织形式。产业链，是指一定的产业群聚区内，由在某个产业中具有较强国际竞争力(或国际竞争潜力)的企业与其相关产业中的企业组成的一种战略联盟关系链③。

郑胜利指出，产业链主要是指产业价值链。围绕服务于某种特定需求或进行特定产品生产(及提供服务)所涉及的一系列互为基础、相互依存的上下游链条关系构成了产业链④。

卢明华等指出，产业链可以定义为具有某种内在联系的产业集合，

---

① 卢明华，李国平，杨小兵. 从产业链角度论中国电子信息产业发展[J]. 中国科技论坛，2004(4).
② 刘刚. 基于产业链的知识转移与创新结构研究[J]. 商业经济与管理，2005(11).
③ 蒋国俊，蒋明新. 产业链理论及其稳定机制研究[J]. 重庆大学学报，2004(1).
④ 郑胜利. 产业链的全球延展与我国地区产业发展分析[J]. 当代经济科学，2005(1).

这种产业集合是由围绕服务于某种特定需求或进行特定产品生产（及提供服务）所涉及的一系列互为基础、相互依存的产业所构成。从现代工业的产业链环节来看，一个完整的产业链包括原材料加工、中间产品生产、制成品组装、销售、服务等多个环节。实际上任何产业都能形成一条产业链①。

龚勤林指出，产业链是产业部门依据一定的经济技术要求连接形成的链条式加工转换经济活动联系。产业链的关联关系，从本质上理解，是一种逻辑关系和时空顺序。他还进一步强调，产业链之所以是时空顺序，是因为一方面，产业链有时间的次序，上下链环之间有时间先后之分，即从上一链环到下一链环是由于下一产业部门对上一产业部门产品进行了再次的一道追加工序；另一方面，产业链有空间的分布，产业链上诸产业链环总是从空间上落脚到一定地域②。

宋玲等指出，从本质上说，产业链是具有连续追加价值关系的活动依附于一定的产业环节所构成的价值链关系。产业链的研究将战略规划的视野扩展到整个行业上游的研发、设计，中游的零部件制造与组装，下游的营销、品牌和服务③。

赵绪福等指出，由于在经济活动的过程中，各产业之间存在着广泛的技术经济联系，因此，人们将各产业依据前、后向的关联关系组成的网络结构称为产业链。产业链的实质就是产业关联，而产业关联的实质就是各产业相互之间的供给与需求、投入与产出的关系④。

---

① 卢明华，李国平，杨小兵. 从产业链角度论中国电子信息产业发展[J]. 中国科技论坛，2004(4).
② 龚勤林. 论产业链延伸与统筹区域发展[J]. 理论探讨，2004(3).
③ 宋玲，成达建，陶锋. 我国电子信息产业问题及对策研究[J]. 商场现代化，2004-12-01.
④ 赵绪福，望雅鹏. 农业产业链、产业化、产业体系的区别与联系[J]. 农村经济，2004(6).

　　以上列举的几个定义基本反映了当前国内经济学与管理学界关于产业链概念研究的主要理论成果。虽然不同的学者定义这一概念的角度并不完全相同，有些甚至是从实用性出发来定义和描述产业链这一概念的，但是，从上述不同的定义中我们仍然能够找到不同学者对这一概念的共性理解。经过对上述定义进行简要分析，我们认为，产业链的内涵大致涉及下面几个方面的主要内容：

　　第一，产业链是在价值链理论的基础上形成和发展起来的，企业活动的价值增值是产业链形成和发展的基础。上述列举的几种定义中，前三者都着力强调产业链是以价值链为基础的。可见，企业的价值增值活动是形成产业链的基础和归宿。

　　第二，产业链是建立在价值增值活动基础上的新型企业空间组织形式，是为满足特定需求或进行特定产品生产（及提供服务）的相关企业的集合，是企业与其相关企业组成的一种战略联盟关系链。与波特的"价值链"理论不同，产业链研究的重点不是企业内部的价值活动关系，而是关联企业之间的价值增值活动。产业链可以定义为一种新型企业空间组织形式，是一种企业集合，成员企业之间是一种"互为基础、相互依存"的战略关系，其高级形态应该是"企业与其相关企业组成的一种战略联盟关系"。蒋国俊等在《产业链理论及其稳定机制研究》一文中强调："与一般的市场交易关系不同，产业链中的企业相互间是一种长期的战略联盟关系（从战略供货到核心业务领域内的合作）"；"与通过各种途径实现的纵向一体化不同，产业链是独立企业间的联合"；"与各种松散的企业联合不同，产业链中的企业联盟在各方承诺的关键性领域中能像单一的公司那样运作。"①

　　第三，产业链是由具有供求关系的产业链环所构成的，链环之间具

①　蒋国俊，蒋明新. 产业链理论及其稳定机制研究[J]. 重庆大学学报，2004(1).

有严格的时间顺序。

产业链上的成员企业是"围绕服务于某种特定需求或进行特定产品生产(及提供服务)"而建立联盟关系的。单个企业通常只是产业链中的一个环节，或曰一个片段。产业链上的企业一般根据自身的资源禀赋等多种条件确立其在产业链中的地位。产业链上诸多环环相扣的关联企业构成了产业链。龚勤林强调："产业链的关联关系，从本质上理解，是一种逻辑关系和时空顺序。"他进一步解释为："产业链有时间的次序，上下链环之间有时间先后之分，即从上一链环到下一链环是由于下一产业部门对上一产业部门产品进行了再次的一道追加工序。"①宋玲等对产业链的界定也同样强调了产业链的这一重要内涵。他们认为："从本质上说，产业链是具有连续追加价值关系的活动依附于一定的产业环节所构成的价值链关系。"②

基于上述对产业链概念的理解，我们认为，出版产业链是指以出版价值链为基础的具有连续追加价值关系的出版关联企业组成的企业联盟，或者简单地讲，出版产业链就是出版关联企业基于出版价值增值所组成的企业联盟。出版产业链的基础和归宿是出版产品与出版服务的价值增值；出版产业链的表现形式是出版关联企业组成的企业联盟。

在了解出版产业链的概念后，我们还有必要对出版产业链的主要特征做进一步分析。我们的研究表明，出版产业链具有以下几个方面的鲜明特征：

其一，主体的独立性。出版产业链是由完全独立的出版关联企业所构成的一种长期的企业战略联盟关系，它不是同一出版企业的纵向一体

① 龚勤林. 论产业链延伸与统筹区域发展[J]. 理论探讨, 2004(3).
② 宋玲, 成达建, 陶锋. 我国电子信息产业问题及对策研究[J]. 商场现代化, 2004-12-01.

化。例如，国内的不少出版企业从市场拓展的角度在出版产业上游开展纸张经营业务，在产业下游建立图书分销公司，实行图书产品的一体化经营，这就不属于出版产业链建设的范畴，而是企业的一体化经营战略。出版产业链中上下游环节的关系是独立市场主体之间的战略联盟关系。

其二，功能的依附性。构成出版产业链的各个组成部分又是一个有机的整体，上游企业（环节）和下游企业（环节）之间存在着大量的信息、物质、价值方面的交换关系，关联企业之间在各方承诺的关键性领域中又能像单一的公司那样运作，不是一种松散的企业联合，产业链环节的缺失会严重影响整体产业链功能的发挥。

其三，价值的差异性。出版产业链的各个环节存在着价值增值与盈利水平的差异性，处于出版产业链高端的企业盈利水平高，处于产业链低端的企业盈利水平低。在出版产业链中，哪类企业处于产业链的高端主要依据企业的资源禀赋与品牌价值来确定。通常情况下，在专业出版、教育出版领域，品牌知名度高的出版企业往往处于产业链的高端，分享产业链的大部分利润；而在大众出版市场，有时候一些大型连锁发行企业、网上书店（如美国的 B&N、Borders、Amazon.com 等）却走上了高端，分享了丰厚的利润有时候仍是出版企业站在产业链的高端。

2. 出版产业链的建设

世纪蓝图市场与研究咨询公司首席研究员、2005 年产业研究报告主笔张守礼先生在《消费者主导时代的书业困境与出路》一文中指出："从整个书业价值链构成来分析，价值链高度不健康，导致了经营者的痛，表现为商业理性的匮乏，行业秩序的缺失和混乱。没有顺畅的价值链，任何企业，无论是上游还是下游，他们之间的交易成本一定高得难以想象。"

我们的研究也同样表明，张守礼先生所指出的出版价值链不"顺畅"正是目前困扰我国出版产业发展的一个突出问题。在经历了 20 世纪 80 年代开始的图书流通体制改革和 21 世纪初开始的出版体制改革，我国虽然逐步建立起了以市场为导向的出版经营管理体制，但是，中国出版生产力并没有得到彻底释放，极度混乱的出版产销关系仍然严重制约着我国出版业的健康发展。

众所周知，出版、印刷与发行这三个出版产业流程中的基本环节都是在计划经济体制下逐步形成和发展起来的，其产业分工相对明晰，各自的产业基础良好。在经历了改革开放 20 多年发展的基础上，"工作室"这种新型的出版业态也渐成气候。也就是说，我国业已逐步形成了从策划组稿，到编辑加工，再到印制包装，最后到发行服务一条龙的出版产业流程。由于计划经济的传统背景以及出版管理的政策限制，上述出版产业流程的各个环节虽偶有渗透，但基本做到了相对独立，各司其职。在加强出版产业化、企业集团化建设的新的出版体制改革背景下，出版、发行、印刷企业间的兼并与重组成了当今我国出版体制改革的潮流。一些省级出版集团纷纷将本省范围内的编、印、发企业全部纳入麾下，组成功能完备的所谓大型出版集团。通过近几年的出版集团化建设，不仅没有从根本上解决出版领域的产销矛盾，相反，由于基于行政区划所组建的出版集团所具有的地域性造成的新的市场割据，传统的出版产销关系不仅没有得以理顺，反而有愈演愈烈的态势。可见，集团化建设并不是解决出版产销关系的一种最有效的选择。

我们的研究表明，从产业链理论的视角，进一步整合出版产业链，应该是理顺我国出版产销关系，释放出版生产力的明智选择。我们认为，

和产业地位是不完全相同的。一般而言,任何一条出版产业链都是由一个或少数几个强势企业所主导的,其他加盟企业都是在主导企业提出的条件框架下定位自己在产业链中的位置,处于从属地位。显然,能够站到产业链高端,分享丰厚利润的正是这些产业链的主导企业。然而,要站到产业链高端,去分享丰厚的利润也是必须具备相应的优势。从当今不同国家和地区出版产业链建设的总体情况看,居于产业流程中任何环节的出版关联企业都有主导产业链的可能。但是,这些主导出版产业链的"强势"企业大多是相关产业流程中主营某一环节业务(如出版、批发、连锁经营、网上书店)的专门性企业,只有少部分是涉及出版产业流程中多个环节的综合性企业。基于这一认识,我们认为,国内一些具有某一环节业务明显优势的出版关联企业,应该将更多的资源集中于自己业已形成的出版产业流程的优势环节,力求进一步凝聚在出版产业流程中这一环节的核心竞争力,以便为形成主导出版产业链、组建企业联盟创造更好的条件。然而,遗憾的是,我们的大多数条件较好的出版关联企业,都不是将自己有限的资源集中于自己相对擅长的某一出版业务环节,而是热衷于涉及出版产业全流程的一体化经营。这样做的结果,不仅浪费有限的资源,而且弱化了自身的优势,进而丧失了主导产业链的资本。从这个意义上讲,我们主张有条件的出版关联企业集中资源专注于出版产业流程某一环节业务的经营。只有在出版产业流程的各个环节都形成了一大批专营本环节业务的出版关联企业,而且少数企业强势突出,出版产业链的建设才有组织者和主导力量。

再次,其他广大出版关联企业,应深入分析当前出版产业的竞争环境和所面临的挑战,根据自身的资源禀赋条件,选择适当时机加入相应的企业联盟,融入有利于自身发展的出版产业链。尽管出版产业链是由少数强势企业主导的,其他加盟企业处于辅助地位。但是,对于相对弱势的企业来讲，能够加盟到基于产业链的企业联盟中正是其生存的基本保障。在一些出版业发达的国家，众多的小型出版企业生存的方式就是依附于一些由大型发行集团主导的出版产业链，其出版的图书只有依靠这个产业链才能到达消费者手中。弱势企业如果不能依附于某一产业链，而是游离于所有的出版关联企业联盟之外，在竞争日趋激烈的出版环境中生存的难度必将越来越大。从这个意义上讲，我们的中小型出版关联企业，不必要仿效大中型出版发行企业，搞小而全的经营方式，而是应该专注于某一环节的出版业务，并选择适当时机加入相应的企业联盟，融入有利于自身发展的出版产业链中。

最后，作为出版产业链的组织者和主导力量，应该随时根据出版产业发展的状况，适时进行出版产业链的管理与维护。出版产业链作为出版关联企业之间的一种战略联盟关系虽然具有一定的长期性和稳定性，但是，这并不意味着加盟企业在企业联盟中的地位就一成不变。事实上，随着出版环境以及加盟企业自身条件的变化，出版产业链总是处于一种动态变化之中的。因此，主导企业应该随时对出版产业链的运行状况进行评估，根据产业链运行绩效，对产业链的结构、对加盟企业的定位等进行必要的调整，既可以吸收新的企业加盟，还可以淘汰难以适应形势发展变化的企业，以确保产业链的结构及功能与变化了的出版市场相适应。

原载于《图书情报知识》2006 年第 5 期

论出版工作室发展的产业链意义

　　"工作室"作为一种生产组织形态，存在于许多不同行业中，也有着悠久的历史①。作为一种社会生产组织形态的工作室，何时出现在我国出版领域呢？中国出版科学研究所朱诠研究员认为，"如果从个人与出版社的协作出版来看，1979 年已经出现了文化工作室的萌芽"②。但大部分研究人员一般倾向于认为，我国的出版工作室正式兴起于 20 世纪 80 年代。如月球车先生所指出的，"20 世纪 80 年代末期，中国图书市场上出现了一种特别的生产组织——工作室"③。对于出版工作室的兴起和发展，有人持肯定态度，认为出版工作室的兴起和发展对活跃图书市场具有积极意义；也有人持相反的看法，强调出版工作室的发展有扰乱图书市场的嫌疑。那么，到底该如何看待出版工作室的兴起和发展这一现象呢？我们拟从出版产业链建设的视角尝试着对这一问题做出回答。

---

①　王方剑等.工作室浪潮：中国 20 家著名工作室完全纪录[M].北京：中国经济出版社，2001.
②　朱诠.出版业文化工作室现状及发展预测[J].出版参考，2003(8)：23.24.
③　月球车.文化工作室现象浅窥[J].出版发行研究，2000(10)：5-8.

1. 出版工作室兴起的产业背景

　　20 世纪 80 年代是中国社会实施全方位改革开放的重要历史时期，同时更是我国出版流通体制改革的关键时期。出版工作室正是在这样一个新的历史时期出现的一种全新的社会文化现象。为了对工作室的兴起在出版产业链建设中的意义有一个客观的认识，有必要对这一现象兴起的产业背景有一个大致的了解。我们认为，出版工作室兴起的产业背景大致包括以下三个方面的内容。

　　第一，社会宏观环境的变化，出版产业政策的松动，为民营书业包括出版工作室的兴起提供了政策上的可能。20 世纪 80 年代，国家的出版管理政策有了重大调整，对作为"事业单位"的出版机构开始实施"企业管理"。这一宏观管理政策的重大调整，导致传统出版观念、出版行为和出版方式的彻底变革。在诸多转变中，最重要的一点莫过于出版单位对出版市场的关注和"经济效益"的追求。然而，出版社在传统政策环境下形成的运作机制严重阻碍了其新价值观的实现，因此，寻求外力介入实现新的价值追求也就不可避免。正是在这种情形下，国家的出版产业政策出现了松动，民营经济获得进入出版领域某些环节(出版物零售)的机会。这种需要与可能的碰撞产生的结果远远不只是出现在政策允许的范畴之内。大量的民营经济并不满足于图书零售环节，而是努力向利润更为丰厚的上游出版环节渗透，谋求与具有新价值观冲动的出版机构合作，从而导致大量出版工作室的兴起。尽管这种合作并不是出版产业政策调整的初衷，但是，它也没有明显踩踏政策的底线。从这个意义上讲，出版工作室的兴起是与国家出版管理政策和出版产业政策的调整直接相关的，是相关政策调整为其发展提供了可能。

第二，从事业向产业转型背景下，出版产业链策划的缺失，为出版工作室提供了生存和发展的空间。

20世纪80年代，出版管理体制的一系列改革将出版机构实质性地推向市场，出版的产业化运作已成为一种不可逆转的趋势。然而，计划经济体制下形成的出版事业发展格局，以"编、印、发"为基本环节的出版业务流程，在出版业的产业化发展过程中立即暴露出先天的弊端，即产业链结构的不完善，直接面向市场的出版创意、策划功能的严重缺失。在计划经济体制下，出版业务流程的各个环节习惯于按照指令从事相应环节的业务活动，各环节之间缺乏必要协调与合作。出版社只管出书，不管销售；印刷单位专司造货，更无销售的义务；发行单位只管销售，上游提供什么出版物，就销售什么出版物。整个出版业务流程犹如"铁路警察，各管一段"。在面向瞬息万变的出版市场时，传统的出版业务流程中各环节如果不能得到有效整合，出版产业链的整体策划功能如果得不到有效提升，真正的转型也就难以实现。在这种产业转型背景下，活跃于零售环节的一些民营书商，适时地进入到出版产业链的上游环节，填补了出版产业链中创意、策划功能的缺失。尽管当时进入上游环节的一些民营书商本身的实力和能力大多十分有限，但是，由于出版产业链上游环节力量的过分单薄，创意、策划功能的长期缺失，首批尝试者不少轻易获得了成功。可见，正是产业转型背景下出版产业链功能的缺失，为出版工作室提供了生存和发展的空间。

第三，出版单位策划能力的不足，为出版工作室提供了生存和发展的平台。

由于享受"企业管理"的出版单位基本上是在事业管理体制下成长起来的，在被推向市场后，他们立即暴露出诸多的不适应性。其淡漠的市场意识，低下的市场开发能力，僵化的管理与运行机制，难以适应市场的瞬息万变和激烈竞争。尽管如此，由于手中掌握着现行体制赋予的"书号资源"和出版权，因此，利用这种独有的资源和权利进行"寻租"就成为在市场环境下轻易获得的生存法宝。于是，由没有出版权的民营书商出智力(表现为提供选题策划等)，具有资质的出版单位出资源(书号)的新型"合作"出版方式在出版业的转型期得以产生。出版单位由于有民营书商的智力合作而实现书号资源的市场价值，获得了生存；民营书商则由于出版单位提供的资源条件，以"工作室"的形式获得进入出版产业链上游环节从事出版创意与策划的大平台。由此可见，正是出版单位策划能力的不足，为出版工作室提供了生存和发展的平台。

2. 出版工作室实际履行的功能分析

从上述分析可以看出，作为民营书业存在的一种重要形式，出版工作室是中国图书出版发行管理体制改革的产物。从其诞生起，出版工作室就是一种有较大争议的书业存在。尽管出版工作室的确如一些批评者所指出的那样，"作为与书商同义语的工作室是编印发一条龙的变相出版机构，与正式出版社不同的根本点在于彻底的失范，全部的市场化。一切的通行文件是买来的，一切的运作用现金支撑，一切的目标都是围绕最终赚到钱"①。但是，我们还是应该看到，在中国出版业的转型过程中，出版工作室的兴起和发展还是起到了一些积极的作用。为了对这些积极作用有一个大致的了解，我们不妨对出版工作室实际履行的主要功能做一个简要分析。

---

① 月球车. 文化工作室现象浅窥[J]. 出版发行研究，2000(10)：5-8.

第一，出版选题的创意、策划功能。

出版选题的创意、策划是出版活动中的智力密集型业务，也是转型期出版产业链中最薄弱的环节。出版选题的创意、策划正是大多数出版工作室的基本功能定位。但凡以工作室形式存在的民营书业几乎都毫不例外地涉足出版产业链中的这一功能。由于现行出版制度下，其自身的实力与权利决定了书业民营机构不可能公开地从事出版活动，因此，大多数工作室往往只能依附于某一家或多家出版机构，通过为其提供出版业务前端的创意、策划服务而获得生存。正如南京民营图书业联合会秘书长毛文风所指出的，民营书业"参与出版只能从策划这个角度进行"①。它们或者为出版社提供完整的图书选题策划方案，由出版社执行组稿、编校与出版功能，只参与所策划图书获利的分成；或者以合作出版的形式，从出版社购买书号，进而自行出版。应该说，无论是哪种形式，策划依然是其核心竞争力，是其获得生存的关键。

相关研究表明，"图书工作室每年策划、合作出版的图书接近两万种，占全国出版品种的十分之一左右。各类畅销书排行榜上，80%以上由图书工作室策划。在中小学教辅领域，图书工作室占据了60%以上的市场份额"②。尽管这一数据的可靠性还有进一步调研的余地，但是，出版工作室在出版策划活动中所起的重要作用却是毋庸置疑的。正如朱胜龙先生所指出的，"图书策划与图书出版相分离，说明一些出版资源整合能力较强的民营工作室，正在以多种形式介入出版社的核心业务"③。我们认为，如果能够建立起合适的合作机制，工作室与出版社之间应该能够获得"双赢"。

---

① 赖智慧. 工作室搅动经管图书市场[N]. 现代教育报，2004-08-27.
② 李明诚. 民营工作室的命运走向[EB/OL]. [2008-08-11]. http://www.shouker.com/user！/kingdom/2007/10/2/46515.html.
③ 朱胜龙. 体制外力量崛起催化图书市场变局[J]. 出版广角，2004(8)：26，27.

第二，书稿的编校功能。

稿件的处理是出版活动中较为细致的一项重要业务，高质量的编校活动对于确保出版物产品的高水准具有重要意义。计划经济体制下，我们的出版社建立了完善的书稿编校制度规范，高水准的编校活动甚至成为出版社核心竞争力的重要组成部分。然而，在出版业向市场经济的转轨过程中，为应对出版市场竞争的需要，为满足出版物产品上市时效性的要求，压缩出版流程，加快出版进度，也就成为不少出版社必然的选择。熟悉出版业务流程的人都知道，在出版的传统业务流程中，可以被压缩或加快进度的主要是编校这个环节。于是，出版工作室也就自然承接起被出版社压缩掉的这个业务环节，承担起书稿的编校功能。事实上，将编校业务"外包"，也是世界各国出版界较为常见的一种方式。发达国家或地区的出版机构就有不少"外包"编校业务的。由于该项业务既满足了出版社加快出版进程的需要，又不与现行的出版政策相违背，因此，出版工作室在开发此项业务上存在较大的发展空间。

第三，图书装帧策划与设计功能。

图书装帧策划与设计是提升出版物产品美学价值的一个重要环节，是追加出版物产品精神文化价值的重要创造性活动。计划经济体制下，出版社一般都由内设的"美编室"来执行这一职能。进入市场体制后，原有的"美编室"体制存在的弊端逐步暴露。正如知名平面设计师张志伟先生所指出的，"将图书设计人员固定在一个出版社，客观上造成了人才的浪费以及设计水平的不稳定。大多数设计人员都不是全才，只擅长或只偏好某种类型的图书装帧设计。在出版社内设置美编室的体制禁锢了艺术人才创造力和艺术的发挥"①。在这种背景下，社会化的"工作室"模

① 陈佳. 传统美编室禁锢装帧水平提升［EB/OL］. http：//booksina_com.cn/c/2004-1 1-03/3/123891.shtml.

式应运而生。不仅一些从事平面设计专业人士纷纷涉足这一领域，成立专门为出版社提供图书装帧策划与设计服务的"工作室"，而且不少出版社"美编室"的人员也主动放弃"铁饭碗"转而加入这类"工作室"中来。此类"工作室"的出现极大地释放了出版美学方面的生产力，提升了国内图书装帧设计水平，也为"促进国内图书设计与国际接轨起到决定性作用"①。

第四，营销策划功能。

"图书是一种非常特殊的产品：图书同时具有物质和精神的双重属性，它品种繁多，大部分图书的生命周期非常短暂。这样的特点要求出版业有非常强的营销策划本领和市场运作能力，而事实上由于传统体制惯性的影响，我国图书出版业的市场营销能力偏偏是最薄弱的"②。基于这样一种产业发展背景，民营经济中相当一部分选择了出版产业链中这一薄弱环节作为其发展的立足点。相关研究还表明，目前市场上多数畅销书不仅选题是出版工作室策划的，而且整体营销运作同样是由工作室策划的。从大众畅销书《穷爸爸，富爸爸》《谁动了我的奶酪》，到教辅读物《学王一拖三》《黄冈考典》等无一不透着出版工作室的气息。可以说，经过20多年发展，出版工作室不仅自身业已具备较强的营销策划能力，而且还促进了出版社营销策划能力的提升，促进了中国出版业营销策划意识的觉醒。受民营工作室发展带来的营销策划能力提升的影响，不少出版社也纷纷设立出版工作室，如，上海世纪出版集团的世纪文景文化传播公司，十月文艺出版社的"隋丽君工作室"等。

此外，民营经济还介入出版产业链的其他一些环节，诸如出版物的

---

① 陈佳. 传统美编室禁锢装帧水平提升[EB/OL]. http://booksina_com.cn/c/2004-1 1-03/3/123891.shtml.
② 华江一. 敬畏"伪"书："伪"书带给我们什么启发[J]. 编辑学刊，2005(3)：61，65.

批发、零售等，但我们一般将书业的这些民营业态称作发行商。我们不认为，他们属于出版工作室的范畴。

3. 出版工作室发展的产业链意义

经过 20 多年的发展，出版工作室已渐成气候。尽管大家对这一现象的评判褒贬不一，但是，出版工作室作为中国出版产业链条中的一个重要环节已是一个不争的事实。出版工作室的兴起和发展对于我国出版产业链中某些功能缺失的修复或弥补，对于出版产业链的延伸，对于出版产业链的价值增值等都具有非常重要的意义。

其一，出版工作室的兴起和发展对我国出版产业链中某些功能的缺失起到一定的修复或弥补作用。

一条完善的产业链必须具备面向市场的全部功能。任何功能的缺失都会影响相应产业的健康发展。由于长期受计划经济体制的影响，我国出版产业链的很多功能都不完备，其中，创意与策划功能的缺失成为市场经济条件下制约我国出版产业发展的一个瓶颈。在出版业向市场体制的转轨过程中，如果这一功能得不到及时的修复或弥补，出版产业的发展必然受到极大的负面影响。20 世纪 80 年代中期以来，出版工作室的兴起和发展，及时修复或弥补了我国出版产业链在创意与策划功能上的不足，为我国出版业顺利走向市场起到了积极的促进作用。

其二，出版工作室的兴起和发展促进了我国出版产业链向上游的延伸。

产业链的延伸是产业链建设的重要内容，通过产业链的延伸，有利于产业发展空间的拓展和产业专业化程度的提升。计划经济体制下形成的以"编、印、发"为基本环节的出版产业流程，在出版工作室兴起后得以向上游延伸。据保守估计，目前我国有大大小小的出版工作室 8000 多家，数量是现有出版社的 10 多倍，成为出版产业链上游的一个重要环节，极大地向上游延伸了传统的出版产业链。这些工作室分别有各自的专长和服务领域，为出版社提供各种不同的服务，促进了出版服务专业水平的提升。

其三，出版工作室的兴起和发展提升出版产业链价值的增值能力。

出版是一个智力密集型产业。出版产业的这种智力密集特征不仅体现在出版物内容的创作上，同时体现在出版产业各环节向出版物产品追加的各种价值活动之中。传统出版活动中，出版物的选题、编辑加工、装帧设计等都是属于向出版物追加价值的智力劳动范畴。市场经济条件下，出版创意与策划更是出版活动中不可缺少的重要部分。出版工作室在传统出版环节向出版物产品追加价值的同时，还向出版物产品追加了更多的创意与策划价值，进一步提升了出版产业的价值创造能力。例如，"梁晶工作室"的国外经济学翻译著作、"万卷伟业"的经管励志类图书、"金黎组合"的大众畅销书等都成为国内图书市场的知名品牌。这也印证了王和平先生的论断"文化工作室的发展和创新，丰富了这几年中国图书市场原创作品和品牌图书"。可见，出版工作室的发展，通过向出版物产品追加的智力劳动，提升了出版物产品的品牌价值，进而从总体上提升了出版产业链的价值创造能力。

原载于《出版科学》2009 年第 3 期

论书业产销关系的进一步整合

一

始于 20 世纪 80 年代初期的图书流通体制改革，已走出了"一主三多一少""三放一联"与"培育和规范图书市场"三大步，现已初步建立起了符合社会主义市场经济体制和社会主义精神文明建设双重要求的图书流通体制。新的图书流通体制虽已初步确立，但并不完善，存在的问题还很多。例如，原计划体制下的"产销平衡关系"被彻底打破后，新的书业产销关系平衡并未完全建立起来。现阶段，我国图书产销关系严重失衡，产销矛盾较为激烈，突出地表现在：

出版社利用回归到手的总发行权，一方面不断扩大向流通领域的"一体化"经营，大量向流通领域渗透，扩大自办发行的比重，在保持原有出版利润的同时，还日益觊觎获得更多的流通利润；另一方面，又在业已初步形成的"多渠道"格局中，利用已放开的二级批发权和发行折扣，大打"优选"牌,进一步激化了发行中间商中的"主渠道"与"二渠道"、批发商与零售商之间的矛盾,并从中获得更多的利益。而与此形成鲜明对照的是原有国有图书发行企业,在图书流通体制改革中,不仅丢掉了计划体制下属于自己的"总发行权",而且失去了原本完全可以独享的部分发行阵地,树立起了拥有总发行权的"自办发行"和未必完全遵循市场"游戏规则"的"二渠道"等一大批竞争对手。这样一来,计划体制下"平衡"的产销关系"天平"便开始向"产方"即出版企业倾斜,产销矛盾开始激化。

产销关系失衡、产销矛盾激化必定给书业发展带来不良影响。首先,产销矛盾的激化,给原有大型国有书业企业尤其是大型批发企业带来了不可避免的消极影响。主要表现在激烈的市场竞争有时甚至是不公平的竞争和市场引力的相对缩小,从而使得他们分散投资,去从事"多角化"经营,如不少省级店投资办厂、搞旅游餐饮、从事非书商业服务业等。据笔者了解,有些省级发行企业在非书领域的投资已占其全部资产的三成以上。可见,产销关系的失衡、书业流通能力的弱化在相当程度上导致了原有发行企业资金的大量外流,从而严重影响了原有发行企业的力量。其次,在产销关系失衡中暂时的受益方出版企业大力向流通领域中渗透,有时绕过省级店,另起炉灶,重复建设,严重浪费了现有的出版资源,这必将导致书业交易成本的上升,从而严重影响出版业的整体效益。在省级店扩大"多角化"经营而弱化发行功能之后,渗透到流通领域中的出版企业又无法承担起完全的发行职能,这就必然带来图书出版发行产业链的脱节。这两年来,一浪高过一浪的"中盘"崛起的呼声,正好反映了人们对这一问题的担忧。

总之,产销关系的失衡、产销矛盾的激化,已在相当程度上影响到了我国书业的健康发展。因此,在图书发行体制改革中,进一步整合我国书业产销关系、缓和产销矛盾,提高书业整体效益已成为当务之急。

二

现阶段我国书业产销关系失衡、产销矛盾激化是由多种原因造成的，而不像有些人所说的，是由于图书流通体制改革的某些失误所致。笔者认为，产销关系失衡、产销矛盾激化虽然源于图书流通体制改革，但是绝不应将造成这种问题的原因归咎于图书流通体制改革自身。这不仅因为在旧的平衡打破之后，暂时的不平衡或失衡完全是一种正常现象，而且更因为产销摩擦、产销矛盾原本就是一种必然。图书营销学认为，出版企业与发行中间商由于彼此都是独立的书业经济实体，各自都有其营销利益目标。在通常情况下，一个发行中间商往往同时经营多家出版企业的图书产品，它的一切营销努力都在于唤起广大读者对其各种图书产品的踊跃购买，而并非在于使读者偏爱某个出版企业的图书产品。然而，对于某一出版企业而言，它最关心的则是自己出版的图书产品的价值的实现问题，其一切努力都在于培育目标读者对本社图书产品的信赖与忠诚。显然，个别出版企业难以满足某个中间商追求品种、利润等营销目标的需求同样，某个中间商往往难以为某一出版企业去全国推销或促销。正是因为两者利益目标上的不一致，便导致了出版企业与发行中间商之间存在着必然的矛盾与冲突。

当然，客观地讲，现阶段我国书业产销关系失衡、产销矛盾激化与一些图书流通体制改革措施未能得到完全贯彻确有一定的关系。例如，在书业产销关系的"天平"开始向出版企业倾斜时，新闻出版署及时提出了大力推行发行代理制和连锁经营的改革举措，试图通过代理制以适当减轻发行企业所承担的存货风险及资金占用，并通过连锁经营的推行以提高发行企业特别是零售企业的市场地位，继而达到平衡产销关系的目的。然而，这两项改革举措的推行却并不顺利，代理制由于不被出版企业看好而受到冷落，连锁经营则由于条块分割的传统作怪也未能如愿。正是因为诸如代理制、连锁经营等改革举措未能到位，从而使得发行企业的市场地位在图书发行体制改革中显著弱化，才使得计划经济条件下的书业产销平衡关系被打破后，书业产销关系的"天平"开始向出版企业倾斜。

此外，书业产销关系失衡，产销关系的"天平"向出版企业倾斜与一些发行企业自身的"不作为"也是有关系的。一些发行企业思想保守、观念滞后，缺乏市场意识，计划体制下的"本位"思想严重，服务意识淡薄，运行机制落后于市场经济的要求，管理体制僵化，开拓市场能力差。试想想，以这样一种"精神面貌"，这样一种状况，怎么可能确立起有利的市场地位，怎么可能让广大出版企业青睐于你、钟情于你呢？可以相信，我们的发行企业如果不能及时更新观念、树立起科学的市场意识，提高开拓市场的能力，中国书业产销关系的"天平"还将继续向出版企业倾斜，届时可以用来与出版企业"讨价还价"的砝码将会越来越少。

由此可见，我国书业产销关系失衡的原因是多方面的，因此要理顺我国书业产销关系，也必然要进行综合治理，全面整合。

三

我国书业产销关系的整合可从以下几个方面着手：

(1)在出版体制改革导向上，应加大推出平衡书业产销关系的举措。现阶段的出版体制改革应以彻底解除新华书店与地方政府之间的隶属关系，给新华书店完全自主权，按照市场经济规律的要求，对全国新华书店进行重组，以建立统一、开放、竞争、有序的图书市场，以建立大流通为重点。尽管通过20世纪80年代初期以来一系列的图书流通体制改革，已初步建立起了多渠道的图书流通格局，但是，由于政企不分，统一、开放的全国图书大市场并未真正建起来，由于地方保护主义等贸易壁垒所造成的图书市场垄断不仅没有得到克服，反而有愈演愈烈之势。由于严重的地域垄断，出版企业往往难以借助按行政区域设置的隶属于地方政府的发行中间商来打入外地市场，因此，出版企业就不得不放弃现成的发行中间商，而另起炉灶在全国各地建立自己的发行力量。从这个意义上讲，出版社与国有图书发行企业之间的矛盾，实质上是出版社与地方保护主义所造成的区域市场垄断之间的矛盾。因此，只有建立起统一、开放、竞争、有序的图书市场，建立起大流通，书业产销矛盾才有可能得到化解。

(2) 出版社应科学地使用手中的"总发行权"，应通过"总发行权"的合理使用以达到调动广大发行中间商的积极性，提高中间商的市场开拓能力，从中获得良好的服务和越来越多的订单，而不是大量向流通领域渗透去分享有限的图书流通利润。

这就是说，要通过对"总发行权"的合理使用去依靠广大中间商来把"蛋糕"做大，从中获得更多的利润，而不是去分享有限的流通利润。

客观地讲，中华人民共和国成立以来，尤其是20世纪80年代初期以来，我国已建立起了一个基础良好、设施完备、覆盖面广、人员经验和素质较好的图书流通网络。出版企业如果由于某些可以解决的问题却完全放弃这一现成网络而另起炉灶，实在不能算是一种明智的选择。这样做，一来由于需要大量的资金投入，从而增加书业的运营成本，于出版企业本身，于书业的整体发展，都没有任何好处；二来我们的出版企业大多根本就不具备这样的实力。更何况，国际上的一些大型书业企业虽然完全具有这种实力，也不一定就到处另起炉灶。例如，大家所熟知的贝塔斯曼虽然把它的发行网络延伸到了世界各地，但是，在美国由于有了现成的巴诺(Barnes & Noble)可资利用，也就放弃了在美国建立完全属于自己的"图书在线"的计划，转而以控股的方式去利用巴诺这一在美国已有相当影响的现成的发行中间商。虽然，我国的出版企业应如何利用现在的国有图书发行力量仍是一件值得探讨的事情，但是，笔者认为，出版企业与发行中间商相互参股以及建立严格的契约关系等方式都值得尝试。可以相信，通过一系列有效的措施，将出版企业、发行企业的利益有机地结合起来，将完全可以建立起一种新的书业产销平衡关系。

(3)广大发行企业必须树立起科学的市场意识、竞争意识和服务意识，建立起适应社会主义市场经济体制要求的新的企业运行机制和管理体制，提高开拓市场的能力。

批发企业必须进行重组，淘汰一批不能适应社会主义市场经济体制要求的依靠吃政策饭生存的落后企业，形成几个能辐射全国的"大中盘"零售书店则必须摒弃各自为政、占山为王的传统观念，加快实行连锁经营的进程。唯有如此，失衡的书业产销关系才可能获得新的平衡。

总之，书业产销关系的整合是一项复杂的系统工程，它需要政府以及书业产销双方的共同努力才能取得理想的效果，其中任何一方的不作为都会影响这一整合的效果。

原载于《出版发行研究》1999 年第 5 期

论外商投资我国出版业的产业链战略

2001 年底，我国正式加入了世贸组织。就出版业来说，我国政府对"入世"的承诺主要包括两个方面：一是逐步开放我国的出版物分销市场，二是开放出版物印刷与复制市场。2003 年 5 月，新闻出版总署和对外经济贸易合作部联合颁布《外商投资图书、报纸、期刊分销企业管理办法》，对外商设立出版物分销企业提出了具体的要求。为适应加入世贸组织的新形势，进一步规范包括出版业在内的文化领域引进外资工作，提高利用外资的质量和水平，维护国家文化安全，促进文化产业健康有序发展，2005 年 8 月，文化部、广电总局、新闻出版总署、国家发改委、商务部等 5 部委联合制定了《关于文化领域引进外资的若干意见》，对相关工作提出了明确的"禁止"事项。就出版领域而言，《意见》明令"禁止"外商投资"书报刊的出版、总发行和进口业务"。

5 年的过渡期业已结束，外商投资出版业的情况又是如何呢？2006 年 9 月 17 日，新闻出版总署副署长柳斌杰在国务院新闻办举行的新闻发布会上指出：截至目前，我国已经兑现加入"世贸"时的承诺，开放出版业的两个重要环节——市场分销与印刷制造。目前已批准外商投资的出

版物分销服务

企业共 38 家，其中 14 家有批发权。在印刷领域，除规定出版物印刷企业必须由中方控股以外，其他印刷行业已全部开放，已批准中外合资、外商独资的印刷企业 2000 多家。毫无疑问，5 年来的外商投资实践证明，外资进入我国出版业的行为是理性的，既没有出现事先一些人所担心的外资蜂拥而至的"火爆"场景，当然也没有出现"冷场"的尴尬局面。我们认为，分析这 5 年来的外商投资实践，应该可以清晰地看出外资进入我国出版业的产业链战略。一些有实力的外资出版企业真正看重的是出版产业链中那些具有高回报的产业环节，而对于投资大、效益低、价值增值不大的环节并没有表现出太高的积极性。一些外资即便业已进入出版物零售环节，也并没有什么太大的动作，只是"潜伏"于这个"油水"不大的产业环节伺机而动，以便将来有机会进入其他利润更为丰厚的产业环节。

1. 外商投资图书分销环节的情况分析

出版物分销（含出版物的批发与零售）是出版产业链的中下游环节，在素有"渠道为王"的出版产业领域，这本是一个被广泛看好的市场。由于书报刊的分销业务是我国"入世"后出版业承诺对外资开放的重要产业环节，曾经有不少业内人士担忧失去渠道控制而可能导致的文化安全风险。然而，5 年的过渡期后，我们的出版物分销渠道格局有了什么样的变化呢？外资果真大举进入了吗？在我国政府关于开放出版物分销的承诺中还专门强调，入世第一年内对外资的进入有严格的地域和数量限制，最多不能超过 30 家。然而，入世 5 年来，分销服务企业只来了区区 38 家而已。今天的出版物分销渠道还牢牢掌握在我们自己手中，文化市场安全也并没有受到挑战。

为什么会出现这种局面呢？出版物分销市场为什么叫好不叫座呢？

《中国图书商报》前总编程三国先生认为，中国图书市场 2002 年的总码洋为 460 亿元，其中由新华书店垄断发行的教材又占了 50% 的份额，余下真正由市场机制流通的图书，也就 200 多亿元（即便加上未进入正式统计的盗版书，总码洋也就在 300 亿元左右）。对于外资巨头而言，"这个市场还是太小了"，"它们现在只能是观望"。香港联合出版集团董事长陈万雄先生则强调，"香港同业不会很快进入"，原因在于香港的出版业市场完全市场化，而内地的低书价、高运作成本导致香港的同业不会很快地进入这个市场。同时由于内地图书分销发行领域市场的地区分割、市场行为的不规范和地域广阔等因素的存在，提高了外资的准入门槛。

其实，除了上述这些原因之外，应该还有更深层的原因，道理很简单，出版物的分销还算不上出版产业链的高端，尽管有"渠道为王"之说，出版毕竟还是一个内容产业，与内容直接相关的编辑出版环节才算得上出版产业链的高端，才是出版产业链中价值增值最显著的环节，最有投资价值的部分。分销环节的利润空间则相对有限，其投资价值也远远低于处于高端的上游环节。只要大致了解世界出版业的发展状况，对这个道理的认识就再清楚不过了。世界上一些所谓的大型出版企业中，有几家是完全靠分销立足的呢？大家言必所称的分销典范——贝塔斯曼，也绝不是单纯的出版物分销企业。所谓"书友会"的销售收入还不到其总销售的十分之一。日本的所谓"东贩""日贩"虽然是名副其实的分销企业，可也只不过是日本的一些大型出版企业共同投资的，难免也有服务于投资的出版企业之嫌。美国的巴诺和鲍德斯虽然名声盖过不少出版企业，可是，看看它们的年报（都是美国上市公司）就知道其盈利水平到底有多高。

事实上，业已以分销商身份进入我国出版领域的外资，真正致力于开展分销业务的并不多，或者说，从长远看，他们并不满足于出版物的分销。

贝塔斯曼进入中国的时间最早。早在 1995 年，贝塔斯曼就已进入中国，并在中国建立了近 10 家独资或合资企业，业务涉及书友会、网上书店、专业咨询、物流服务和信息技术等。1997 年，贝塔斯曼在上海成立书友会，介入图书零售领域。2003 年，又以买下 21 世纪锦绣图书有限公司增资扩股后 40% 的股份为代价，在外企中首家夺得书报刊零售全国连锁牌照。2005 年 5 月，继续与辽宁出版集团合资成立辽宁贝塔斯曼图书发行有限公司。这一步一个脚印的投资行为应该可以反映投资者的真实心态。正如一篇文章所指出的，"作为最具国际化色彩的传媒大亨，贝塔斯曼不可能仅仅徘徊在出版产业链条的下游，而不利用它庞大的出版资源和遍布全球 56 个国家的营销渠道达到对内容的控制"。有业内人士更是认为，"其实，贝塔斯曼的战略类似个体书商的发迹史，先进入零售渠道，赚钱以后就积极要求参与发行，然后通过强大的资本力量达到对内容的控制"。

再如，香港 TOM. COM 公司，2001 年与中国图书进出口（集团）总公司辖下的中图信息技术有限公司合资成立"中图通文化有限公司"，2002 年又与三联书店合资开展期刊经营业务等，2004 年，又获准正式与《电脑报》合资。然而，目前 TOM. COM 也仅仅只是涉及广告、翻译外国书籍等内容层面的业务，并没有真正进入发行的核心领域。

基于此，我们有理由相信，进入到分销领域只是当前政策环境下外资的权宜之计。当然，这并不排除业已进入的外资仍然会开展一定程度的出版物分销业务。从外资目前的投资情况看，在与内容相关的上游环节没有开放的背景下，外资似乎不大可能在出版产业的中下游环节有太大的投入。

2. 外商投资报刊领域的情况分析

与图书出版领域一样，报刊领域开放的同样是分销环节，然而，报刊领域的外资运作情形与图书出版领域则完全不同。目前，国内已经出现了一大批中外合作报刊，如生活类的《时尚》《瑞丽》ELLE、VOGUE；少儿类的《米老鼠》；专业类的《计算机世界》《新财经》《商业周刊》《中国电子商务》《中国电子商情》等。资料显示，中国广告收入排名前 10 位的期刊中，半数以上是这些与外资合作出版的期刊的中文版。

为什么会出现这种"书冷刊热"的情形呢？我们认为，这仍然是由出版产业链的价值增值属性与价值转移属性所决定的。在价值增值与价值传递方面，图书出版产业链与报刊出版产业链表现出完全不同的特征。在图书出版产业链中，上游编辑出版环节价值增值的聚集能力弱，不同品种图书的价值难以聚集到一个方便转移或传递的图书品牌之中。因此，上游图书编辑出版环节与中下游的分销环节之间在价值传递上存在相当难度。然而，在报刊的出版产业链中，上游编辑出版环节的价值增值活动集中体现在报刊的品牌形象之中，而报刊的品牌形象又可以通过项目合作的方式方便地授权其他区域的企业使用。通过项目合作的方式授权我国报刊使用外方知名报刊品牌，实际上是进行报刊内容的合作，而且这种合作又不违反我国不开放出版上游环节的承诺。因此，通过进入我国报刊分销环节，再结合上游环节的合作，报刊上游编辑出版环节的高附加值就可以方便地转移到中下游报刊分销环节中去。报刊出版产业链上下游之间价值传递的这种高关联性正是外资青睐于报刊合作的根本原因。

早在 1988 年，法国桦榭菲力柏契出版集团就以《ELLE》(《世界时装之苑》)与上海译文出版社进行版权合作，首家获得官方正式许可在中国国内发行法系国际性时尚杂志。1993 年，美国《时尚》杂志与中国丝绸总公司在国内合作出版中文版，使美系时尚期刊正式登陆中国市场。1995年，日本主妇之友社与中国轻工业出版社通过版权贸易形式进行内容合作，出版《瑞丽》杂志，达成中日期刊界的首次合作。2005 年，美国康泰纳仕(CondeNast)时尚集团与人民画报社合作推出 VOGUE 中文版。

在专业期刊出版领域，1980 年，美国 IDG 集团就开始投资兴办《计算机世界》，是最早进入中国出版业的外国企业，20 世纪 90 年代该集团就与国家信息产业部下属的电子科技情报所合资成立中国计算机世界出版服务公司，向《中国计算机报》等十多家报刊注入资金并通过版权转让获得相关报刊的经营权和发行权，目前已由最初的 IT 类期刊拓展到了机械工业类以及生活消费类。2001 年，美资背景的上海强生传媒创业投资公司分别投资 300 万美元和 190 万美元收购《新财经》《理财周刊》20%的股权。

在儿童期刊出版领域，丹麦艾阁萌集团公司和人民邮电出版社合作创办的童趣出版有限公司，成立于 1994 年，是我国第一家合资准"出版"企业，其出版的《米老鼠》杂志在中国已拥有超过 300 万的读者。此外，2000 年，上海古纳亚尔管理咨询有限公司(其最大股东是贝塔斯曼集团)和中国轻工业出版社合作推出《父母》《车迷》杂志，由前者负责提供内容、负责杂志的国际广告，并协助编辑培训工作。

上述情况表明，外商对期刊领域投资的积极性明显高于图书领域。这种积极性又充分体现在期刊出版产业链的上游环节，即期刊内容的合作方面。我们认为，这正是外商投资出版业的产业链战略的重要体现。

如上所述，从产业链的角度看，与图书的分销不同，期刊的分销环节也具有较好的投资价值。如果能将内容合作与分销结合起来，那投资价值将更大。从近年来外商投资的情况看，期刊分销环节的外商投资也比较踊跃。2002 年，香港泛华集团与《人民日报》社旗下大地发行中心成立"大华媒体服务有限责任公司"；香港 TOM 集团与北京三联书店合资，开展期刊经营业务；法国华道集团也在我国成立期刊发行机构，代理国内 40 多家杂志的销售业务。其中，法国华道集团承接了同属法资背景的桦榭菲力柏契出版集团《ELLE》等杂志的分销业务，就是将内容合作与分销进行有机结合的投资典范。

3. 结　论

过去 5 年的实践表明，外商投资我国出版业是从产业链的视角选择投资环节和投资领域的，投资价值高的产业链环节和产业链类别成为外商投资的热点，在这些环节尚没有开放的背景下，选择投资价值相对较低的环节进行投资，仅仅只是外资进入中国出版市场的一种权宜之计。

第一，考虑我国没有开放处于出版产业链高端的出版上游环节，外商只有在出版产业链的中下游环节——出版物批发和零售环节进入我国出版领域。然而，这些业已进入我国的出版物分销领域的企业，无论是独资、合资还是合作的外商，都只是小规模的试探性进入，并没有大规模地开展出版物分销业务的努力。因此，我们可以将外商向出版物分销环节的投资看作是外商为全方位进入中国出版业的一种准备。

第二，就处于出版产业链的中下游环节而言，出版物的批发显然比零售具有更高的投资价值。因此，目前投资中国出版物分销领域的外商更为关注的也是出版物的批发环节，而对出版物零售环节的兴趣则要淡得多。目前业已批准的外商投资出版物分销服务的企业共计 38 家，而拿到了批发权的就有 14 家，占总数的 37%。由此可见，投资价值相对较高的环节是外商投资的重点。

第三，就不同类型的出版物产业链而言，上下游环节的价值增值关联度高的产业链更为外商所看重，成为外商投资的重点。过去 5 年所出现的外商投资"书冷刊热"现象正是外商投资的产业链战略所决定的。

原载于《出版发行研究》2007 年第 2 期

资源、技术与共享：数字出版的三种基本模式

数字出版是当今出版领域的高频词汇。然而，在我国，出版业界、学界和管理层，对数字出版可谓情感复杂，明知数字出版代表着出版业的发展方向，却又苦于找不到适合自己的数字出版发展模式。近些年来，我国各类出版企业在数字出版方面投入的人、财、物力不可谓不多，然而，真正在该领域获得较好盈利的却并不多见。那么，问题到底出在什么地方呢？应该说，从世界范围来看，经过 30 余年的发展，数字出版在不少地方已获得巨大成功，科学有效的数字出版模式业已形成。我们认为，我国的一些出版企业对这些业已形成的成功模式缺乏足够的了解和认知，这正是导致其难以成功的根源。数字出版到底有哪些成功模式呢？本文将给予简要分析。

1. 基于内容资源的数字出版模式

众所周知，出版属内容产业范畴。内容资源是出版产业赖以生存和

发展的基本要素。传统出版业如此，数字出版也不例外。纵观世界出版业，我们可以了解到，大多数在数字出版领域获得成功的企业是基于其独特的内容资源而立于不败之地的。无论是世界顶级出版商励德·艾斯维尔（ReedElsevier）、斯普林格（Springer Verlag），还是本国的中国知网、盛大文学等，均系以内容资源制胜的数字出版企业。需要强调的是，内容资源对传统出版和数字出版有着完全不同的意义。在传统出版业中，只要能够占有独特的内容资源，一般都能够获得成功。而数字时代的情况则不同，仅仅有独特的内容资源是远远不够的。我们的研究发现，数字时代出版企业基于内容资源获利的实现途径主要有以下三种。

第一，大量占有高端内容资源。

所谓高端内容资源主要是指学术出版领域中各学科领域的一流学者产出的创新性学术成果。在学术或专业出版领域，这类高端内容资源具有极高市场价值。谁占有了这类内容资源，谁就占领了学术或专业出版的制高点。一些顶级学术或专业出版商，如励德·艾斯维尔、斯普林格等，之所以能够实现从传统出版向数字出版的"华丽转身"，在数字技术条件下仍然能够获得丰厚的回报，主要归因于其对这类高端学术内容资源的大量占有。当前我国学术或专业出版领域存在的许多问题，如产业集中度相对较低，学术内容资源的占有较为分散；学术或专业出版商品牌知名度较低，难以有效吸引高端内容资源，此类内容资源大量流向国外品牌知名度高的学术或专业出版商。高端内容资源的分散和流失，使得我国学术或专业出版只能建立在依靠低端内容资源的基础上。显然，这正是我国学术或专业数字出版难以获得成功的主要原因。

第二，充分获取原创内容资源。

内容的创新是出版的生命，充分获取原创内容资源则是数字出版获得成功的又一个重要实现途径。这一模式在商业出版领域业已获得巨大成功。盛大文学正是实践这一模式的典范。盛大文学首席版权官周洪立先生之所以能够代表中国在法兰克福书展 TOC 国际讲堂宣讲数字出版，正是因为盛大创立的基于原创内容资源的数字出版运营模式所获得的巨大成功。盛大文学以"原创文学网站"为定位，自创立以来陆续收购了起点中文网、起点女性网、晋江文学城、红袖添香网、榕树下、小说阅读网和潇湘书院 7 家原创文学网站，成为我国原创文学的第一品牌。科学的定位与有效的市场运作，使得盛大几乎垄断了我国网络原创文学市场。原创内容资源的充分获取奠定了盛大在数字出版市场的领头羊地位。

第三，内容资源的高度集成。

"规模效应"对数字出版有着特殊的意义，无论是学术出版、专业出版、大众出版还是教育出版，内容资源的高度集成都有利于形成"赢者通吃"的局面。对于数字出版企业而言，如果不能集成一定规模的内容资源，往往难以为网络读者关注，并形成自己的品牌。以学术期刊出版为例，我国数以千计的专业学术期刊虽然大多有自己的网站，但是真正有影响的却寥寥无几。然而，集成了众多学术期刊的中国知网、重庆维普和龙源期刊网等学术期刊数字出版平台，却能够独树一帜，成为我国学术与专业出版市场的领导者。"知网""维普""龙源"现象，充分说明内容资源的高度集成是数字出版的一种重要实现途径。

2. 基于技术创新的数字出版模式

出版业产生与发展的历史表明，出版是一个高度的技术依赖型行业。出版业的每一次重大进步都与出版关联技术的发展密不可分。造纸术、活字印刷术、激光照排技术的出现都极大地促进和推动了出版产业的发展和进步。数字出版，与传统出版的本质区别同样也是源于出版技术手段的进步。以信息处理与传播为核心的数字技术的进步给传统出版业带来了巨大影响，催生了今天的所谓数字出版业。因此，以数字技术为突破口，通过数字出版技术的创新，同样可以形成具有良好竞争力的数字出版发展模式。从笔者所了解的情况看，基于技术创新的数字出版模式大致有基于阅读终端技术、数字出版平台技术和数字版权管理技术的三种基本实现途径。

第一，基于阅读终端技术的数字出版。

由于电子书阅读器之类的阅读终端是数字内容"落地"的基本手段，因此，阅读终端技术的创新与电子书阅读器的开发必然成为数字出版产业中最具活力的竞争领域。2006 年，索尼公司在美国投放了首批电子书终端——Reader 阅读器；2007 年，亚马逊公司推出了 Kindle 阅读器。据 Forrester 估算，2009 年美国电子书阅读器销售量约 300 万，而 Kindle 系列更是占据 60% 的份额。在电子书阅读器市场日益火爆的背景下，2010 年 4 月苹果公司又推出了新一代替代产品 iPad 系列平板电脑。截至 2010 年 6 月 21 日，iPad 上市 80 天，共销售了约 300 万台，且短期内每台 iPad 约下载 2.5 本书籍。由于其对电子书阅读器阅读功能的较好替代性，再次将阅读终端领域的竞争推向高潮。在国内，电子阅读器市场同样发展迅猛。国内最早介入电子阅读器市场的是汉王科技。2009 年，"汉王"卖出近 30 万套电子书，成为国内该市场毫无争议的霸主。目前，我国涉及电子阅读器开发与生产的企业数量众多，而且不少传统出版企业也纷纷加入这一行列，但是，真正具有市场影响力的仍然只有汉王科技。在基于阅读终端技术的数字出版实现方式中，特别需要强调的是，技术固然重要，但它还必须与内容资源实现有效结合。阅读终端技术开发商，如果不能与内容出版商合作，不能在数字版权控制上获得主动权，仍然难以单纯依靠技术控制市场。索尼公司 Reader 阅读器在与亚马逊 Kindle 阅读器的较量中败下阵来的事实，就是亚马逊在版权资源上较索尼公司有更大的优势所致。从这个意义上讲，阅读终端技术开发商应该尽力寻求与内容开发商的合作。

第二，基于数字出版平台技术的数字出版。

数字技术的进步在相当程度上重构了出版业务流程，建立适应当代数字技术的出版流程是数字出版发展的关键所在。正如美国参数技术公司(PTC)大中华区高级业务经理王霞女士所指出的："应用数字出版最成功的一点，就是能够把技术平台建立起来，完成第一步。第二步就是企业的应用能够深度挖掘，用业务不断地影响和完善技术平台。"①从世界范围来看，Adobe 公司应该是实践此类数字出版方式的领导者。目前，Adobe 正在 Adobe Creative Suite5 和 Omniture 技术的基础上构建一个开放的、综合性的"数字出版平台"(Digital Publishing Platform)。该平台通过提供应用、技术和服务支持，让内容出版商能够方便地将他们的内容转化为数字出版物，包括杂志、报纸、书籍和其他出版物，并把内容发布给最为广泛的读者，让顾客可以直接消费这些数字内容。该数字出版平台的首次应用是，2010 年 6 月《连线》(WIRED)杂志发布的 WIRED iPad 版。得益于新颖的动画效果和阅读体验，售价 4.99 美元的 iPad 版《连线》杂志在 App Store 里获得了良好的销售业绩，自发布以来已经占据付费应用排行榜首位近一周时间②③。事实上，国内外一些成功的数字出版商在数字出版平台的搭建上都走到了同行企业前面。

① 王霞. 国际数字出版平台技术及发展[EB/OL]. [2010-05-12]. http://www.chuban.cc/rdjj/2010sznh/zlt/201007/t20100720_74329.htm.
② Adobe 数字出版平台[EB/OL]. [2010-04-05]. http://article.yeeyan.org/view/44140/108464.
③ Adobe 宣布数字出版平台，针对 iPad 等设备[EB/OL]. [2010-04-20]. http://www.cnbeta.com/articles/112691.htm.

第三，基于数字版权管理技术的数字出版。数字内容产品的版权保护是数字出版发展中一个难以回避的现实问题。因此，围绕数字内容产品的版权保护，为数字出版商与发行商提供开发并提供数字版权管理技术与服务支持必然成为数字出版产业发展的一个重要环节。不仅像微软、苹果、方正等大型 IT 企业纷纷建立自己的 DRM 解决方案，诸如 Verimatrix、Widevine 等独立小公司以及贝塔斯曼等出版企业也同样专注于 DRM 技术的研发。需要指出的是，当今数字版权管理的重点仍然主要集中在流媒体的数字版权保护方面，与数字出版直接相关的电子文档的版权保护尚未受到足够的重视。正如唐潇霖所指出的："目前国外大公司试图抢滩的基本是在流媒体 DRM 市场，因为这涉及未来音乐、电影等更广阔的消费领域。电子文档的数字版权保护……还并未引起广泛关注"。"虽然电子图书、电子期刊不如数字音视频产品的规模巨大，但它也将在 2015 年发展成为一个上百亿元规模的市场。"①因此，我们完全有理由相信，从数字版权管理这一环节介入数字出版仍然存在着巨大的市场空间。

基于开放共享理念的数字出版模式数字技术的进步不仅改变了传统出版产业的经营与运作方式，而且在相当程度上对传统出版的某些理念也提出了严峻挑战。兴起于 20 世纪 90 年代的开放存取出版（Open Access Publishing）正是数字出版理念的一种创新，它从根本上颠覆出版企业通过出版产品销售获利的传统范式，确立起了出版产品与服务全方位"开放""共享"的全新出版理念。Open Access 这一英文术语，有开放存取、开放获取、开放共享、开放访问、开放近取、开放近用、开放阅览、公共获取等不同的译法②。2002 年 2 月 14 日发布的《布达佩斯开放存取倡议》

---

① 唐潇霖. 守护数字文档数字版权管理：一个商业难题［EB/OL］.［2010-05-12］. http://news.xinhuanet.com/newmedia/2006-07/07/ content_4805798.htm.

② 莫京. 关于 Open Access 译名的建议［J］. 科学术语研究，2005(2).

（Budapest Open Access Initiative）提出了迄今为止仍被广泛接受的关于"开放存取"的定义，即开放存取是指论文可以在公共网络（Public Internet）中免费获取，它允许所有用户不受经济、法律和技术限制地阅读、下载、复制、散发、打印、搜索或超链接论文全文，允许自动搜索软件遍历全文并为其编制索引，允许将其作为软件的输入数据，允许有关它的任何其他合法用途。有关论文复制和传播的唯一限制，亦即版权在该领域的唯一作用，就是承认作者的署名权、作者对作品完整性的控制权以及作品被正确地引用。1987 年，锡拉丘兹大学研究生 Michael Ehringhaus 创办《成人教育新视野》（（New Horizons in Adult Education），1991 年创办的《E期刊》（Ejournal），1989 年创办《公共存取计算机系统评论》（The Public-Access Computer Systems Review）等，可以看作是开放存取出版的早期实践者。此后，开放存取期刊出版得到迅猛发展。2010 年 10 月 12 日，瑞典伦德大学（Lund University）图书馆主办的开放存取期刊目录 DOAJ（Directory of Open AccessJournals）正式收录的开放存取期刊竟达 5511 种之多。可见，开放存取出版业已成为一种重要的数字出版形态。开放存取尚处于发展的初期，其实现途径也还处于发展过程中。芬兰学者 Bo-Christer Bj ö rk 将开放存取总结为实施开放存取期刊（open access journals）、主题仓储（subject-specific repositories）、机构仓储（institutional repositories）以及作者的个人主页 4 种方式。在这 4 种开放存取方式中，"作者的个人主页"离现代出版的概念尚有较大差距；"主题仓储"和"机构仓储"则只具备了现代出版的部分属性，如将研究成果"公之于众"等，但却不具备现代出版的产业属性；"开放存取期刊"几乎具备了现代出版的全部要件，完全可以看作是数字出版的新业态。我们认为，开放存取期刊和开放存取仓储是开放存取出版的两种基本实现形式。第一，开放存取期刊。开放存取期刊是开放存取出版的主要实现形式，它是指不向读者或其所属机构收费的学术期刊①。只有当一种学术期刊能够满足对开放存取的定义，即读者可以任意地"阅读、下载、复制、散发、打印、搜索或超链接论文全文"，才被认为是开放存取期刊。当前有影响的开放存取期刊很多，如 PLoS 系列（Public Library of Science）、BMC 系列（BioMed Central）等，这些专业期刊的影响因子在同类期刊中都稳居前列。

开放存取期刊采用与无线电台和电视台类似的收入模式：有兴趣传播内容者支付生产成本，而每一个拥有适当装备的人都可以免费接收内容。因此，开放存取期刊的收入一部分来自主办机构或学会的津贴；一部分来自论文的版面费，该费用可能由作者自己支付也可能由作者所属机构支付。当前的开放存取期刊中有 47% 的期刊是收取版面费②。例如，PLoS 系列采用的就是收费出版模式。表 1 是 PLoS 系列期刊每篇论文的发表费用。

表 1 PLoS 系列 OAJ2010—2011 年的收费标准

序号	刊名	收费标准
1	*PLoSBiology*	US $ 2900
2	*PLoSMedicine*	US $ 2900
3	*PLoSComputationalBiology*	US $ 2250
4	*PLoSCenetics*	US $ 2250
5	*PLoSPathogens*	US $ 2250
6	*PLoSONE*	US $ 1350
7	*PLoSNeglectedTropicalDiseases*	US $ 2250

---

① Directory of Open Access Journals［EB/OL］.［2010-04-20］. http://www.doaj.org/articles/about.

② 方卿，徐丽芳. 开放存取运动及其研究进展［R］//海外人文社会科学年度发展报告. 武汉：武汉大学出版社，2007.

3. 开放存取仓储

开放存取仓储包括主题仓储和机构仓储两种形式。

主题仓储可以看作是研究资料的并行出版，这些资料也许是为学术会议或者传统印刷型期刊而写的，但是预先在仓储中发布。这有利于更快也更加高效地传播科学研究结果。通常在十分看重出版速度，而且在互联网兴起以前就有交换预印本传统的学科领域更容易产生主题仓储。通常的做法是由作者将论文手稿上传到主题仓储中，这样可以大大地降低维护成本。仓储的管理者一般对上传过程不加干预，只剔除完全不相关的材料。仓储中的论文可以先于其正式出版时间很久就被全球的读者看到。这对于像计算机科学这样发展迅速的学科来说是十分有利的。目前全球最著名的主题仓储是1991年8月美国洛斯·阿拉莫斯国家实验室（Los Alamos）的 Paul Ginsparg 建立的电子印本仓储（e-print Archiving）arXiv。物理学家在论文正式发表以前将文章的数字版本张贴上去。仓储不接收只提交文摘而没有全文的文章。2001年后康奈尔大学取代美国国家科学基金会（National Science Foundation）和能源部成为主要的资助、维护和管理者。同时它也由理论高能物理领域的预印本共享仓储转变为涉及物理学、数学、非线性科学、计算机科学和数量生物学（Quantitative Biology）等学科的电子印本仓储，并提供358597篇预印本文献①。研究人员按照一定的格式将论文进行排版后，通过 FTP、Web 和电子邮件等方

① P. Ginsparg. Electronic publishing in science [C]. Conference held at UNESCO HQ, Paris, 19-23 February, 1996, during session Scientist's View of Electronic Publishing and Issues Raised, 21 February, 1996. http://arXiv.org/blurb/pg96unesco.html.

式按学科类别上传至相应的库中。arXiv 电子印本仓储没有任何先决条件决定某一论文能否进入仓储，也没有任何评审程序，任何人都可以把自己的论文放上去，也可以免费下载其中的论文。不过同行可以对仓储的论文发表评论，与作者进行双向交流。论文作者在将论文提交到 arXiv 电子印本仓储的同时，也可以将论文提交给学术期刊。如果论文在期刊上正式发表，在仓储中相应的论文记录中就会加入正式发表论文的期刊的卷期信息。面向用户，仓储提供完全免费的基于学科的分类检索服务。arXiv 电子印本仓储的建立和发展，在加快科学研究成果的交流与共享，帮助研究人员追踪学科的最新研究进展和避免重复研究工作等方面都发挥了重要作用。创建于 1997 年的 CogPrints 则是另一个较为著名的主题仓储，它涵盖心理学、神经系统科学、语言学和计算机科学的相关领域①。另外，中国的奇迹文库等都属于这一类型②。与主题仓储和开放存取期刊相比，机构仓储是一种较晚出现的开放存取途径。但是大学及其图书馆显然更有能力保证长期而且系统地存取学术资料，因此机构仓储是第三种非常重要的开放存取出版渠道。机构仓储可以收录大学本身的工作文档和学位论文，当然从更长远的角度来看，关键是要能够较为系统地存取大学的优质新产品，如会议论文、期刊论文等。对于大学来说，机构仓储本身就是一个出色的营销宣传工具。此外，如果大学仓储能够加入开放存取的合作编目和索引服务，就更加有助于扩大大学在全球范围内的影响。因此，对于在互联网时代必须重新调整和制定其出版政策和图书馆政策的大学院校来说，机构仓储的建设将是它们长远战略目标的一

---

① http://cogprints.org/[EB/OL].
② http://www.qiji.cn[EB/OL].

个重要组成部分①。全世界有许多机构建立了机构仓储，它们通常使用由南安普敦大学开发的免费软件 eprints. org。通过它可以创建与 OAI 兼容的文档，它们就能够被 Google 等软件准确定位并搜索到。早期的机构仓储如麻省理工学院的 Dspace，南安普敦大学的 TARD 等。阿姆斯特丹大学的 Digital Academic Repository（DARE）是通过图书馆联盟或者其他组织连接起来的国际性网络。2005 年则被认为是大学建立机构仓储最为活跃的一年，许多大学宣布正式支持开放存取，也有一些大学出台了相关的政策②。开放存取仓储虽然只具备了现代出版的部分要件，尚不能看作是严格意义上的数字出版，但它在学术传播中所发挥的效用，与学术或专业出版并无二致。我们相信，它所倡导的开放、共享的理念对传统学术或专业出版的影响必将进一步深化。

原载于《出版科学》2011 年第 1 期

① Bo-Christer Bjork. Open Access to scientific publications：an analysis of the barriers to change？［J/OL］. Information Research，2004，Vol. 9 No. 2. http://informationr.net/ir/9-2/paper170.html.

② Peter Suber. Open access in 2005［J/OL］. Welcome to the SPARC Open Access Newsletter，2006（93）. http:// www.earlham.edu/~peters/fos/news.

论数字出版产业发展中的五大关系

由于数字技术的影响，数字出版具有许多与传统出版完全不同的产业特性。这些不同之处不仅体现在出版物的载体与产品形态上，而且还体现在产业的经营与运作层面上。了解和把握其产业特性是促进数字出版产业科学发展的前提和基础。本文拟从数字出版产业发展中若干重大关系的分析切入，揭示数字出版不同于传统出版的一些重要特征，以服务于我国数字出版产业的科学发展。

1. 技术与内容的关系

在数字出版产业中，技术与内容的关系是涉及数字出版本质的一对关系。只有正确理解和把握它们之间的关系，才能科学谋划和有效开展数字出版业务，避免盲动。从目前的情况看，不少出版企业模糊了这两者之间的关系。要么一味地强调技术的作用，如不少出版社纷纷设立数字出版部，投入重金盲目搭建数字出版平台要么一味地强调内容的重要性，如一些出版社认为自己拥有作者授权的独特内容，不担心找不到与技术提供商或平台商合作的机会。事实上，上述现象均是源于对技术与内容关系的误读。

那么，技术与内容之间到底是什么关系呢？数字出版的实质到底是什么呢？是技术？内容？或者两者都是？

我们认为，技术与内容是数字出版的两个基本要件。其中，内容是数字出版的本质，技术则是数字出版的手段，用"内容为体、技术为用"来描述两者之间的关系较为妥帖。所谓"内容为体"，强调的是数字出版的本质是对内容的选择、对内容的编辑加工和对内容的传播，离开了内容也就没有了所谓的数字出版。"技术为用"表明数字技术是服务于内容选择、编辑加工和传播的，数字技术的特征或属性进而也就决定了数字出版中内容选择、编辑加工和传播的方式与方法。

从内容与技术之间的这种体用关系出发，我们可以将数字出版定义为基于数字技术的内容选择、编辑加工与传播活动。基于对技术与内容之间关系的这种解读，我们认为在数字出版中真正应该强调的是对内容的选择、编辑加工与传播活动中如何有效地利用现代数字技术，以提升出版的质量与效率，而不是追求搭建数字出版平台或所谓流程的数字化。发达国家的数字出版业务主要是通过提升传统出版的数字技术含量来实现的。例如，专业出版商励得·爱思维尔利用数据库技组建起包括 30 万名高级学者的审稿人团队，实现对出版内容的选择与评审。又如，开放存取出版商基于传统同行评审的弊端，推出了基于网络的开放同行评审制度借助引用跟踪技术实现对论文影响力的科学评价。再如，不少开放存取出版商运用文本比对技术，开反剽窃工具，应用于出版内容评审，等等。

技术与内容的这种体用关系表明，技术是服务于内容的选择、编辑加工与传播活动的。传统出版中任何环节的数字化均是数字出版的应有之义。因此，我们认为，为技术而技术是对数字出版产业发展中内容与技术关系的误读。

2. 产品与需求的关系

产品与需求的关系，在营销学中已有清晰的界定，即产品是为满足用户需求而被生产的。产品对于需求的满足既体现在需求的价值取向方面，也体现在需求的特征与属性方面。也就是说，有什么样的需求就应该有什么样的产品。

在传统技术背景下，出版商通过生产图书、期刊等纸质出版物产品以满足读者的阅读需求。这就充分体现了传统技术背景下出版产品与阅读需求线性结构的一致性关联关系，即以线性结构的图书、期刊产品（主要是指其中的论文）来满足读者的线性化结构需求。

数字技术的兴起与普及，在改变用户阅读需求的同时，也改变了出版物产品的形态。当前，关于数字环境下用户阅读需求以及数字出版产品形态的研究虽然受到了广泛关注，但是，在数字出版产业实践中，对这两者关系的处理却仍然存在较大偏差。这种偏差突出地表现为，大多数出版企业仍然基于传统出版产业中的产品与需求关系，开展数字出版业务，即以数字媒体，如电子书，生产与提供出版产品。其所谓数字出版活动更多地表现为出版载体形态的变化，而不是出版产品内容结构形态的改变。这种形态的所谓数字出版产品显然仍然只能满足用户线性结构的阅读需求，而难以有效满足新技术条件下用户的非线性结构需求。

发达国家一些知名的专业出版商在基于阅读需求变化开发新的数字

出版产品方面走在了我们前面。例如，励得·爱思维尔采用语义网技术开发的 Reflect，可以实现论文中科学术语的自动标注，展示多个生命科学领域数据库的内容资源。在《细胞》杂志中嵌入 Reflect，金字塔式的结构可使读者根据自己的兴趣点和理解程度一直点击下去，获取越来越详细的相内容资源，甚至包括音频视频资源，实现非结构化阅读。[①] 不仅如此，爱思维尔还将谷歌地图引入在线期刊库，实现学术论文的可视化，提升作者、读者与内容的互动性。显然，这些在线解决方案和产品完全不同于传统的图书、期刊或数据库产品，它们对出版内容资源进行了有效的结构化处理，可以满足传统出版产品无法实现的非线性阅读需求。可见，在数字出版产业发展中，产品的开发需要更多地考虑用户阅读的非线性需求特征，而不仅仅是产品载体形态的变化。

3. 传统内容资源与数字内容资源的关系

在"内容与技术"的关系中，我们强调了"内容是数字出版的本质"。但是，不同技术背景下，出版内容的组织与表现形态也是完全不同的。出版内容资源的组织与表现形态，只有与当时的技术性能相吻合，其价值才能得到有效体现。如果不能充分利用先进的技术手段，对内容资源实现深度加工与有效呈现，再好的内容资源也难以有效发挥其应有价值。

基于这一认识，我们有必要对出版内容资源从技术视角做一个区隔，也就是对所谓"传统内容资源与数字内容资源"的关系问题做一个厘清。未通过现代数字技术实现拆分、标引，不能实现按用户需求进行重组的非结构化文本、图片、音频、视频资源属于传统内容资源；相反，借助

---

① 何娇. 自下而上：爱思维尔的新思路[N]. 科学时报，2009-11-27.

现代数字技术实现拆分、标引，可以按用户需求进行重组的结构化文本、图片、音频、视频资源则属于数字内容资源。若以这一标准衡量，当前我国大多数出版企业所拥有的出版内容资源基本属于前者，真正实现了结构化处理的数字内容资源相对有限。

我国出版界对传统内容资源与数字内容资源之间的关系存在一定的误解。不少传统出版企业盲目认为自身在发展数字出版产业中拥有显著的资源优势。虽然我们并不否认这些传统出版企业在长期的出版实践活动中积累了丰富的出版内容资源，即由于专有出版权所获得的内容资源，而且这些内容资源大多是以电子文档的方式保存在出版企业的数据库中。但是，这些所谓的内容资源大多并没有进行结构化处理，尚不能实现基于用户需求偏好的重组，不能形成满足用户非线性结构需求的出版产品，无法提供个性化数字出版服务。从这个意义上讲，传统出版企业的这些传统内容资源就好比工业原材料，而非能够直接满足用户个性化需求的工业产品。这种所谓的资源优势如果不借助数字技术实现深加工，传统出版向数字出版的转型也仅仅只是一个梦想。

基于这一判断，我们认为，传统出版企业从事数字出版的切入点不应该是盲目强调出版流程的数字化，而应该是强调资源的数字化，正确理解两类不同内容资源的关系，基于自身的目标市场，选择相应学科领域对享有专有出版权的传统内容资源进行结构化处理，将传统内容资源转化为可以直接满足用户需求的数字内容资源。

4. 内容提供商与平台运营商的关系

粗略地划分，传统出版产业大致包括出版物内容与形式的生产和出版物发行两大环节，分别由出版商和发行商来执行这两个方面的工作。应该说，数字出版大致也可以这样来理解。但是，数字技术的使用也在一定程度上重组了出版的作业流程。在数字出版活动中，具有强大技术优势的平台商发挥着越来越重要的作用，它一方面为出版商提供强有力的技术支持，另一方面更是高度介入甚至接管了传统发行商负责的数字出版物发行业务。众所周知的亚马逊就是一个典型的例子。在传统出版产业中，出版商与发行商之间的关系原本就存在所谓"中心"与"龙头"之争。在数字出版产业发展中，内容提供商与平台运营商的关系就更为复杂。因此，科学处理内容提供商与平台运营商的关系就成为发展数字出版产业面临的重大问题。

与传统发行商所面临的物理环境不同，数字技术给平台商提供的网络环境易于造就"赢者通吃"的经营格局。也就是说，在数字出版产业发展中，不仅广大中小发行商难以生存，而且大多数内容提供商均需依托少数大型平台商发展数字出版业务。因此，对于大型平台商在未来数字出版产业发展中的突出地位，广大出版商必须有着清醒的认识。出版商，特别是广大中小出版商，与其各自为政，自建分销平台，倒不如聚焦于内容的深度开发，以特色内容来提升与平台商议价的能力。当然，这并不排斥大型专业出版商自建分销平台，针对相对集中的目标市场开展发行业务。这是科学处理数字出版产业发展中内容提供商与平台运营商关系的基础。在这样一种关系架构中，内容提供商与平台商应该准确定位各自的功能与角色，不宜再纠缠所谓的产业发展的"主导权""话语权"问题。

在我国数字出版产业发展实践中，广大中小型出版社应该及时转变思路，不是与大型平台商角逐于分销市场，而是应该朝着数字内容提供商的方向发展，立足于出版内容资源的深加工或精加工，形成有特色的内容资源或数字产品。

5. 传统出版产业数字化升级与数字出版新业态的关系

从产业范畴看，数字出版大致包括两大部分：一是传统出版产业数字化升级，如电子书出版、数据库出版、开放存取出版等；二是数字出版新业态，如网络文学、网络动漫、网络游戏、网络广告等。其中，前者是运用新技术对传统出版进行的改造，其发展有利于促进传统出版产业的升级转型，提升传统出版业的服务水平；而后者则是新技术导致的出版范畴的拓展，它的发展有利于开拓新的出版领域，形成新的出版增长点。可见，在数字出版产业发展中，两者同等重要，不可偏废。

发达国家在数字出版产业发展中，数字化升级和发展新业态均受到了应有的重视。其中，发展数字出版新业态主要由大型传媒集团，如时代华纳，或 IT 企业，如苹果来操作；而传统出版业的数字化升级则主要是由传统出版商来负责实施。励得·爱思维尔集团 2010 年总收入 20.26亿英镑，其中 61% 来自数字资源，特别是在科技出版方面，收入的 86%来自数字资源；威利集团数字出版占总收入 40% 以上[①]。

然而，在我国数字出版产业发展实践中，这两者关系的处理却并不尽如人意。其中，传统出版的数字化升级远没有受到应有的重视。中国新闻出版研究院发布的《2011—2012 中国数字出版产业年度报告》显示[②]，2011 年国内数字出版产业整体收入规模达 1377.88 亿元，比年整体收入

① 树旺数字时代出版营销的模式与趋势[J]. 神州杂志，2012.
② 中国新闻出版研究院. 2011—2012 中国数字出版产业年度报告[EB/OL]. 中国出版网，2012-07-20.

增长了。光鲜的数字却掩盖不了我国数字出版产业结构严重失衡的事实。与传统出版直接相关的互联网期刊、数字报纸和电子图书(剔除电子阅读器收入)三者的收入之和不过区区 28.34 亿元，仅占当年数字出版产业整体收入的大约 2 个百分点。上述数字表明，在网络游戏、互联网广告和手机出版(含手机彩铃、铃音、手机游戏)等数字出版新业态高速发展的同时，传统出版的数字化升级却步履蹒跚。从这个意义上看，说我国没有处理好传统出版产业数字化升级与数字出版新业态的关系恐不为过。

显然，在我国未来的数字出版产业发展实践中，处理好传统出版产业数字化升级与数字出版新业态之间的关系应该引起业界的足够重视。只有及时修复传统出版产业数字化升级这块"短板"，我国数字出版产业才能获得健康发展。

原载于《编辑学刊》2013 年第 1 期

学术出版：功能的异化、回归与建构

17 世纪中叶学术期刊的诞生，奠定了以期刊为基础的学术出版体制。这种以学术期刊等出版物为基础的科学交流，被称定义为科学交流的"正式渠道"，相对于"无形学院"等"非正式渠道"具有了名义上的优越感。直到 20 世纪中叶的 300 年间，学会或大学等科学研究团体一直是学术期刊出版的主导者。"二战"后，学术出版商逐渐取代了学会或大学等学术团体的角色，成为学术期刊出版的主导者。出版商的介入，一方面大大提升了科学交流的专业化和社会化程度，提高了科学交流的组织能力与服务水平；另一方面，又逐步抬高了学术期刊的订阅价格，导致了订户减少，削弱了图书情报机构的文献保障能力，酿成 20 世纪 80 年代的"学术期刊危机"。近半个世纪以来，电子与网络出版的兴起和发展，为建构新的学术出版体制带来了可能。"这种可能一度使很多人相信，科学研究团体终于可以越过出版商，重新主宰学术期刊这一科学交流"[1]。但是，直到今天，出版商主导的学术期刊出版体制并没有被彻底动摇，如何建构新的科学交流体制仍然处于探索之中。

---

[1] 于良芝，世界学术期刊变迁中的知识交流权分析[J]. 情报资料工作，2005(2)：21-25.

1. 学术出版功能的"异化"

如以学术期刊来衡量，学术与出版的结缘，并非是出于商业动机，而是出于单纯的学术目的。即是说，学术出版是科学交流的一种基本形式，服务学术是其"初心"或最原始的基本功能。这从近代以来世界第一种学术期刊《哲学汇刊》(Philosophical Transactions)的创办和发展历程中便可得到印证。

文献①对《哲学汇刊》的创办及其前期出版状况做了系统的考证。其研究显示，《哲学汇刊》创刊于 1665 年 3 月 6 日，由英国皇家学会(Royal Society)主办，皇家学会首任秘书亨利·奥尔登伯格担任主编。稿件由学会理事会根据特许状的许可范围审定，并指定会员复审，会长审定第一期论文。在有充足稿件的条件下，每月第一个星期出版。

皇家学会为确保期刊的学术质量建立起了一整套出版管理制度。在创刊初期，为维持期刊的发展，皇家学会秘书亨利·奥登伯格和学会关心此事的其他同事一起，采用各种措施引导科学家为期刊投稿。17 世纪后半期，为了保证期刊的质量，亨利·奥登伯格开创了将投稿文章送给能够判断其质量的同行专家审查的做法，导致了现代科学期刊同行评审制度的诞生②。1752 年 2 月，学会理事麦克尔斯菲尔德提出改善《哲学汇刊》编辑方针的建议。为此，理事会两次召开会议，并通过决议："理事会作为整个学会的代表，对学会的出版工作负有完全责任"；"为了学会

---

① 宋轶文，姚远.《哲学汇刊》的创办及其前期出版状况[J]. 中国科技期刊研究，2014(5)：632-636.
② 刘红，胡新和. 学术期刊同行评审的发展、方式及挑战[J]. 中国科技期刊研究，2005(5)：605-608.

的名声和荣誉,要指定一个委员会负责论文的选择和出版工作。要求会员事先用心阅读所上交的论文,或在每周会议上与论文作者交谈,确保论文出版质量,并规定除了委员会挑选的合格论文外,其他论文不能在《哲学汇刊》上发表";"论文委员会中,会长、副会长和秘书应是永久委员。会长有权指定召开会议。会议通知应事先送交委员会的每个委员。委员会的法定人数不少于 5 人"①,如此等等。实际上,这个委员会同时具有现代学术期刊学术委员会、编委会和同行评审专家等多方面的作用,这都是为保证期刊学术质量的创举。

《哲学汇刊》完全是依靠期刊经营收入和学会会费来维持运营的,不仅没有任何盈利,而且每年还得以会费大量补贴期刊的出版。文献②指出,《哲学汇刊》一直是支出大于收入,其支出占到学会总支出的 30% ~ 40%,可以说学会的收入近乎半数用于办刊。1683 年,《哲学汇刊》只卖出 300 份,几乎不够付纸钱。为维持期刊的正常出版,学会有数次因为《哲学汇刊》出版费用的增加,而不得不增加会员的会费。如,1766 年,由于《哲学汇刊》的印刷费用不断增加,学会理事会决议修改相关条例,将综合会费由 21 几尼(Guine,1 几尼 = 21 先令)提高到 26 几尼以上。可即便如此,学会理事会甚至"为了加强科学交流,仍然盼望大大增加出版费用"③。

从《哲学汇刊》创办的 1665 年到"二战"结束的 1945 年,学会、大学等科学团体是科技期刊出版的主体,商业出版社出版的科技期刊仅占很小的一部分。科技期刊由专业学会创办,与专业学会保持着密切的联系,

---

① 宋轶文,姚远.《哲学汇刊》的创办及其前期出版状况[J]. 中国科技期刊研究,2014
(5):632-636.
② 宋轶文,姚远.《哲学汇刊》的创办及其前期出版状况[J]. 中国科技期刊研究,2014
(5):632-636.
③ 宋轶文,姚远.《哲学汇刊》的创办及其前期出版状况[J]. 中国科技期刊研究,2014
(5):632-636.

主要在学会和大学发行，通过学会、大学补贴和版面费维持期刊可持续发展，从商业上讲科技期刊是不具有营利能力的行业①。在这 280 年间，科技期刊主要有科学知识的聚集和存档、信息交流、确证科学研究的水平和质量、对科学家的"回报"和聚集科学团体成员等 5 个方面的重要功能②。也就是说，从缘起上看，创办和经营学术期刊的目的，纯粹是为了学术，而非商业。

"二战"结束后，科技投入的增长、科学技术的进步、新兴学科的发展、科技产出的提升等，彻底改变了学术团体主导学术出版的格局。"许多商业出版社看到了科技期刊业所蕴含的商机和学会出版能力的不足，凭借自己强大的资本和专业化的运营能力，逐渐接管了学会和大学的部分期刊，提供了除科学编辑之外的出版、发行等多方面的服务。另外，商业出版社通过和学会会员、科学家的合作开始创办自己的刊物，而科学家由于传统的学会期刊体系难以满足自己的需求也积极寻求与出版商的合作，成为出版商的主编、编委和作者。在这个阶段商业出版社从期刊出版数量上逐渐成为科技期刊出版的主体"③。爱思唯尔、施普林格和约翰·威利等学术出版巨头，都是在这个时期迅速发展起来的。商业出版社的介入，一方面较好地满足了科学发展对科学交流的新要求，另一方面也蕴含着学术出版目的和动机的多元化。科技期刊从一个"赔钱"的事业变成了"赚钱"的产业，学术出版除了原本的学术目的，又新增了商业诉求。应该说，"商业出版社成为科技期刊出版主体有其历史必然性"和合理性。"出版商想获得资源，公众想看到知识，因而出版商掏钱买来

① 刘天星，孔红梅，段靖. 科技期刊传播技术、期刊功能和商业模式的历史演变及相互关系[J]. 中国科技期刊研究，2014(10)：1215-1223.

② Schaffner Ann C. The future of scientific journals：lessons from the past [J]. Information Technology and Libraries. 1994，13(4)：239-247.

③ 刘天星，孔红梅，段靖. 科技期刊传播技术、期刊功能和商业模式的历史演变及相互关系[J]. 中国科技期刊研究，2014(10)：1215-1223.

文章出版，读者再掏钱买来看，这是一个合理的逻辑"①。直到 20 世纪 80 年代之前，学术出版的这种商业诉求并没有从根本上影响到学术期刊出版的科学或学术功能。

然而，进入 20 世纪 80 年代，世界学术期刊体系却陷入了举世公认的危机。其主要表现就是期刊价格上涨和订户减少之间的恶性循环。Blackwell 期刊价格指数显示：在 1990—2000 年，社会人文科学领域的学术期刊的涨幅高达 185.9%，而科技和医学领域的学术期刊的涨幅则分别高达 178.3% 和 184.3%②。期刊价格的大幅上涨，给出版商带来高额的利润，却严重削弱了图书情报机构的文献保障能力，并在很大程度上影响了学术团体的科研和教学活动③。这场"学术期刊危机"的原因或许是多方面的，但从根本上讲，则是学术出版商业化以及市场垄断的必然结果。发达国家往往是被少数大型龙头企业垄断了极大的科技出版市场份额，如艾尔斯维尔、施普林格、汤姆逊、麦格劳·希尔等，无一不是销售规模数以十亿美元计。"国际主要科技出版商已形成垄断优势，它们出版的期刊不仅数量多，而且影响力大"④。有了品牌影响力，有了市场垄断地位，涨价也就不可避免，这是简单不过了的商业逻辑。也就是说，主导学术出版的出版商，在形成了较大的品牌影响力进而垄断了市场之后，提高价格以追求更高的商业利益才是造成学术出版功能异化的根本原因。

通过上述回顾可以看出，从 17 世纪中叶到 20 世纪中叶的 300 年间，学术出版，由学会或大学等研究团体主导，其目的是纯学术的，学会或大学等研究团体不惜为期刊的出版补贴资金；从"二战"结束到 20 世纪 80

① 刘力源. 学术出版"寡头政治"能持续多久？[N]. 文汇报，2017-05-05：第 W02 版.
② 唐虹. 解决学术期刊危机的新模式：开放存取[J]. 编辑之友，2006(1)：59-60.
③ 于良芝. 世界学术期刊变迁中的知识交流权分析[J]. 情报资料工作，2005(2)：21-25.
④ 许丽佳，杨淇名，庞洪，谢小平. 中国建设世界一流科技期刊发展策略研究[J]. 编辑学报，2019(s2)：4-5.

年代的 30 多年间，出版商开始介入学术出版，较好地提升了学术出版的服务能力和服务水平，学术出版的商业意图并没有超越其学术目的；从 20 世纪 80 年代开始，出版商影响力的扩大和市场垄断地位的形成，学术出版的商业诉求开始影响到了其学术目的的发挥，学术出版成为出版商获取高额利润的营生，学术出版的功能得以彻底异化。

2. 学术出版功能的"回归"

学术出版或科学交流，总是与信息技术的进步与发展密切相关的。印刷技术的发展与普及，成就了以印本学术期刊为基础的科学交流体系。20 世纪后期，数字技术与网络技术的快速发展，给传统学术出版体制机制的变革带来了新机遇，甚至有人认为，以开放存取等为代表的新兴出版模式最终将能够解决传统体制下的"学术期刊危机"，为出版的学术功能"回归"带来机遇①。

20 世纪 70 年代，免费电子图书网站——谷登堡计划（Project Gutenberg）、预印本数据库——斯坦福公共信息检索系统（Stanford Public Information Retrieval System，SPIRES）等问世；80 年代，免费同行评审电子刊——《成人教育新视野》（New Horizons in Adult Education）创刊；90 年代，高能物理领域的印本仓储——arXiv. org、开放存取网站公共医学中心——PubMed Central（PMC）诞生。至此，包括开放存取期刊在内的开放存取出版，逐步发展成为现代科学交流的重要的形式，并受到学界的广泛欢迎。

---

① 高丹，李秀霞，周娜. 学术图书馆出版服务机制构建[J]. 图书馆工作与研究，2019 (6)；5-10，15.

　　进入 21 世纪，学术论文或著作的开放存取俨然已成为学术出版的一种新时尚。首先是一些重要学术组织率先支持和加盟这一运动。2002 年，开放社会研究所（Open Society Institute，OSI）发布了《布达佩斯开放存取倡议》（Budapest Open Access Initiative，BOAI）。2003 年，霍华德·休医学研究所（Howard Hughes Medical Institute）和德国马普学会（Max Planck Society）分别公布了《比塞斯达开放存取出版声明》（Bethesda Statement on Open Access Publishing）和《柏林科学与人文知识开放存取宣言》（Berlin Declaration on Open Access to Knowledge in the Sciences and Humanities）。然后是政府或国际组织纷纷出台政策力挺这一科学交流方式。2016 年 2 月，欧盟委员会下属的研究与创新指导委员会出台了 Open Access 2020 计划行动纲要，也称地平线计划。该纲要着重强调了受到资助的出版物和研究数据需开发存取。强调了推进开发存取、实现网络科学资源全球共享的关键在于学术出版的整体转型，核心在于学术出版商营利模式的全面转型。该纲要触及重构整个科学交流体系的核心层面，成为指导开放存取运动跨越攻坚环节的重要指导纲领。2018 年，在欧盟委员会的支持下，11 个欧洲教育研究资助组织，共同签署发布"科学数据开放存取计划"，也称 Plan S 或称 S 计划。该计划旨在明确具体实现科学研究数据自由获取的具体途径，并承诺至 2020 年 1 月，接受欧盟或国家级公共基金资助的科研项目研究成果及相关数据，必须在可公开获取的期刊发表，或需要将其成果公开至开放存取平台。这意味着，只要科研人员接受了来自这些机构的研究资助，从 2020 年起他们就必须放弃把论文发表在《自然》《科学》《细胞》等付费订阅的顶级期刊上的机会。挪威研究理事会主席指出，如果其他资助者遵循 Plan S，它很可能意味着科学出版商主导的订阅业务模式的终结。在学术团体、政府等的支持和参与下，开放存取获得发展迅猛。以开放存取期刊为例，截至 2020 年 7 月 15 日，瑞典隆德大学图书馆的 DOAJ（Directory of OAJ）系统收录的开放存取期刊高达 14945 种，覆盖 133 个国家或地区。

与出版商主导的传统学术出版体系不同，开放存取出版并不以商业诉求为主要目标，它追求的是学术资源的无障碍获取。因此，在这样一种全新的科学交流体制下，学术出版的功能就出现了从"商业诉求"向"服务学术"回归的可能。这种功能回归主要体现在以下这样两个方面：

其一，学术权利向研究人员和学会或大学等研究团体的回归。20 世纪中叶商业出版商形成垄断之前，研究人员和学会或大学等研究团体享有较为充分的学术自主权。当出版商垄断学术出版市场后，研究人员"将版权转移或许可给出版商，最终出版商成为事实上的版权权利人"，而研究人员基本失去了署名权之外的其他学术权利。而开放存取出版则不同，它"打破了出版商学术期刊出版的垄断地位"，"凸显对作者精神权利的保护"①，作者获得了更好的精神权利保护，公众获得了免费分享学术资源的权利。可见，开放存取出版的发展一定意义上促进了学术权利的回归，正如开放存取机构 SPARC 提出的，他们的目标是"将科学归还科学家！"②

其二，内容资源获取权利向社会公众的回归。"二战"之前，学术出版市场垄断格局尚未形成，社会公众可以通过合理的价格获取所需学术内容资源。"二战"之后，商业出版商垄断地位的形成，学术期刊定价不断提升，造成了严重的"学术期刊危机"，严重削弱了社会公众获取内容资源的能力和权利。正如文献③所指出的，"出版商垄断了学术信息资源，其运用版权带来的垄断地位不断在价格上谋求自身利益的最大化。出版

---

① 金品. 开放存取期刊出版模式及其版权特点探析[J]. 中国版权，2014(4)：63-67.
② 于良芝. 世界学术期刊变迁中的知识交流权分析[J]. 情报资料工作，2005(2)：21-25.
③ 金品. 开放存取期刊出版模式及其版权特点探析[J]. 中国版权，2014(4)：63-67.

商成为最大的得益者，而作者和公众需要付出高昂的代价才能分享学术信息。这显然违背了版权法固有的价值立场"。以奉行开放、共享、互助理念的开发存取运动的兴起，打破了商业出版商对内容资源的垄断，为社会公众便利获取内容资源提供了可能，使得社会公众曾经一度丧失的内容资源获取权利得以回归。

3. 学术出版功能的建构

文献①指出，"'学术期刊危机'的产生已经使传统的学术出版模式不能有效地服务于学术交流和学术传播"；"作为一种全新的学术出版模式，开放存取提倡'作者付费出版，读者免费使用'，但这种出版模式最终是否能解决'学术期刊危机'，并创建一个真正服务于科学研究的学术传播体系，还有待实践的检验"。事实上，开发存取出版的发展，只是在当前由商业出版商掌控的学术出版市场格局中投下的一粒"石子"，为重构新的学术出版格局或体系带来了一线希望，并没有彻底改变现行以商业诉求为主的学术出版利益格局。我们认为，借开放存取出版发展搅动由商业出版商掌控的学术出版市场格局之机，立足弘扬学术之目的，科学建构学术出版的功能体系，应成为当前学术出版发展的重要战略选择。

学术出版功能的建构，是一个极其复杂的理论和现实问题。学术出版发展史表明：学术出版的功能经历了由单纯的服务学术，到从服务学术向追求商业利益的"异化"，再从追求商业利益到服务学术的"回归"这样三个不同的发展阶段。在这一发展过程中，学术出版主体的转变和现代出版技术的发展与应用是导致其功能演化的两大关键因素。其中，从

---

① 唐虹. 解决学术期刊危机的新模式：开放存取[J]. 编辑之友，2006(1)：59-60.

学术到商业的"异化"是学术出版主体从学术团体转变为商业出版商所致；而从商业目的到学术目的的"回归"则是以开放存取出版为主的现代出版技术的发展和应用所造成的。可见，学术出版功能的建构，是特定媒介与出版技术背景下学术出版利益相关方博弈的结果。因此，我们认为，学术出版功能的建构，关键是要在充分考虑新的媒介与出版技术发展和应用背景下，科学协调或平衡包括出版主体在内的各学术出版利益相关方的利益诉求。

学术出版利益相关方，主要涉及学术出版主体、科研人员、图书情报机构和科研经费提供者这样四个方面。那么，在开放存取出版的发展不断搅动现行学术出版市场格局背景下，这四方的利益诉求与角色扮演会发生什么样的变化呢？在新的学术出版利益格局中，该如何协调或平衡他们各自的利益诉求呢？

首先，从出版主体视角看，新的媒介与出版技术背景下，学术出版主体的多元化成为可能，传统商业出版商独享或垄断学术出版市场，学术出版功能"异化"的格局应该被彻底改变。

历史地看，出版商介入并进而主导学术出版体系，从总体上看，是促进而不是阻碍了科学交流或学术传播，特别是在 20 世纪 80 年代"学术期刊危机"出现之前。出版商的介入，带来了充裕的资本、渠道和人力资源，极大地提升了学术出版的社会化和专业化程度，提升了学术出版的品质和学术服务的水准，也受到了学术界的欢迎和肯定。正如文献①所指出的，"在将近 300 年的历史长河中，出版商作为学术期刊的出版发行者和图书馆作为学术期刊提供服务者，在学术传播和交流活动中扮演着重要的角色"。

但遗憾的是，由于出版商对利润的过度追求，酿成了所谓的"学术期

---

① 唐虹. 解决学术期刊危机的新模式：开放存取[J]. 编辑之友，2006(1)：59-60.

刊危机"，"维持这种出版商与图书馆共生关系的出版市场开始动摇"①。
在这种背景下，学术团体"收回他们转让给出版商的权势和控制，或'在
商业化出版系统之外'建立起不同的学术交流机制"，"将科学归还科学
家"②，"让学术回归学术，让出版回归出版"，"新技术下的数字出版和
网络传播使出版传播回归本源，更加纯粹地为学界提供服务"③成了学术
界的共同心声。

在新的媒介与出版技术背景下，出版商垄断学术出版市场的格局必
将被打破，科研人员、学术团体和图书情报机构等将借助开发存取等方
式部分承担起学术出版主体的角色，进而建构起由商业出版商、科研人
员、学术团体和图书情报机构等多元主体构成的学术出版市场格局。这
种多元主体组成的学术出版体系，将同时向学术资源市场提供有偿学术
资源和无偿的开放学术资源。这种二元结构的学术资源之间将会存在品
质与服务的竞争关系。通过这种良性竞争，出版商主导的有偿学术资源
将难以继续维持居高不下的垄断定价，科研人员、学术团体和图书情报
机构等提供的无偿开放学术资源也将不断提升学术竞争力。通过竞争形
成的这种相向而行的努力，无疑将会进一步推进学术出版功能从"异化"
向服务学术的"回归"。

其次，从科研人员视角看，新的媒介与出版技术背景下，科研人员
不仅是学术资源的创造者和使用者，而且他们也可以借助开放存取出版
等方式成为有限度的学术出版主体，参与学术出版活动。身份或角色的
变化，有利于提升科研人员在学术出版体系中的话语权或发言权，改变
传统学术出版体系中商业出版商的强势地位。

---

① 唐虹. 解决学术期刊危机的新模式：开放存取[J]. 编辑之友，2006(1)：59-60.
② 于良芝. 世界学术期刊变迁中的知识交流权分析[J]. 情报资料工作，2005(2)：21-25.
③ 柴宁，赵际南. 期刊国际化与学术、技术的融合发展——从学术出版的本源到信息技术
　应用[J]. 出版广角，2018(5)：20-23.

作为学术资源的创造者，科研人员有选择研究成果发表途径的自由。在传统学术出版体系中，商业出版商主导着学术成果出版或发表的基本途径，研究人员只有无偿地向商业出版商让渡其学术成果的版权。进入开放存取出版时代，研究人员出版或发表学术成果的途径增加了，出版商不再是唯一的途径。

作为学术资源的使用者，科研人员选择资源的途径不仅包括图书馆以付费订阅模式获取的商业学术资源，而且还包括数量庞大的免费地开发存取学术资源。也就是说，商业出版资源不再是其唯一的选择。

作为学术资源的出版者，一方面，研究人员可以个人主页或其他方式出版或公开自己的学术成果；另一方面，也可以参与到高校、科研机构等学术团体主导的开放存取期刊或仓储的学术出版活动之中。通过这两种方式，研究人员就具备了学术出版主体的身份，可以与传统学术出版商一样，从事学术出版活动。

基于身份或角色的变化，研究人员在传统学术出版体系中的被动地位得以改变，商业出版商作为唯一学术出版体系主导者的身份则相应弱化，传统学术出版体系中原本失衡的供求关系和利益格局，将会从商业出版商开始逐步向科研人员倾斜。

再次，从图书情报机构视角看，新的媒介与出版技术背景下，图书情报机构呈现出角色转型的迹象，在继续保持学术资源采购者和服务者角色的同时，开始承担起学术出版主体的部分功能，扮演着学术出版服务的重要角色。

在出版商主导的传统学术出版体系中，图书情报机构是出版商的主要客户，它们以付费订阅方式获取出版商的学术资源，因而成为20世纪80年代以来的"学术期刊危机"的直接受害者。大量的图书馆因订阅费用的大幅上涨而不得不减少学术期刊订购数量，进而导致资源保障能力的下降。"为应对挑战，推动自身发展，学术图书馆出版应运而生"。美国图书馆出版联盟(Library Publishing Coalition)将学术图书馆出版定义为由高校和高校图书馆主导的支持学术性、创造性、教育性作品的创作、传播和保存的一系列服务。学术图书馆出版具有开放化、数字化、数据化的特点，以学术交流为核心使命，主要满足科研人员的出版需求。该定义得到研究者的普遍认可。①。

世纪之交，包括学术图书馆在内的图书情报机构积极投身学术出版活动，而且取得了较好的成效。例如，1996年起，日本京都大学图书馆开始的以重要历史文献为中心进行数字化建设，取得了良好的社会效益。② 2000年，美国加州大学数字图书馆与加州大学出版集团联合创建的电子图书馆藏项目以及2009年推出的加州大学机构知识库项目eScholarship，为全球学者打造一个动态的研究平台，提供知识获取服务，为学术成果向全世界传播提供了快速通道③。2006年，美国普渡大学图书馆与出版社合作推出的e-Pubs学术项目，共同完成出版服务，在促进学术成果传播和国际学术交流方面取得了很好的成效④。近些年来，我国学术图书馆先后进行开放存取出版和数字出版探索。中国科学院文献情报中心建立机构知识库，进行开放存取出版服务；武汉大学图书馆建立科研数据管理平台，提供科研数据长期保存等也是图书馆参与学术出版的成功范例。⑤

① 高丹，李秀霞，周娜.学术图书馆出版服务机制构建[J].图书馆工作与研究，2019(6)：5-10，15.
② 王泰森.日本大学电子图书馆数字资源建设概况与分析[J].图书馆学研究，2003(9)：29-32.
③ 李咏梅，袁学良，袁冰.利用开放存取重塑学术型图书馆：以美国加州大学图书馆为例[J].四川图书馆学报，2010(3)：35-37.
④ 汪全莉，张蔚.北美高校图书馆的出版服务及启示[J].图书与情报，2016(4)：66-70.
⑤ 刘兹恒，涂志芳.学术图书馆参与数字出版的动因与条件分析[J].图书情报工作，2016(3)：32-37，113.

图书馆参与学术出版，成为传统学术出版主体的强有力的挑战者，显然有利于学术出版主体的多元化发展，是打破学术出版市场垄断进而建构新的学术出版体系的希望所在。文献①系统分析了图书馆开展学术出版服务的优势和主要领域，强调"图书馆开展学术出版服务，在用户需求、功能定位、业务体系、能力建设、技术平台方面具有一定的基础"或优势，可以主要"围绕学术期刊、学术著作、会议论文等多类型出版物提供灵活的出版附加服务，如元数据处理、数字化服务、版权咨询、编辑加工服务等"。当然，学术出版只是图书馆业务拓展的一个新领域，并非完全独立的活动。图书馆原本的角色和功能也不会因此而发生改变。

然后，从科研经费提供者视角看，新的媒介与出版技术背景下，政府、科研团体和学术类基金会等科研经费提供者，成为学术资源开发存取的积极倡导者和支持者，进而成为重构以服务学术为主要功能的学术出版体系的决定性力量。

作为科研经费提供者，政府、科研团体和学术类基金会等对学术出版体系的重构同样至关重要。在传统商业出版商主导的学术出版体系与技术发展带来的开放存取出版体系的角力和博弈过程中，政府、科研团体和学术类基金会等科研经费提供者将成为一种关键力量。近些年来，开放存取学术出版的快速发展，正是得益于它们强有力的支持。从 21 世纪初期开放存取"3B 声明"（Budapest、Bethesda、Berlin）出台，到近年来"地平线计划"和"S 计划"的推出，都极大地促进了以开放存取为核心的新的学术出版体系的建立。

开放存取学术出版虽然表现出诸多新的特点，具有重构学术出版体

---

① 初景利，孙杰——图书馆出版：新领域、新能力、新挑战 [J]. 图书情报知识，2018（6）：86-93.

系的某些潜质，但传统商业出版商主导的学术出版体系行之有年，仍然具有牢固的社会基础和学界影响。因此，我们认为，新的学术出版体系，应该是两者的有效融合，而不是一种简单的替代关系。在这一点上，政府、科研团体和学术类基金会等科研经费提供者是间接利益相关方，它们不同于科研人员、出版商和图书馆等直接利益相关方，应该更能发挥超越自身直接利益的作用或影响。从这一个意义上讲，如何更好地发挥政府、科研团体和学术类基金会等科研经费提供者的作用，理应成为新的学术出版体系建构的重要依托。

4. 结 语

学术出版的功能，经历了从基本功能的确立到"异化"再到"回归"的演化过程。在这一演化过程中，出版主体与利益相关方的博弈、技术的进步等都曾发挥过巨大的影响。在新的媒介与出版技术背景下，"异化"的学术出版功能出现了"回归"的迹象或可能。要将这种可能转化为现实，要建构起以服务学术为主的学术出版功能体系，就必须妥善协调或平衡学术出版主体、科研人员、图书情报机构和科研经费提供者等学术出版利益相关方的利益诉求，科学定位各利益相关方的角色和地位。然而，利益格局的调整并非轻而易举，学术出版利益相关方的利益协调或平衡还将是一个长期而艰难的过程。

原载于《信息资源管理学报》2020 年第 5 期

论科技出版管理体制与运行机制创新

——对中外科技出版的四项比较研究

大量的相关研究表明，管理体制与运行机制影响甚至决定着产业的发展水平。因此，改革和创新管理体制与运行机制业已成为各产业领域提升产业发展水平的重要战略选择。通过对国内外科技出版产业发展实践的考察与分析，我们发现，僵化的管理体制与落后运行机制是困扰我国科技出版产业发展及其国际竞争力提升的根本原因。不改革落后的科技出版管理体制与运行机制，是难以从根本上促进我国科技出版产业发展、释放科技出版产业竞争力的。我们认为，创新科技出版管理体制与运行机制是促进我国科技出版产业发展及其国际竞争力提升的根本出路。

2003年6月启动的文化体制改革试点工作正式拉开了我国科技出版体制改革与创新的序幕。中央确定的35个宣传文化试点单位，就包括中国科学出版集团和人民邮电出版社两家科技出版单位。通过两年多的试点改革，试点单位的生产力得到释放，经营业绩明显提升。2006年初中共中央、国务院颁布了《关于深化文化体制改革的若干意见》；同年7月，新闻出版总署又制定了《关于深化出版发行体制改革工作实施方案》，为进一步扩大包括科技出版产业在内的出版体制改革与机制创新进行新的部署。其中,中共中央、国务院在《关于深化文化体制改革的若干意见》中明确指出,文化体制改革要"以体制机制创新为重点"。新闻出版总署《关于深化出版发行体制改革工作实施方案》则结合出版发行业改革的实际,提出了深化出版发行体制改革的指导思想、原则要求和目标任务。

科技出版管理体制改革与机制创新涉及的内容非常宽泛,本文拟从科技出版市场准入、科技出版企业组织结构、企业组织边界和企业组织能力等四个方面谈谈个人的一些看法。

1. 创新科技出版市场准入体制

作为一项行政许可制度,市场准入是政府用以确立一定产业领域入市企业、产品等资质条件的法律法规等制度规范,它是一个国家或地区市场开放程度的重要指标,属产业宏观管理体制范畴。考虑到不同产业领域产业属性和特征的差异,各个国家或地区对不同的产业领域往往分别采取不同的产业准入制度。

就出版产业而言,从世界范围来看,不同国家和地区的市场准入条件有着很大差异。一些国家或地区的出版市场门槛相对较低,外资不仅可以方便进入,甚至可以享受国民待遇;而另一些国家或地区出版业的市场准入条件较高,外资甚至国内非国有资本都难以进入。以美、英、德等出版业发达国家为代表的西方国家,包括科技出版在内的出版市场的开放程度较高,外资可以参与其出版市场的竞争,而以我国为代表广大发展中国家普遍为包括科技出版在内的出版市场设定了较高的市场准入条件,不允许外资自由进入出版市场,直接或间接参与出版环节的活动，对于出版产业中下游的出版物批发和零售业务也只有经过批准的外资方可进入。

我们认为，我国现行的这种出版市场准入制度总体上是正确的、合理的，完全符合我国的基本国情。作为一个发展中国家，我国出版业的产业化程度很低，与发达国家不在同一水平层面，属幼稚民族文化产业范畴。考虑到出版业的意识形态属性，从维护国家民族文化安全的角度出发，不完全开放出版市场，限制外资进入是完全必要的，也是符合"世贸"组织相关规则要求的。从全球范围来看，绝大多数发展中国家采取的也是与我们完全相一致的政策。

然而，如果单从科技出版来看，这种市场准入限制却未必是合理的。这其中的原因十分简单，即科技出版不同如哲学社会科学出版，它基本没有意识形态的问题。刘杲先生早就指出，"自然科学和工程技术不属于意识形态，从而科技出版也不属于意识形态。"①既然科技出版没有意识形态属性，因而，开放科技出版市场自然也就不会带来所谓的政治与文化安全方面的问题。从这个意义上讲，我们认为，对科技出版采取区别于人文社会科学出版不同的市场准入制度应该是完全可行的。因此，我们认为，创新科技出版管理体制首先就应该在科技出版市场准入方面有所突破，以促进我国科技信息有效传播，推进科技发展和科技创新的高度出发，重新审视我国现行的科技出版市场准入制度，适时开放科技出版市场，引进科技出版竞争机制。

科技出版产业市场准入体制的改革与创新，大致涉及三个方面的内容，即科技出版市场的资本准入、产品准入和人才准入。

科技出版市场的资本准入，主要是指国家允许外资和业外资本进入科技出版市场，参与国内科技出版活动。外资和业外资本的进入既可以

---

① 刘杲. 市场经济、信息化和科技出版[J]. 科技与出版，2006(6).

改变科技出版市场主体的总量，又能影响科技出版企业的规模与实力。外资和业外资本的进入是彻底改变当前我国科技出版市场格局的关键，是建立科技出版市场竞争机制的必然要求。美、英、德等出版业发达国家的科技出版市场对外资全方位开放，其科技出版市场吸纳外资的能力强、市场主体数量大、科技出版企业实力强，对提升其科技出版产业竞争力具有重大意义。以美国科技出版市场为例，由于其市场的高度开放，一些世界著名科技出版企业，如德国的施普林格(Springer Verlag)、加拿大的汤姆逊(Thomson)，荷兰的爱尔斯维尔(Elsevier)都纷纷落户美国，为提升美国科技出版国际竞争力起到了极大的促进作用。与此相反，我国的科技出版市场开放程度较低，包括科技出版在内的整个出版产业完全控制在国有经济手中，非国有资本和外资均不能参与科技出版活动(出版环节)，"入世"也并没有改变这种状况。2005 年文化部等 5 部委联合制定的《关于文化领域引进外资的若干意见》强调，禁止外商投资从事书报刊的出版、总发行和进口业务。正如吴旭君所指出的"在我国出版行业是特殊行业，国家实行审批、许可制度。成立出版社要符合国家行政法规的规定，政府除依法审批外，还要对出版社的总量、结构、布局等因素作通盘考虑，基本排除了个人、合伙、合资、外资等形式开办出版社的可能"。① 我们认为，这种市场准入制度上的差异正是造成中、美两国科技出版竞争力差异形成的一个极其重要的原因。从这个意义上讲，我们认为，对外资和业外资本开放科技出版市场有利于我国科技出版竞争力的提升。

科技出版市场的产品准入，是指境外科技出版物进入国内市场的开放程度，它是影响科技出版物进出口贸易的主要指标。基于科技出版物

---

① 吴旭君. 论出版业的市场规则和市场准入——从新修订的《出版管理条例》等法规谈起[J]. 出版与印刷，2002(2).

对于科技工作的重要性，世界绝大多数国家和地区允许科技出版物自由进入本国市场，所不同的是一些国家对科技出版物进出口企业的资质有不同的规定而已。从世界范围看，科技出版竞争力强的国家，对科技出版物进出口企业的资质要求低；相反，科技出版竞争力弱的国家对科技出版物进出口企业的资质要求则要高一些。诸如在英、美等发达国家，对从事科技出版物的进出口业务与从事一般商品的进出口业务几乎没有任何差别。我国的情况则不同，企业要获得出版物进口经营单位资质，不仅有与一般商品进出口经营相近的资金等方面的要求，而且程序更为复杂，要求更高。《出版管理条例》对出版物进口经营单位的设立有一系列限制条件。目前我国经批准的出版物进出口单位仅有数十家，科技出版物进口市场主体数量明显少于出版业发达国家。在出版体制改革试点工作中，试点单位基本解决了出版物进出口经营权问题，而非试点单位仍然没有这项权利。我们认为，凡是科技出版企业都应该可以从事科技出版物的进出口业务，这是创新科技出版市场准入体制的又一项基本内容。

科技出版市场的人才准入，是指对外籍管理与技术人才进入境内科技出版企业任职(尤其是担任重要管理职务)的开放程度，属出版行业劳动用工制度范畴。一般而言，人才准入的门槛越低，限制越少，对于吸收和引进人才越有利。随着科技出版国际化程度的不断提升，发达国家的科技出版企业在资本国际化的同时也在不断推行员工的国际化。诸如施普林格、汤姆逊和艾尔斯维尔等大型科技出版集团在全球各地的分公司聘请高级员工时几乎没有任何国别限制。我国的情况则不同，出版市场的人才准入门槛较高。相关文件①规定，出版企业主要管理岗位(如社

---

① 1995 年 12 月，新闻出版总署、中共中央宣传部、国家教育委员会、人事部颁发的《关于在出版行业开展岗位培训实施持证上岗制度的规定》；2001 年 8 月，国家人事部和新闻出版总署联合发布《出版专业技术人员职业资格考试暂行规定》和《出版专业技术人员职业资格考试实施办法》。

长、总编、期刊主编等)须"持证上岗",一般从业人员也陆续需要取得相应"职业技术资格"。毫无疑问,这些制度对于确保出版从业人员的政治、文化与技术素质都具有十分重要的意义,是确保文化市场安全的重要机制。但考虑到科技出版行业的非意识形态属性,我们认为,适当降低科技出版市场的人才准入门槛,为科技出版企业在国际市场上聘用人才上提供更为有效的制度保障,应该成为科技出版管理体制改革的一个部分。

2. 优化科技出版企业组织结构

无论是经济学还是管理学都对企业组织在提升生产效率与产业竞争力方面的作用给予了充分的肯定。著名经济学家马歇尔教授在 1980 年出版的《经济学原理》中对古典经济学的"劳动""资本""土地"三要素进行了修正,提出将"组织"作为第四项生产要素的重要观点。他强调指出,组织在提高生产效率方面可以起到十分重要的作用。马歇尔的这一理论奠定了组织要素在经济学中的重要地位①。在管理学中,迈克尔·波特教授将与企业组织直接关联的"企业战略、结构与同业竞争"列为其"钻石体系"的四个基础要素之一。波特教授指出,"在国家竞争优势对产业的关系中,第四个关键要素就是企业。"②

在出版业中,企业组织在提高出版产业竞争力方面同样起着十分重要的作用。出版企业的组织竞争力同样也是出版产业国际竞争力的重要组成部分。关于这一点发达国家出版界已有共识。英国商务部 2000 年发

---

① 马歇尔. 经济学原理[M]. 北京:华夏出版社,2005.
② 迈克尔·波特. 国家竞争优势[M]. 北京:华夏出版社,2002.

布的《知识经济时代的出版业：英国出版媒介产业竞争力分析（主报
告)》①中就详细列举了英国处于领导地位的全部重要出版企业，以凸显
这些企业组织对英国出版产业竞争力的特殊意义。此外，从欧洲出版委
员会 2005 年发布的《欧洲出版竞争力评估报告》②将"出版产业组织变革"
作为出版产业竞争力的四个评价指标之一同样可以看出，欧洲出版界对
出版产业组织在出版竞争力评价中作用与地位的认可程度了。国内出版
界同样也意识到了出版企业组织对于提升出版产业发展所具有的重要意
义。柳斌杰署长曾指出，出版发行企业是出版物市场的主体，是出版产
业发展的依托。此外，龙新民署长、邬书林副署长等在各种不同场合曾
多次强调出版社运行机制改革的意义和重要性，将出版企业的改革提升
到培育新型出版文化市场主体的高度予以强调。

对于科技出版产业而言，出版企业组织的意义尤为突出。因为科技
出版是一个高度垄断的产业领域，是一个"赢者通吃"的市场，其产业集
中度非常高。一个国家或地区如果没有具备一定规模、结构合理、边界
清晰和较强组织能力的科技出版企业，其科技出版产业的发展几乎是不
现实。目前，我国科技出版产业落后，科技出版产业国际竞争力低下，
正是与我们缺乏这类有效的科技出版企业组织直接相关。我国科技出版
产业要有大的发展，必须在科技出版企业组织建设上有所突破，通过企
业组织结构的优化塑造一批具有国际水准的科技出版市场主体。

产业组织理论认为，企业的组织结构是特定生产方式下企业生产经
营管理的组织安排。波特教授曾指出，"企业的目标、战略和组织结构往
往随着产业和国情的差异而不同"③。在科技出版产业领域，这种组织结

① DTI. Publishing in the knowledge economy：Competitiveness analysis of the UK publishing media sector(Main report)[R].
② EPC. Assessing the Competitiveness of European Publishing[R]. 2005(11).
③ 迈克尔·波特. 国家竞争优势[M]. 北京：华夏出版社，2002.

构上的不同体现得尤其充分。就我们了解的情况看，世界各国科技出版企业的组织结构存在重大差异。我国科技出版企业在规模和内部结构等方面与以美、英、德、荷等国为代表的科技出版业发达国家存在巨大的差异。我们研究的进一步证实，正是这些组织结构上的差异导致了企业竞争力的不同。

规模效益是经济学的一个重要命题，在许多产业领域这个命题业已被证明是正确的。在出版产业领域中，即使我们在大众出版市场还可以找到个别案例来说明中小出版企业也可以取得较好效益的话，但要在科技出版市场找到效益很好的此类个案恐怕十分不易，因为科技出版原本就是大企业的游戏。就我们掌握的情况看，发达国家的科技出版企业普遍规模偏大，往往是少数大型龙头企业垄断极大的科技出版市场份额。如英荷的里德·艾尔斯维尔、德国的施普林格、加拿大的汤姆逊、美国的麦格·劳希尔（McGraw Hill）等无一不是销售规模数以十亿（美元）计。而与之形成鲜明对照的是，我国的科技出版企业普遍规模偏小。尽管近10多年来我国党和政府在促进出版企业规模建设方面做出过一些积极的努力，为包括科技出版在内的出版集团化建设创造了一定的条件，但是成效并不明显。以图书出版社为例，我国规模最大的出版企业年销售也不过 3 亿美元，单就科技出版社而言，销售基本上没有达到 1 亿美元规模的。我国的 570 多家出版社中，属科技出版社系列的 140 多家出版社的平均年销售额仅有几千万元人民币，与发达国家的同类出版社不可同日而语。由此可见，要提升我国科技出版的国际竞争力，必然要在扩大科技出版企业的规模上下功夫。可以说没有企业规模的扩大，很难有科技出版国际竞争力的提升。

从系统论的角度看，结构决定功能和效率。中外科技出版企业在内部组织结构方面同样存在着重大差异。发达国家的科技出版企业完全是按照现代企业制度、以市场为导向来确立其组织结构的。尽管发达国家不同的科技出版企业组织结构也不完全相同，但是它们却具有一些共性，即企业组织的网络化、扁平化和柔性化。具有这些结构特征的出版企业可以对科技出版市场的变化做出快速的反应，有利于企业竞争力的提升。我国科技出版企业大多是在计划体制下形成和发展起来的，通常是比照行政机构建立起等级森严的科层制。近年来其内部组织结构虽然根据市场经济体制的要求有了一些调整和变革，但是，计划体制的色彩仍然很重。不少科技出版机构仍然存在机构臃肿、层级过多、反应迟缓等弊端，难以有效适应科技出版市场的快速发展变化，严重影响了企业竞争力的提升。从这个意义上讲，积极推进科技出版市场化改革的进程，按照现代企业制度和市场导向优化出版企业的组织结构，促进科技出版企业组织向网络化、扁平化和柔性化的方向发展，不失为提升我国科技出版组织竞争力的有效举措。

3. 科学界定与调整科技出版企业组织边界

组织边界是经济学的众多学派都共同关注的一个重要范畴。确立科学的组织边界对于企业的发展以及企业竞争力的提升具有十分重要的意义。企业组织边界(通常称作企业边界)是指企业规模扩张的界限，一个可持续发展的企业常常伴随着边界的不断向外扩展。企业边界实际上就是企业资源与能力的边界，企业可利用的资源与有效利用这些资源的能力决定了一个企业相对于其他企业的边界。对于包括科技出版企业在内的任何企业而言，组织边界的界定与调整都至关重要，它直接关乎企业竞争力的消长。

企业边界的合理界定是培育企业竞争力的基本策略。任何企业都有自身的优势与特长，因此，企业应该按照这些优势与特长确立自己的组织边界，避免将企业的范围盲目扩展到自己不擅长的领域。我们的研究发现，发达国家的科技出版企业大多能够科学界定自身的企业边界，几乎每一家知名科技出版企业都有自己明确的"目标市场"，完全看不到盲目扩展"势力范围"的现象。大家所熟知的里德·艾尔斯维尔、施普林格、汤姆逊等国际科技出版巨头，尽管出版的学科专业范畴很广，但是这些大型科技出版集团往往都分设许多家子公司，下辖多家专业性极强的出版社。这些属下出版企业的边界都十分清晰，通常仅仅专注于某个学科专业的出版活动，力求"做精做深"，而绝不会涉足与自己的优势和特长不相吻合的出版领域。

国内科技出版界的情况却完全不同。我们的大多数科技出版企业尽管规模不大，但往往涉及的学科专业领域却都非常宽泛，没有清晰的组织边界，没有明确的目标市场。应该说，我们的科技出版企业大多是从计划体制下走过来的，原有的专业分工实际上带有明显的组织边界痕迹。尽管这种组织边界不是企业参与市场竞争的产物，但是完全打破这种"边界"却又不能形成新的"边界"，出现所谓的无序竞争、恶性竞争也就不奇怪。这样的环境对出版企业竞争力的提升显然是不利的。因此，我们认为我国科技出版企业竞争力的提升必须从科学界定企业的组织边界着手，只有根据企业的优势与特长清晰地界定出企业的组织边界，我国科技出版竞争力的提升才有可能实现。

企业的组织边界并不是一成不变的，而是随着市场环境与企业自身条件的发展变化应该进行适时调整的。企业边界的调整是影响企业竞争力的又一个重要方面。企业边界的调整，实际上是企业成长方式的选择。企业组织边界的调整方式不外乎两种：一是纵向边界的调整；二是横向边界的调整。

纵向边界是指企业沿产业流程进行一体化发展的边界。纵向边界的调整则是指企业运用"纵向一体化"策略沿产业流程进行边界的扩张或收缩。科技出版的产业流程大致包括科技出版策划、编辑与制作、发行与服务等主要环节。由于科技出版产业流程各环节具有比教育出版、大众出版更强的关联性,因此,发达国家的科技出版企业普遍倾向于按"纵向一体化"策略扩展企业的纵向边界。在发达国家,大众读物出版企业通常主要只从事出版产业流程中前两个环节的工作(策划、编辑与制作),其出版物的发行与市场服务往往交由专门的发行企业来做。然而,科技出版企业则不同,大多数科技出版企业不仅从事科技出版物的策划、编辑制作等上游环节活动,而且这些科技出版物的发行与市场服务同时也都是由科技出版企业自己来完成的。这种现象正是科技出版企业扩展纵向边界的结果。

横向边界则是指企业进行水平扩张的边界。横向边界的调整则是指企业运用水平扩张策略扩展企业横向边界。科技出版企业横向边界的调整可以通过两个途径来实现:第一,增加科技出版物产品或服务的类别与数量,以扩大企业规模,通过获得"规模经济效益"来扩展企业边界,提升企业竞争力;第二,实现多角化经营,拓展企业经营范围,通过获得"范围经济效益"来扩展企业边界,提升企业竞争力。从发达国家科技出版产业领域的情况看,第一种方式是一种普遍选择。里德·艾尔斯维尔、施普林格等世界级的大型科技出版集团几乎毫无例外地都是选择使用第一种方式来拓展企业横向边界的。例如,1989 年施普林格收购美国医学论坛出版公司、1994 年里德·埃尔斯维尔收购美国米德数据中心公司、1998 年荷兰沃尔斯特·克鲁维尔出版集团收购美国科技医疗出版社等,显然都是期待通过规模扩张以获得"规模经济效益"的方式来实现企业边界的横向拓展的。需要强调的是，在发达国家的科技出版领域几乎看不到以上述第二种方式来拓展企业边界的案例。

与发达国家科技出版企业相比，我国科技出版企业的边界调整策略完全不同。一方面，在纵、横向两种边界调整方式中，我国科技出版企业普遍青睐横向拓展方式，而忽视纵向边界拓展方式。大多数国内科技出版企业对科技出版产业流程各环节的关联性重视不够，在扩展企业边界时不习惯优先考虑扩展纵向边界，往往是将产业流程的下游环节交由其他企业去完成，而自己去选择那些远离科技出版的其他领域扩展企业的边界。显然，这正是我国科技出版产业"一体化"发展远远落后于发达国家的原因所在。另一方面，在横向边界调整途径的选择上，国内科技出版企业往往使用的是发达国家同行极少采纳的多角化经营策略，忽视产业的规模效益，而觊觎范围效益。毫无疑问，这对我国科技出版产业的专业化发展有着极大的负面影响。

4. 着力培育科技出版企业组织能力

国务院发展研究中心发展战略和区域经济部副主任高世楫先生对组织能力与竞争力的关系曾有过精辟的论述。他强调，"从根本上讲，企业参与国际竞争的基础在于企业具有较强的竞争力，而竞争力的基础则是企业的组织能力"①。我们认为，对科技出版领域而言，企业组织能力也具有同样重要的意义，它也是决定科技出版企业竞争力的基础。

厦门大学余红胜博士认为，"企业组织能力是企业获取外部资源，动

① 高世楫. 企业国际化：提高组织能力 增强竞争优势［EB/OL］. http://finance.sina.com. cn/review/20050912/09321960100.shtml-67k.

员内部资源并加以有效配置的能力，是企业所具有的各种能力的总和"①。企业组织能力包含的内容十分丰富，大家的看法也不尽相同。例如，余红胜博士认为，企业组织能力"涉及方方面面，如企业购销能力、研究开发能力、生产流程管理能力、环境应变能力等"②。再如，高世楫研究员则指出，"企业组织能力由企业的管理能力、功能性能力和技术创新能力构成"③。从科技出版产业视角看，我们认为，以下三个方面的组织能力对于科技出版企业竞争力的影响特别值得关注，也是在塑造科技出版市场主体中所应给予特别关注的。

第一，获取科技内容资源的能力。科技出版属内容产业范畴，科技内容资源是科技出版企业的核心资源。作为科技内容资源的传播者，科技出版企业必须具备及时获取广泛科技内容资源的能力。对科技出版企业而言，获取科技内容资源的能力比企业的产品开发能力、生产能力和市场营销能力更为重要。科技出版企业只有具备了这种能力，才能为客户提供高质量的科技出版物产品和服务。发达国家的大型科技出版企业，都特别重视这方面能力的培养。就我们了解的情况看，发达国家的著名科技出版企业，一方面通过依托国际性、全国性的重点科研机构、各学科专业领域的重要学会、学术基金会等，广泛联系各学科专业领域的一流专家学者，为及时获取高端学术内容资源创造有利条件。另一方面，还通过各学科专业领域的知名国际学术组织定期联合举办各种重要学术会议，提升控制会议学术成果资源的能力。相比较而言，我国科技出版企业这方面的意识都比较淡漠，相应的能力差距就更大。因此，我们认为，要提升我国科技出版企业的竞争力，培育具有竞争力的科技出版市

① 余红胜. 国有企业国际竞争力研究［M］. 合肥：合肥工业大学出版社，2004.
② 余红胜. 国有企业国际竞争力研究［M］. 合肥：合肥工业大学出版社，2004.
③ 高世楫. 企业国际化：提高组织能力 增强竞争优势［EB/OL］. http://finance.sina.com. cn/review/20050912/09321960100.shtml-67k.

场主体，就必须首先提升科技出版企业获取与控制科技内容资源的能力。

第二，创造性地应用新技术的能力。与出版相关的技术进步，为不同的科技出版企业提升竞争力创造了同等的条件。然而，相同的技术对不同出版企业竞争力的影响却大不相同。这种差距显然是由不同出版企业应用新技术的能力所决定的。数据库出版、开放存取出版等新兴出版形式，在线评审技术、反抄袭技术等审稿手段，"一对一"营销、定制服务等科技出版物销售与服务方式，在科技出版业发达国家的广泛应用大大地提升了它们的科技出版竞争力。遗憾的是，这些新兴出版方式、审稿技术手段和营销服务方式还远未受到我国科技出版企业的应有重视。技术创新给我们带来的缩小与发达国家科技出版产业竞争力差距的大好机会就这样被错失。

第三，学习能力。丹尼斯·舍伍德（Dennis Sherwood）的《第五项修炼》指出，学习型组织是未来成功的唯一模式。组织的学习能力是指企业组织的进取性与吸取新知识和新思维的能力，组织的学习能力关乎企业的长期发展。企业只有通过不断学习，才能提高自己执行能力、生命力、竞争潜力和增长潜力。发达国家的科技出版企业可以从资本市场学会资本运作，广泛用于科技出版企业的兼并与融资，以服务于科技出版企业的"做强做大"；从 IT 市场可以学到重要的现代信息技术，大量应用到科技出版流程的改造之中，以提升科技出版的效率和效益。说得夸张一点，发达国家科技出版竞争力的每一点提升无一不是学习的结果。可以相信，没有学习能力的提升，也就没有中国科技出版企业竞争力的提升。

原载于《出版发行研究》2008 年第 2 期

论科技出版的制度竞争力

制度竞争力是国际竞争力、产业竞争力和区域竞争力的重要组成部分，属软竞争力范畴。尽管美国哈佛大学教授、著名管理大师、竞争战略专家迈克尔·波特提出的竞争力"钻石体系"中没有制度竞争力之说，但是，迈克尔·波特教授却强调，政府可以通过影响"钻石体系"的四项关键要素来影响产业竞争力①。从这个意义上，可以认为制度竞争力理论仍源于波特教授的竞争力学说。近年来，制度竞争力受到管理学界的广泛关注，成为竞争力研究的热点。随着研究的日趋深入，制度在竞争力构成中的作用与地位进一步凸显。如蒋慧工等所指出的，制度是国家核心竞争力的三个重要元素之一，制度与"人才"和"创新"一道共同构成国家的核心竞争力②。

就出版产业而言，制度对其竞争力的影响同样重要，甚至可以说具

---

① [美]迈克尔·波特著. 国家竞争优势[M]. 李明轩，邱如美，译. 北京：华夏出版社，
2002.
② 蒋慧工. 国家核心竞争力三元素：人才、创新、制度[M]. 北京：经济科学出版社，
2004.

有关键性影响。多数国家考虑到出版业的意识形态属性以及国家文化安全，普遍都为包括科技出版在内的整个出版产业制定了一系列高于其他产业的相关制度安排，如为出版市场设定较高的准入"壁垒"等。因此，研究制度对出版产业竞争力的影响，检讨出版产业政策的得失，对于提升出版产业竞争力显然具有重要意义。本文结合中外科技出版管理实践，对科技出版的制度竞争力的构成展开讨论。概括起来讲，科技出版的制度竞争力主要包括国家的科技出版产业制度、科技出版物的社会评价制度和科技出版机构的稿件评审制度三个方面的内容。

1. 国家的科技出版产业制度

科技出版产业制度是影响一个国家科技出版竞争力的首要制度因素，是影响国家科技出版产业布局、科技出版市场主体构成以及科技出版物进出口贸易的基本制度规范。我们认为，构成国家科技出版竞争力的产业制度是多方面的，其中关键的制度要素是科技出版的市场准入制度。

众所周知，促进市场开放、扩大市场准入是世界贸易组织的重要目标。然而，对不同的行业而言，世界贸易组织在市场准入方面又有不同的原则要求。世界贸易组织对出版业的市场开放没有硬性要求。世贸成员国可以通过承诺的方式全部或部分开放其出版市场。考虑到出版业的意识形态属性，各国政府对其市场准入一般都制定了一定的条件。一些国家出版业的市场准入条件较高，外资甚至国内各种形式的资本都难以进入，另一些国家的出版市场门槛相对较低，外资不仅可以方便进入，甚至可以享受国民待遇，更不用说国内的其他资本了。一般而言，开放程度不同的出版市场，出版产业的竞争力也不尽相同。开放程度高的出版市场，在资金、产品和人才的引进方面占有明显优势，出版产业的竞争力相对较强；相反，开放程度较低的出版市场，产业的竞争力明显受到影响。从世界范围来看，以美、英、德等出版业发达国家为代表的西方国家，出版市场开放程度较高，外资可自由参与出版市场的竞争，以我国为代表的广大发展中国家普遍为出版业设定了较高的市场准入条件，不允许外资进入出版市场、直接或间接参与出版环节与内容相关的活动，出版资源的配置主要受政府控制。

市场准入，作为一项行政许可制度，是市场开放程度的一个重要指标，是政府用以确立入市企业、产品等资质条件的法律法规等制度规范。科技出版产业的市场准入大致包括资本准入、产品准入和人才准入三个方面的主要内容。

科技出版市场的资本准入主要是指国家对外资进入科技出版市场的开放情况，它既影响科技出版市场主体的总量，又影响科技出版企业的规模与实力，是形成科技出版竞争力的关键要素。美、英、德等出版业发达国家的科技出版市场对外资全方位开放，其科技出版市场吸纳外资的能力强、市场主体数量大、科技出版企业实力强，对提升科技出版产业竞争力具有重大意义。以美国科技出版市场为例，由于其市场的开放，一些世界著名科技出版企业如德国的施普林格（SpringerVerlag）、加拿大的汤姆森（The Thomson Cor-poration）都纷纷落户美国，为提升美国科技出版国际竞争力起到了极大的促进作用。我国的科技出版市场开放程度较低，包括科技出版在内的整个出版产业控制在国有经济手中，非国有资本和外资均不能参与科技出版活动（出版环节），"入世"也没有改变这种状况。2005 年文化部等 5 部委联合制定的《关于文化领域引进外资的若干意见》强调，禁止外商投资从事书报刊的出版、总发行和进口业务，音像制品和电子出版物的出版、制作、总发行和进口业务，以及利用信息网络开展视听节目服务、新闻网站和互联网出版等业务。外商不得通过出版物分销、印刷、广告、文化设施改造等经营活动，变相进入频道、频率、版面、编辑和出版等宣传业务领域。正如吴旭君指出的"在我国，出版行业是特殊行业，国家实行审批、许可制度。成立出版社要符合国家行政法规的规定，政府除依法审批外，还要对出版社的总量、结构、布局等因素作通盘考虑，基本排除了个人、合伙、合资、外资等形式开办出版社的可能"①。应该说，考虑到出版业的意识形态属性，不对外资开放出版市场是符合国家根本利益的，也与世界大多数国家的做法相同。但是，由于科技出版与哲学社会科学出版不同，科技出版的意识形态属性并不突出。因此，在一定程度上开放科技出版市场，鼓励外资参与我国科技出版市场的竞争，应该不会带来什么负面影响，也不至于影响国家的文化市场安全，相反，对于优化目前我国科技出版市场主体结构，增强科技出版企业竞争力还有显著的积极意义。

科技出版市场的产品准入是指境外科技出版物进入国内市场的开放程度，它是影响科技出版物进出口贸易的主要指标。基于科技出版物对于科技工作的重要性，世界绝大多数国家和地区允许科技出版物自由进入本国市场，不同的是一些国家对科技出版物进出口企业的资质有不同的规定而已。从世界范围看，科技出版竞争力强的国家，对科技出版物进出口企业的资质要求低，科技出版竞争力弱的国家对科技出版物进出口企业的资质要求高一些。诸如在英、美等发达国家，从事科技出版物的进出口业务与从事一般商品的进出口业务几乎没有差别。我国的情况则不同，企业要获得出版物进口经营单位资质，不仅有与一般商品进出

---

① 吴旭君．论出版业的市场规则和市场准入——从新修订的《出版管理条例》等法规谈起[J]．出版与印刷，2002(2)．

口经营相近的资金等方面的要求，而且程序更为复杂，要求更高。我国《出版管理条例》第四十一条规定："出版物进口业务，由依照本条例设立的出版物进口经营单位经营；其中经营报纸、期刊进口业务的，须由国务院出版行政部门指定。未经批准，任何单位和个人不得从事出版物进口业务；未经指定，任何单位和个人不得从事报纸、期刊进口业务。"目前我国经批准的出版物进出口单位有 38 家，科技出版物进口市场主体数量少于出版业发达国家。

科技出版市场的人才准入是指对外籍管理与技术人才进入境内科技出版企业任职(尤其是担任重要管理职务)的开放程度，属出版行业劳动用工制度范畴。一般而言，人才准入的门槛越低，限制越少，对于吸收和引进人才越有利。随着科技出版国际化程度的不断提升，发达国家的科技出版企业在资本国际化的同时也在不断推行员工的国际化。诸如施普林格、汤姆森和艾尔斯维尔(Elsevier)等大型科技出版集团在全球各地的分公司聘请高级员工时几乎没有任何国别限制。我国的情况则不同，出版市场的人才准入门槛较高。相关文件①规定，出版企业主要管理岗位(如社长、总编、期刊主编等)须"持证上岗"，一般从业人员也陆续需要取得相应"职业资格"。毫无疑问，这些制度对于确保出版从业人员的政治、文化与技术素质都具有十分重要的意义，是确保文化市场安全的重要机制。但考虑到科技出版行业的非意识形态属性，我们认为，适当降低科技出版市场的人才准入门槛，为科技出版企业在人才聘用上建立更为有效的制度保障，应该成为出版管理体制改革的一个部分。

---

① 1995 年 12 月，新闻出版署、中共中央宣传部、国家教育委员会、人事部颁发《关于在出版行业开展岗位培训实施持证上岗制度的规定》；2001 年 8 月，国家人事部和新闻出版总署联合发布《出版专业技术人员职业资格考试暂行规定》和《出版专业技术人员职业资格考试实施办法》。

2. 科技出版物的社会评价制度

科技出版物的竞争力是科技出版竞争力的基本表现形式。高显示度、知名品牌的科技出版物是一个国家或地区科技出版国际竞争力的重要标志，Science、Nature、Cell 等知名科技期刊就是英美等发达国家科技出版国际竞争力的重要象征。

那么，什么样的科技出版物是知名出版物？什么样的科技出版物具有更强的国际竞争力呢？应该说，这是一个与科技出版物的社会评价制度直接相关的命题。我们的研究发现，科技出版物的国际竞争力直接或间接受制于科技出版物的社会评价制度。在不同的评价制度下，由于评价理念、评价方法、评价体系和评价指标等的差异，出版物的竞争力排名自然也不尽相同。考虑到期刊作为科技出版物的主要形式，我们将以科技期刊为例，简要分析一下科技出版物社会评价制度的形成以及科技出版物的评价权对科技出版物竞争力的影响等问题。

科技出版物的社会评价制度是随着科技出版业的迅速发展与科技文献利用矛盾的加深以及文献计量学研究的深入而逐步形成和发展起来的。1963 年，美国科学情报所开始出版《科学引文索引》（SCI），其目的本是要为信息检索提供一种全新的途径。"而后来的发展却超出了 SCI 创始人的设想：SCI 的量化评价功能成为评价科研成果的重要工具，在世界上得以迅速传播，并受到广泛的欢迎，以至于一个国家或地区的期刊和论文被 SCI 收录和引用的多少，被看成是评价其研究水平和质量高低的重要指标之一。它的副产品《期刊引证报告》（JCR）也成为评价期刊的重要依据"①。进入 20

---

① 学术期刊计量评价与非计量评价[EB/OL]. http://www.cqvip.com/tq/tb02-2.htm.

世纪 80 年代，我国也陆续开始将定量评价的方法运用到科技论文以及科技期刊的评价活动中。南京大学建立的《中文社会科学引文索引》（CSSCI）、重庆维普资讯有限公司出版的《中文科技期刊数据库》以及北京大学图书馆编辑出版的《中文核心期刊要目总览》和《国外科学技术核心期刊总览》等都具有科技期刊评价的功能。尽管上述这些科技期刊评价系统只是一些社会单位建立起来的，并不是政府行为，更上升不到"制度"的层面，但是这些评价系统面世后所产生的社会影响却是十分巨大的。一些重要的科研机构或高等院校更是将这些系统的评价结果视作科技人员研究成果和科技期刊评价的基本指标。正如上海大学郝雨指出的："核心期刊和期刊级别早已经在各个院校以及各个部门被政策化、行政化了。"①因此，从这个意义上讲，我们认为上述这些科技成果和科技期刊评价系统具有制度化的功能，上升到了制度化的层面。

在科技期刊的社会评价系统"被政策化、行政化"，进而上升到制度层面后，谁掌握了这些评价系统，就意味着他掌握了这种评价权，就可以影响科技出版物的竞争力。从世界范围来看，影响力最大的评价系统掌握在美国人手中。大家熟知的《科学引文索引》（SCI）和《期刊引证报告》（JCR）等都是美国科学情报所（ISI）的产品。该研究所属于国际著名科技信息服务与出版集团汤姆森公司下属的汤姆森科技信息集团。ISI 出版的科技信息产品还包括 EI、ISTP、SSCI、A&HTP 和 ISSHP 等多个系列，涵盖自然科学与技术、人文与社会科学各个领域，用户更是覆盖全球各主要国家和地区。

《期刊引证报告》（JCR）作为全球广泛采用的科技期刊竞争力评价系统，其收录期刊的地域却很不平衡。以 2000 年为例，JCR 收录的 5863 种期刊，涉及 59 个国家和地区，其中美国 2167 种，英国 1254 种，荷兰 546

① 郝雨．如何科学地评价学术期刊？［EB/OL］．http://www.qianlong.com/．

种，德国 425 种。这 4 个国家是 SCI 来源期刊的超级大国，他们的期刊总数占 JCR 的 77.28%。4 个国家期刊的总影响因子占 JCR 影响因子总数的 89.67%，总被引频次占 JCR 被引频次总数的 92.74%。其中仅美国主办的期刊，影响因子就占 JCR 总影响因子的 53.07%，被引频次占 JCR 被引频次总数的 61.17%。"可以认为，目前 SCI 数据库中期刊的组成十分有利于美、英等以英语为母语国家的刊物获得高影响因子；相反，对于其他国家的刊物来说，获取高影响因子的难度则相对较大"①。

因此，在美国 ISI 主导现行科技期刊评价体系、我国科技期刊难以进入其评价体系的制度背景下，国内科研机构、高等院校为提升本机构研究成果的影响，不得不放弃国内科技期刊，转而鼓励研究人员将高水平的研究论文投寄到 ISI 检索系统收录的期刊。这样做的结果是使得 ISI 期刊的竞争力不断提升，而国内科技期刊的竞争力则不断弱化。可见，掌握科技出版物评价权是影响科技出版物国际竞争力的关键。现阶段，由于科技出版物的评价权完全掌握在美英等发达国家，这对我国科技出版物国际竞争力的提升显然是极其不利的。

3. 科技出版机构的稿件评审制度

科技出版机构的稿件评审制度是指涉及科技出版机构稿件评审方式与程序的一种制度规范，属机构层面的制度范畴。稿件评审制度是通过直接影响科技出版物的内容质量来影响科技出版物竞争力的。科技出版机构的稿件评审制度是否科学，直接决定着科技出版物质量的高下。从这个意义上讲，科技出版机构的稿件评审制度显然也属科技出版制度竞

---

① 游苏宁. 期刊评价的有关指标简介［EB/OL］. http://www.511511.com.

争力范畴，是科技出版制度竞争力的有机组成部分。

没有高质量的稿件，就没有高质量的科技出版物。因此，各类科技出版机构都十分重视稿件的评审工作。要选择高质量的稿件，避免稿件评审的失误，单纯依靠出版机构的编辑力量显然是不够的，借助同行专家的力量，依靠同行专家的智慧，采用同行评审方式进行稿件评审业已成为当今科技出版机构进行科技出版质量控制的通行做法。同行评审制，起源于 1665 年法国《学者杂志》（Journaldes Scavans）为评估稿件发表的可能性而专门成立的由科学家组成的编委会，我国最早采用同行评审制的科技期刊是创办于 1792 年的《吴医汇讲》。

我们的研究发现，尽管国内外一些重要科技期刊目前几乎毫无例外地都采用这一制度，然而，由于文化背景、出版管理体制等多样性的存在，不同国家和地区在这一制度的运用上存在着较大的差异。2000 年 10 月，两家国际著名的专业出版编辑学会，学术与专业出版商学会（ALPSP——Association of Learned and Professional Society Publishers）和欧洲科学编辑学会（EASE——European Association of Science Editing）联合对世界 200 多种期刊做了一次题为《ALPSP／EASE 同行评审调查》的调研活动①，其目的在于使期刊编辑们对同行评审体制从多样化的尝试中达成共识，以求建立一套可行的指南②。可见，评审制度上的这种差异业已引起相关组织与团体的高度关注。我们认为，正是这种制度运用上的差异严重影响了同行评审制的有效性，影响了科技出版的国际竞争力。

我们的研究发现，科技出版评审制竞争力的差异集中体现在以下两个方面。

---

① http://www.alpsp.org.uk/［EB/OL］.
② ALPSP /EASE/ALSSS joint seminar. Best Practice inPeer Review［J］. European Science Editing，2001，27（2）：3436.

第一，评审方式的差异。根据是否向作者和专家提供对方相关信息，同行评审可以分为三种基本形式，即单盲评审、双盲评审和公开评审。从学术期刊出版实践来看，这三种评审方式各有自己的优缺点，评审效果也不尽相同。但一般而言，盲评优于公开评审，双盲评审优于单盲评审。从评审方式的选择来看，中外科技出版界的差异不大，盲评是国内外科技出版界广为采用的评审方式。据对日本109种科技期刊的统计，发现单盲制、双盲制和公开制的期刊种数比例为17.4∶1.6∶1①，即盲评与公开评审的比例为19∶1。在我国采用同行评审的科技期刊中，绝大部分也是以盲评方式为主，采用公开评审的期刊很少见②。也就是说，从评审方式上看，我国科技期刊同行评审制度的运用与发达国家没有根本区别，两者在这个方面的制度竞争力完全相同。

第二，同行专家数据库建设的差异。建立同行专家数据库是实行同行评审制的基础工程。一般来讲，数据库中专家数量的多少是衡量同行评审制度中专家选择质量高低的一个重要指标，专家数据库的规模偏小会严重影响专家选择的质量。国际上一些知名学术期刊都建立有规模庞大的高质量的专家数据库，如Science杂志的审稿人专家库包含数十个国家的10000多名知名专家，其中不少为诺贝尔奖获得者。国内学术期刊早期的审稿专家都是在需要外审时临时确定的，多数期刊都没有专门的审稿专家数据库。1993年，科学出版社出版的《中国科学技术论文评审专家名典》成为不少学术期刊选择同行评审专家的得力参考工具。进入21世纪以后，国内一些知名学术期刊尽管陆续建立了专门的审稿专家数据库，但是，数据库的规模普遍偏小，可供选择的专家数量明显不足。由于多数刊物不愿提供相关信息，我们很难掌握这方面的详细情况。但笔者私

---

① 黄晓鹏等. 科技期刊审稿人的由来和发展[J]. 编辑学报，1997(2).
② 方卿. 我国学术期刊同行评审现状分析[J]. 中国编辑，2006(6).

下了解到的情况却非常不乐观，有些刊物的专家数据库仅收录了百余位专家的信息。可见，从专家库建设的角度看，我们的竞争力明显偏低，与发达国家存在较大差距。要进一步完善我国学术期刊的同行评审制度，提升这方面的制度竞争力，还必须从建立和健全同行专家数据库这一基础工作做起。

原载于《出版科学》2007 年第 2 期

提升我国科技出版国际竞争力研究

一

在科技发展日新月异、科学的社会功能日益突显的科技发展背景下，科技出版和科技出版物越来越受到世界各国科技界的高度重视。世界上的一些主要发达国家和组织都纷纷将科技出版的发展纳入其经济、社会与科技发展战略规划之中。美国的"新经济指标（1998）"、英国的"知识经济时代的国家竞争力指标（1998）"和 OECD 的"知识经济指标（1995）"等，无一不将"科技出版物"的发展纳入其中。在 2000 年 10 月由欧盟资助、法国科技观察署主办的欧洲科技部长会议上，更是将"科技出版物"确定为衡量"科学技术对社会—经济影响率"的四大指标之一。同样，科技出版工作在我国也受到了高度的重视。1995 年 12 月，国家科委和新闻出版署就在北京联合召开了"全国科技出版工作会议"。会议强调加强科

技出版工作是实施科教兴国的重大战略，国务委员兼国家科委主任宋健
作了题为《实施科教兴国战略，加强科技出版工作》的重要讲话。

　　然而，如果从科技出版的发展水平来看，无论是与发达国家相比，
还是我国科技发展对科技出版的要求来衡量，我们都还处于相对落后水
平。一般而言，衡量科技出版物国际竞争力的指标主要有，科技出版论
文进入世界著名科技检索系统索引源范畴的比例、被引征率、国际影响
因子、即时指数等几项主要技术指标（此外，还有科技出版物的出口量）。
从近年来的情况看，我国科技出版的这几项主要技术指标都远远低于科
技出版业发达国家和地区。

　　我国科技出版物进入 SCI 等世界著名科技检索系统索引源范畴的比例
非常低，现有的 4600 多种科技期刊中只有不到 20 种被纳入了 SCI 的索引
源范畴，与美国（1300 种）、英国（近 700 种）等科技出版发达国家存在相
当差距。更使人不安的是，SCI 收录我国国内科技期刊论文的相对数还在
不断下滑。从 1983 年到 1997 年的 15 年间，SCI 光盘版收录我国国内科
技期刊论文的相对篇数竟然下降了 26.2%。

　　我国科技期刊论文的年均被引征率也远远低于科技出版业发达国家。
1985 年世界上科技期刊论文年均被引征率的平均值为 0.62，而当年美国
的这一指标则为 0.86，我国台湾地区尚有 0.26，而我国大陆仅为 0.11。
尽管我国科技期刊论文的这一技术指标近年来有所提高，但与发达国家
的差距依然不小。我国科技期刊论文的国际影响因子与发达国家的同一
指标更是不可同日而语。以 1988 年为例，SCI 收录我国科技期刊 14 种，
其中影响最大的《中国科学 B 辑》的国际影响因子也仅为 0.157，排在 SCI
收录的全部科技期刊的第 3470 位，而当年排名在 SCI 前 30 位的科技期刊
的国际影响因子均在 10.0 以上，可见差距之大了。

　　我国科技期刊论文的即时指数同样低得惊人，20 世纪 90 年代，我国

进入 SCI 的十几种科技期刊即时指数的平均值还不到 0.05，而英国 Natuer 的同一指标却达到了 4.5 以上的高水平。由此，我国科技出版物国际竞争力水平之低下可见一斑了。

研究表明，我国科技出版物的这种国际竞争力水平是与我国目前的科技发展水平极不相称的，这直接影响了我国科技成果的国际学术地位。对这一严重后果，我国科技界、出版界必须给予高度关注，并采取切实可行的措施来大力提高我国科技出版物的国际竞争力水平。

二

我国科技出版物国际竞争力水平很低下，与我国迅速提高的科技地位极不相称，封闭的科技出版体系难以将我国的科技成果推向国际科技市场，甚至已经严重阻碍了我国科技成果国际地位和国际影响的提高。为充分反映我国的科研成果，显示我国的科研实力，把高水平的研究成果推向国际市场，国内的研究人员不得不到国外知名科技出版物上发表其科研成果。尽管这也不失为提高我国科研成果国际影响力和国际地位的重要途径，但这却不是解决问题的根本出路。要提高我国科研成果的国际影响力和地位，最有效的办法还是应设法提高我国科技出版的国际竞争力水平。

由于考虑到出版活动的意识形态属性，我国对整个出版业(含科技出版)实行的是单一的事业管理模式。只是由于难以完全依靠政府的投入来发展出版业，所以国家才在实际运作过程中采用了"事业单位，企业管理"的办法来管理出版业。毫无疑问，对出版管理的这种战略定位是符合我国国情的。然而，就科技出版而言，这种管理战略定位的优越性不仅得不到体现，而且它还在一定程度上制约了我国科技出版国际竞争力水平的提高。笔者认为，与哲学社会科学出版不同，科技出版的意识形态属性并不突出。因此，对科技出版实现产业化经营，在更大程度上放开科技出版业，鼓励科技出版的国际化发展不仅不会带来什么负面影响，而且还能促进我国科技出版业的健康发展，从而推动我国科技成果国际地位的提高。从这个意义上讲，根据科技出版的这一特征，在市场开放方面对科技出版采取不同于哲学社会科学出版的管理方式应该是必要的，并且是可行的。

基于以上认识，笔者认为，以下几个方面的举措或许有助于我国科技出版国际竞争力的提高。

第一，开放我国科技出版市场，鼓励外商积极投资我国科技出版业。这一方面有利于解决科技出版经费短缺问题（靠收取版面费与设立科技出版基金虽然在一定程度上缓解了科技出版的资金压力，但是这终究难以从根本上解决我国科技出版的投入不足问题），另一方面也有利于引进国外先进的科技出版管理理念、管理模式与管理手段，有利于我国科技出版管理水平的提升。

第二，鼓励与引导大型综合性科技出版集团，尤其是科技期刊出版集团的组建，促使现行条块分割的各专业性科技学会、科研机构的出版单位（如科技出版社、科技期刊社、编辑部等）进行重组，使有限的科技出版资源得到优化的配置，形成少数具有国际竞争力的大型综合性科技出版集团。有条件的科技出版集团应该尝试采取包括收购、兼并等在内的各种方式，大力拓展海外科技出版市场，直接到科技发达国家从事科技出版活动。

第三，拓宽科技出版物的国际发行渠道，努力提高科技出版物的出口比重。

第四，突破语言障碍，提倡采用国际通用科技语言——英语来出版科技版物，加大英语科技出版的比重，提倡在科技期刊中以中、英文混排方式发表论文。科技期刊中的重要论文最好用英文发表，一些重要的科技著作同样应该出版英文版，如"二战"后崛起的贝塔斯曼出版集团和艾尔斯维尔出版集团，就是以英语出版科技读物而迅速打入了国际出版市场。科技出版语言的英语化是挤进国际著名科技检索系统的重要举措，自然也不失为提高我国科技出版国际竞争力的重要思路。一些国际著名科技检索系统的索及对象主要是英语科技出版物，收录的非英语科技出版物所占比例极小。目前，国内 25 种英文版高校学报中，被 SCI 等国际著名科技检索工具收录的比重达到 20% 也就说明了这个问题。

第五，在传统审稿制度的基础上，建立并推进科技出版物稿件外审制度，以进一步提高科技出版物的用稿质量，提高科技出版物的质量水平。从本质意义上讲，高质量的稿件才是科技出版物的生命所系，没有科学的用稿制度，尤其是审稿制度，要提高出版物的质量是不现实的。在科技出版发达国家，科技出版机构对于稿件的处理是十分慎重的，一般均是由相关领域的著名专家学者来决定稿件取舍，对于拟采用的稿件还要由相关专家提出修改意见。这种稿件外审制度是确保科技出版物质量的重要机制。

参考文献

[1]宋健. 宋健谈科技出版工作[J]. 学会月刊，1997(9).

[2]孙永杰. 国外科技出版经营管理[J]. 科技与出版，1997(5).

[3]任胜利，等. 谈如何加快中国科技期刊的国际化进程[J]. 编辑学报，1998(3).

[4]曹明.国外科技期刊国际化发展的现状与趋势[J].中国科技期刊研究,1994(4).

[5]张离景,等.中国科技期刊走向国际的必由之路[J].中国科技期刊研究,1999(3).

[6]蔡玉麟.科技期刊国际化漫谈[J].编辑学报,2002(1).

[7]李淑兰.中国高校学报自然科学英文版学报的现状与前瞻[J].编辑学报,2002(2).

原载于《出版发行研究》2003 年第 1 期

中国学术期刊同行评审的实践与研究

同行评审是国际上学术期刊稿件评审的基本制度。近 10 多年来，随着学术出版业的快速发展，学术期刊的国际化成为中国学术出版界和学术界普遍关注的问题。在这种背景下，推行国际通行的同行评审，提升学术期刊的用稿质量，成为中国学术期刊发展的必然选择。本文将重点论述中国学术期刊同行评审的缘起，学界关于这一制度的争鸣以及实践中存在的主要问题等三个方面的内容。

1. 中国学术期刊同行评审的缘起

从 1665 年法国的《学者杂志》(Le Journal desSavants)算起，学术期刊的同行评审已有 300 多年历史。时至今日，同行评审业已成为国际上学术期刊稿件评审与质量控制的一种基本制度规范。

然而，中国的情形却有所不同。尽管中国最早的学术期刊之一、创办于 1792 年的《吴医汇讲》就采用了类似同行评审的审稿方式，但是，同行评审始终没有成为中国学术期刊稿件评审的主流方式。长期以来，中国学术期刊采用的是以期刊编辑为主的"三级审稿制度"，习惯上称为"三审制"。所谓"三审制"，就是稿件的评审经过初审、复审和终审三道程序。其中，初审由责任编辑，即具有编辑职称或具备一定条件的助理编辑人员负责；复审，由具有正、副编审职称的编辑室主任一级人员担任；终审，则由具有正、副编审职称的社长、总编辑（副社长、副总编辑）或由社长、总编辑指定的具有正、副编审职称的人员承担。

中国学术期刊的"三审制"源于图书出版的相关审稿制度。与许多国家不同，中国的学术出版业长期以来是以科技图书的出版为主体的，学术期刊的出版一直处于从属地位。1952年中国出版总署颁布《关于国营出版社编辑机构及工作制度的规定》，这是确立图书"三审制"的第一个政府文件。此后陆续颁布的许多文件，如1980年国家出版局颁布的《出版社工作暂行条例》、1997年新闻出版署发布的《图书质量保障体系》等则进一步完善了"三审制"，如规定在三审环节中，任何两个环节的审稿人员不能同时由一人担任，等等。由于中国的学术期刊出版长期依附于科技图书出版，因此，在学术期刊出版中几乎完全照搬了科技图书出版中的"三审制"。

20世纪90年代中期，中国期刊界首次提出国际化的概念，此理念"一经提出，立刻成为研究的热点，直到现在仍是中国期刊界的一个重点研究课题。"①在这种背景下，中国学术期刊一直以来沿用的"三审制"由于与国际惯例不一致而开始受到质疑②。一些学术期刊，尤其是众多高校学报，开始尝试改良原有的"三审制"。一般的做法是将其中"二审"的部

---

① 曹明. 国外科技期刊国际化发展的现状和趋势[J]. 中国科技期刊研究，1994(4).
② 邓军文. 学术期刊质量控制的制度建设——谈"三审制"与"审读"[J]. 广东技术师范学院学报，2006(3).

分职能交由同行专家来执行。这种制度上的改良，逐步得到了学术出版界的认同和接受。尽管引入同行评审导致了一些程序上的变化，但由于"并没有否定或偏离'三审制'"①，因此获得了相关政府主管部门的认可甚至鼓励。例如教育部就将是否采用该项审稿制度作为其所主管学术期刊评奖的强制性条件。2003 年以来，在评选"名刊工程"的指标中，专家审稿都被作为获得评奖资格的一项硬性要求。

经过 10 多年的实践摸索，中国学术期刊引进同行评审业已取得成效。一些较早采用同行评审制的学术期刊，如《中国社会科学》《浙江大学学报》等，不仅质量有了较大幅度提升，而且国际化进程也明显提速，已经开始进入国际期刊检索系统。然而，从中国现行的审稿制度要求来看，同行评审毕竟不是"三审制"本身的内在要求。因此，如何看待同行专家在学术期刊稿件评审中的作用，如何定位同行专家的职能等一系列问题引发了国内众多相关研究人员的深入探讨。

2. 中国学术出版界关于同行评审的争鸣

如前所述，近年来同行评审已经成为中国学术期刊研究的热点问题。我们的文献调查发现，近 10 年来，相关期刊发表的有关这一主题的研究论文超过了 200 篇。这些研究涉及同行评审的方方面面，但是，大部分研究集中在同行专家及同行评审的作用与有效性、同行专家的职能定位等问题上。

关于同行专家及同行评审的作用与有效性问题，大家的看法尚不一致。赞成者认为，引入同行评审，借助各领域专家学者的智慧，对于弥

---

① 郑良勤. 社科学术期刊匿名审稿问题综论[J]. 中国出版，2003(8).

补编辑们专业知识的不足，提升学术期刊的质量具有重要意义。然而，也有不少学者对同行专家及同行评审的作用与有效性持怀疑态度，认为它们对确保学术期刊质量起不到应有的作用，过高估计同行评审专家的作用对学术期刊的健康发展是有害的。例如，万群①指出："同行评议是在共识基础上的价值判断，而少数人的创新思想往往难以很快为多数评议专家所理解和接受"，因此同行评议专家很容易"受其规范的知识结构影响，一般青睐于在规范的知识体系中论证和研究，而排斥有创见的学术思想和新的知识生长点"。孙二虎等则对同行专家评审的可靠性提出质疑，指出外审专家容易受期刊编辑诱导，从而使外审结果符合编辑人员的期望②。此外，一些学者还从同行评审实践的一些不完善之处，如一些期刊选择专家的关联性偏低、少数专家的责任心不强等方面试图否定同行评审的意义。

关于同行专家的职能定位问题，学术出版界的看法同样不一致。例如，贺自爱等指出，在学术期刊的编辑过程中应该凸显学术期刊编辑的"主体功能"③，外审专家只能承担"辅助功能"。外审专家主要不是替编辑做决定，而是向他们提出意见和建议。同样，阎西林也持有类似观点，他强调同行专家在学术信息传播中的角色应是作者稿件的"同行读者"，他们的评议是对期刊和作者有重要参考价值的信息反馈。这种所谓"同行读者"的角色定位意味着应将"外审"专家从居高临下的"审判者"地位中解脱出来，使他们不再拥有决定稿件是否采用的特权④。尽管这类讨论还在延续，但是削弱外审专家对刊物用稿"生杀大权"的倾向似乎略占上风。

---

① 万群. 试论同行评议中存在的问题及改进措施[J]. 学会，2006(2).
② 孙二虎，等. 决审：决定科技期刊水平的主要环节[J]. 编辑学报，2003(6).
③ 贺自爱，贺国庆. 科技期刊编者的主体功能[J]. 编辑学报，2000(1).
④ 阎西林. 论"外审"的角色定位[J]. 编辑学报，2004(1).

3. 中国学术期刊同行评审实践及其存在的问题

争论还在继续，但这并不妨碍学术期刊出版界对同行评审的实践探索。在中国现有的 5000 余种学术期刊中，相当大的一部分在尝试引进这一审稿制度。为了掌握同行评审在中国学术期刊出版中的实际应用情况，2006 年 9 至 10 月我们通过随机访问部分学术期刊(主要为高校学报)网站的方式，对其稿件评审方式进行了一次调查。表 1 是此次调查所获得的相关数据。

表 1　采用同行评审与未采用同行评审期刊数量比较表

样本期刊数（种）	采用同行评审		未采用同行评审	
	数量（种）	百分比	数量（种）	百分比
122	103	84.43%	19	15.57%

调查结果表明，同行评审作为学术期刊稿件评审的基本制度在中国已初步确立。被调查的 122 种学术期刊中，103 种业已采用同行评审，占样本总量的 84.43%以上；未采用的有 19 种，占样本量的 15.57%。级别较高的、ST ME 刊物几乎无一例外都采用了同行评审。显然，同行评审已经作为一种重要的审稿方式开始在中国学术期刊出版中发挥作用了。

下面我们将从评审方式、评审手段和同行专家的遴选与管理等三个方面，对当前中国学术期刊的同行评审实践和存在的问题做一个简要分析。

3.1 评审方式及其存在的问题

同行评审可以分为单盲评审和双盲评审两种基本形式。从实践结果来看，这两种评审方式各有优缺点。正如美国一家医学杂志的执行主编 Richard M. Glass 所指出的："单盲或双盲审稿……是一个最容易引起争论的问题，有待深入研究。"①然而，从目前中国的实际情况看，学术期刊多采用单盲评审方式②。上述对学术期刊的调查也验证了这一点，在 43 种确定为盲审制的期刊中，采用单盲制的有 32 种，占样本量的 74%；采用双盲制的有 11 种，占样本量的 26%③。

那么，为什么中国学术期刊出版界对前者情有独钟呢？笔者在与一些期刊编辑的交流中了解到，一些刊物和多数同行非常看重论文作者的研究背景，认为作者的背景信息也是判断论文价值的重要标准。还有一些刊物认为隐去论文作者信息是对同行专家的不尊重。另外，有些编辑部则是由于没有准备好应对盲审所带来的工作程序的调整。正是基于这样一些考虑，多数期刊更倾向于采用单盲制，而目前国内对同行评审的不满也主要集中在单盲制上。就像黄劲松等指出的，由于中国学术期刊现有审稿机制的不完善，存在着同行科学家竞争造成的互贬以及学术流派之争，单盲审稿制的确有改进的必要。而除了改进现有单盲制的缺陷以外，适当扩大双盲评审也不失为一种明智之举。

3.2 评审手段及其存在的问题

在传统技术条件下，期刊编辑部与同行专家之间是通过实物邮件的

---

① Richard M. Glass. Peer Review and Quality Control inBiomedical Publication[J]. 编辑学报，1995(2).
② 黄劲松，杨兵. 单盲法审稿的缺失与优化[J]. 编辑学报，2004(3).
③ 方卿. 我国学术期刊同行评审现状分析[J]. 中国编辑，2006(6).

传送来进行稿件评审的。随着互联网和数据库技术的发展与普及，这些
工作基本上可以快速、高效地在网络平台上实现。中国已经陆续有一些
学术期刊实现了稿件的网络化管理。例如，杭州师范学院学报开发的基
于 B/S 的期刊稿件管理系统，以编辑部内部局域网和 Internet 为基本平
台，实现了作者—编辑—审稿专家三位一体的全部数字化的稿件处理业
务。该系统以学报编辑部期刊管理工作流程为基础，增强了编辑部与外
界的信息交流，便于作者投稿和查询，缩短了专家审稿时间，提高了编
辑部工作效率[①]。又如，《太原理工大学学报》基于 ASP 技术原理，依托
学报的 Inter-net 网站，结合学报网上审稿专家数据库，建立了期刊的网上
审稿系统，该系统 2004 年开始在校园网上投入试运行，效果良好[②]。再
如，《地球科学》1998 年开始创建网站，至今其出版流程及管理已经全面
网络化，包括网上投稿、网络化稿件管理、网上稿件查询、网上审稿、
读者邮件列表服务等环节和功能，实现了作者、读者、编者网络化互动
式交流[③]。显然，这种技术上的进步将促进同行评审在中国的进一步
发展。

　　不过，迄今为止中国学术期刊稿件管理系统的数字化工作还处于起
步阶段，而且无论从开发和使用的角度来看都存在各自为政的弊病。通
常一些较具超前眼光的期刊会利用自己的或者第三方技术开发商的力量
开发适用于本刊的系统，但这些系统的应用通常都局限于该刊。中国迄
今为止没有出现像 Manuscript Central、Bench Press、Editorial Manag-er 和
ASPERS 这样被几十家出版社的几百种期刊共同采用的网络投稿暨同行评

---

① 陈翔. 基于 B/S 的期刊稿件管理系统的设计和实现[J]. 杭州师范学院学报(自然科学
版)，2006(1).
② 郭涛，等. 基于 Internet 的网上审稿系统的设计[J]. 太原理工大学学报，2004(6).
③ 骆满生，王亨君. 从《地球科学》网络化看学术期刊的发展[J]. 武汉大学学报，1999
(增刊).

阅系统①。而更加基本的问题是，对中国大多数学术期刊而言，计算机和网络技术的应用还仅限于用编辑排版软件来加工稿件，用电子邮件来传递稿件，用 Excel 软件来统计稿件信息等简单作业。这种技术手段的滞后影响了同行评审的效率。

3.3 同行专家的遴选和管理及其存在的问题

同行专家的遴选与管理是学术期刊同行评审的核心。如果专家选择失当，那么同行评审不仅不能起到科学鉴定和评价论文质量的作用，而且还有可能带来严重的负面效应。因此，科学地选择和有效地管理同行专家就显得尤为重要。目前，中国学术期刊同行专家的选择与管理尚不尽如人意。

首先，多数期刊的同行专家数据库规模偏小。国内学术期刊早期的审稿专家都是在需要外审时临时确定的，多数期刊没有专门的审稿专家数据库，选择具有很大随机性，而且选择的专家局限于编辑们熟悉和打过交道的人。1993 年《中国科学技术论文评审专家名典》、2000 年《西北地区高校审稿专家名录》（自然科学类）、2001 年《上海市高校科技论文评审专家名录》等的问世使这一情况有所改观。但是一方面，这些综合性名录本身在学科分布和涵盖面上难以做到尽善尽美，因此其对综合性高校学报类期刊或有较高参考价值，但对于许多单学科期刊而言，其作用就很有限；另一方面，中国名录出版修订周期往往很长（前所举名录出版至今都无修订版和新版问世），导致收录的数据过时，进一步削弱了应用价值。因此，中国学术期刊审稿专家规模偏小，可供选择的专家数量不足的弊病一直很难克服。以国内知名的医学刊物《中华妇产科杂志》为例，

---

① 邱炯友. 学术传播与期刊出版[M]. 台北：远流出版公司，2006.

该刊 2000 年新来稿 1911 篇，可参与审稿的编委及审稿人不足 70 人①，这种状况在国内学术期刊的出版中是很常见的。近年来，国内一些相关机构开始建设网络专家数据库，如中国高等学校自然科学学报研究会的网上学术期刊审稿专家数据库系统等，一些期刊也开始主动招募和建设自己的评审专家队伍，但这些措施要见成效还需假以时日。

其次，专家的研究方向与所评审论文的研究内容不匹配，关联度偏低。同行评审就是要借助对论文的研究课题有较深入了解的同行专家来评定论文的学术水平与创新程度，因此，确定合适的同行评审人选就显得很重要。在目前的中国，学科的发展和分化速度同样很快，但是存在前述学术期刊评审专家规模偏小、专家数据库包含的专家信息内容偏少而且更新缓慢等问题，加上在实施专家评审过程中不可避免的人为因素和操作失误，导致专家研究方向与所评审论文的研究内容不相适应，从而削弱了专家审稿的意义。

再次，当前中国许多学术期刊缺乏具有可操作性的审稿标准。以1997 年以前的《广东医学》为例，其审稿单要求评审专家填写的只有"审稿意见"一栏，无怪乎只能得到专家笼统的反馈意见。对某刊 1998—1999年 1183 份审稿单的随机调查分析发现，其中 411 份，即 34.74% 的没有具体意见，而只有诸如"本文无新意，建议退稿""本研究有指导意义，建议发表"一类的套话②。所幸这个问题已经引起实践工作者和研究人员的高度重视，近几年来在审稿工作标准化和量化管理方面出现了众多的相关研究和尝试③。

最后，期刊方面与同行专家的沟通不够。有些期刊只要没有评审任

① 潘伟，游苏宁. 中华妇产科杂志审稿现状及对策[J]. 编辑学报，2002(1).
② 杨子明，游苏宁. 中华医学会系列杂志审稿机制探析[J]. 中国科技期刊研究，2004(4).
③ 冯桂欣等. 审稿工作中的分工协作与规范化管理[J]. 中国科技期刊研究，2000(1).

务，一般不与同行专家发生联系；当有论文需要评审时，才临时联系专家。这种做法对于期刊贯彻实施专家评审制度是不利的。不过也有一些期刊在这方面做得比较好，如《中华护理杂志》一般每 2 年举行一次全国性的审稿人工作会议，除了向新老审稿专家传播必要的审稿知识以外，还能加强编辑人员与审稿人之间的交流和了解①；一些期刊则定期公布评审专家名单，很多专家将此举看作是一种荣誉和认可，从而增强了工作积极性；还有一些期刊定期向同行专家报告刊物的来稿情况、稿件的录用比例，等等。这些活动投入不多，但对沟通双方的情感，培养同行专家的责任意识都很有意义。

4. 结　论

同行评审是在中国学术期刊国际化进程中出现的新现象，在学术出版业界积极进行实践探索的同时，出版学术界对其进行一些理论上的探讨显然具有积极意义。在此过程中，所面临的主要问题是如何在现行的"三审制"框架内，正确处理同行专家审稿与编辑审稿之间的关系，科学定位同行评审制度，进一步完善中国的学术期刊稿件评审制度。

原载于《图书情报知识》2007 年第 6 期

---

① 曹作华. 专家审稿工作中的问题与对策[J]. 编辑学报，2002(3).

学术出版体制机制的形成与演化

　　学术出版，是科学交流发展到一定历史阶段的产物。在严格意义上的出版产生之前，科学交流主要是以寄存手稿、"无形学院"、预印本等方式进行的。学术出版产生后，尤其是学术期刊诞生后，以纸质期刊、图书等出版物为主的学术出版逐渐取代了"无形学院"等传统科学交流，成为科学交流的主要方式，并且获得了"正式交流"渠道的美名，而前者则被冠以为"非正式交流"渠道的名号。学术出版自打产生以来，其体制机制一直处于发展变化之中，其中出版主体、出版服务和出版投入的变化是影响学术出版作用或功能的关键要素。本文拟对学术出版体制机制中的出版主体、出版服务和出版投入三大要素的形成与演化做一个简要回顾与梳理。

1. 学术出版主体：从学人或学术团体到商业出版商

　　与"无形学院"等非正式科学交流不同，作为一种高度社会化的科学交流活动，学术出版总是由特定的出版主体来组织或实施的。出版主体的不同，学术出版的运作方式、功能效用等也不完全相同。以期刊出版为例，其学术出版主体就经历了从学者或学术团体到商业出版商的演化或发展过程。早期的学术期刊主要是由学者或学术团体主导出版的，20世纪50年代后演变为商业出版商主导。今天全球的学术出版仍然是由商业出版商所主导的一种商业科学交流活动。

　　学界大多认为，创刊于1665年3月6日的《哲学汇刊》是全球最早的一本学术期刊。学术期刊出版正是缘起于《哲学汇刊》的诞生。《哲学汇刊》是由学术团体——英国皇家学会（Royal Society）主办并出版的。皇家学会首任秘书亨利·奥尔登伯格担任主编，稿件由学会理事会审定和复审，出版经费由学会会费支付，刊物向会员或社会发行①，无任何三方机构参与。我国最早的学术期刊——创刊于清乾隆五十七年（1792年）的《吴医汇讲》则是由清代名医唐笠山编辑出版的，并非由专业出版机构主导。相关研究表明，从《哲学汇刊》创办的1665年到20世纪中叶的"二战"结束，学会、大学等科学团体是科技期刊的出版主体，商业出版商出版的科技期刊仅占很小的一部分。科技期刊由专业学会创办，与专业学会保持着密切的联系，主要在学会和大学发行，通过学会、大学补贴和版面费维持期刊可持续发展，从商业上讲科技期刊是不具有营利能力的行业②。在这近300年间，科技期刊主要有科学知识的聚集和存档、信息交流、确证科学研究的水平和质量、对科学家的"回报"和聚集科学团体成员等5个方面的重要功能③。也就是说，从缘起上看，学术期刊基本是

① 宋轶文，姚远.《哲学汇刊》的创办及其前期出版状况[J]. 中国科技期刊研究，2014（5）：632-636.
② 刘天星，孔红梅，段靖. 科技期刊传播技术、期刊功能和商业模式的历史演变及相互关系[J]. 中国科技期刊研究，2014（10）：1215-1223.
③ Schaffner Ann C.The future of scientific journals：lessons from the past[J]. Information Technology and Libraries，1994，13（4）：239-247.

由学者或学会、大学等科学团体来主办，商业出版商极少介入学术期刊的出版，而学会、大学等科学团体办刊的目的是纯学术，而非商业。

"二战"结束后，科技投入的增长、科学技术的进步、新兴学科的发展、科技产出的提升等，彻底改变了学术团体主导学术出版的格局。"许多商业出版社看到了科技期刊业所蕴含的商机和学会出版能力的不足，凭借自己强大的资本和专业化的运营能力，逐渐接管了学会和大学的部分期刊，提供了除科学编辑之外的出版、发行等多方面的服务。另外，一些商业出版商通过和学会会员、科学家的合作开始创办自己的刊物，而科学家由于传统的学会期刊体系难以满足自己的需求也积极寻求与出版商的合作，成为出版商的主编、编委和作者。在这个阶段商业出版社从期刊出版数量上逐渐成为科技期刊出版的主体"①。爱思唯尔、施普林格和约翰·威利等学术出版巨头，都是在这个时期发展起来的。商业出版社的介入，一方面较好地满足了科学发展对科学交流的新要求，另一方面也蕴含着学术出版目的和动机的多元化。科技期刊从一个"赔钱"的事业变成了"赚钱"的产业，学术出版除了原本的学术目的，又新增了商业诉求。应该说，"商业出版社成为科技期刊出版主体有其历史必然性"和合理性。"出版商想获得资源，公众想看到知识，因而出版商掏钱买来文章出版，读者再掏钱买来看，这是一个合理的逻辑"②。直到 20 世纪 80 年代，学术出版主体虽然从学会、大学等科学团体转变为商业出版商，但出版商的商业诉求尚控制在合理的限度内，并没有从根本上影响到学术期刊出版的科学或学术功能。

然而，进入 20 世纪 80 年代后，由于品牌影响力不断扩大，垄断地位

---

① 刘天星，孔红梅，段靖. 科技期刊传播技术、期刊功能和商业模式的历史演变及相互关系[J]. 中国科技期刊研究，2014(10)：1215-1223.

② 刘力源. 学术出版"寡头政治"能持续多久？[N]. 文汇报，2017-05-05：第 W02 版.

逐步形成，一些学术出版商开始大幅度提高期刊定价。Blackwell 期刊价格指数显示：在 1990—2000 年，社会人文科学领域的学术期刊的涨幅高达 185.9%，而科技和医学领域的学术期刊的涨幅则分别高达 178.3% 和 184.3%①。期刊价格的大幅上涨，给出版商带来高额的利润，却严重削弱了图书情报机构的文献保障能力，并在很大程度上影响了学术团体的科研和教学活动②，酿成了所谓的"学术期刊危机"，学术出版的功能得以彻底"异化"，商业诉求成了学术出版的主要动机，服务学术退居次要地位。

通过上述回顾可以看出，从 17 世纪中叶到 20 世纪中叶的 300 年间，学术出版，由学会或大学等研究团体主导，其目的是纯学术的，学会或大学等研究团体不惜为期刊的出版补贴资金；从"二战"结束到 20 世纪 80 年代的 30 多年间，商业出版商开始介入学术出版，较好地提升了学术出版的服务能力和服务水平，学术出版的商业意图并没有超越其学术目的；但从 20 世纪 80 年代开始，出版商影响力的扩大和市场垄断地位的形成，学术出版的商业诉求开始影响到了其学术目的的发挥，学术出版成为出版商获取高额利润的营生，学术出版的功能得以彻底"异化"。

20 世纪 80 年代后确立的以商业出版商为主体的学术出版体制一直延续至今，现行以学术期刊为主的学术出版体系仍然是由商业出版商主导或掌控的。原本作为学术期刊主导者的学者或大学、学会等学术团体则成了服务于商业出版商的辅助角色，为学术期刊出版商供稿和审稿，但却失去了对学术期刊定价与发行等经营问题的发言权。与此同时，作为用户的大学、科研机构和图书馆等，议价能力进一步下降，逐步丧失了作为用户在购买活动中的话语权。

应该说，学术出版体系由商业出版商主导，既有其积极意义，也有

① 唐虹. 解决学术期刊危机的新模式：开放存取[J]. 编辑之友，2006(1)：59-60.
② 于良芝. 世界学术期刊变迁中的知识交流权分析[J]. 情报资料工作，2005(2)：21-25.

不足之处。学术出版商，作为专业化的出版组织，不仅具有出版人才、出版技术和商业资本等出版资源方面的天然优势，而且还有出版经营管理、出版市场拓展等多方面的丰富经验。出版商的介入，极大地提升了学术出版的社会化和专业化水平，提升了学术出版的服务能力。这是出版商介入学术出版的积极意义。但是，作为商业组织，出版商具有天然的逐利属性，对于高额利润的追求可能导致学术出版体系功能的"异化"。尤其是在形成市场垄断后，这种"异化"将更为严重。20世纪80年代以来的"学术期刊危机"正是出版商对高额利润的追求所致。正如文献①所指出的，"市场经济给出版商带来滚滚商机的同时，也给学术期刊的发展带来了难以摆脱的危机和困境。一方面商业化的改造使学术期刊价格上涨、质量下降、购买减少，这不仅阻碍了学术团体的科研和教学活动，而且还逐渐形成出版商的学术市场垄断地位；另一方面，知识生产者的利益得不到保障，学术团体或读者不得不向出版商支付高额的价格购买学术产品，以促使新学术产品的产生，但这一循环却又间接巩固出版商的学术市场垄断地位"。

正是基于现行学术出版体制的这一矛盾性，国内外学者异口同声地发出了借势数字出版的发展变革现行学术出版体制的呼声。2007年，中国科协学术部召开专题会议研讨数字环境下的学术出版改革问题，并出版了《数字环境下的学术出版》论文集，对新技术环境下建立新的出版体制机制展开了全方位的探讨。Roman David等指出，在当前背景下"学术出版模式需要更新升级"②，"学术出版必须转变范式"③等。这一体制变

---

① 段玉思. 国外学术期刊商业化出版竞争格局演进分析[J]. 中国科技期刊研究，2007（6）：981-983.
② Roman David. Scholarly publishing model needs an update[J]. Communications of the Acm，2011（1）：16-17.
③ Anonymous. Shifting the paradigm for scholarly publishing[J]. Chemical & Engineering News，2000（16）：31-31.

革的根本思路，并非试图建立一种约束商业出版商追求高额利润的机制，而是在商业化学术出版体系之外建立起一个新的开放存取学术出版体系，以打破商业出版商对学术出版市场的垄断，形成一种竞争性的学术出版格局。在这种理念的指导下，一些高校、科研机构或图书馆纷纷介入学术出版领域，以开放存取方式参与学术出版活动。经过多年的努力，开放存取学术出版虽然渐成气候，但遗憾的是，期待的良性竞争格局并未形成，商业出版商仍然以其优质的学术资源牢牢控制着学术出版的主导权，维持着坚挺的期刊定价，现行学术出版格局依然十分牢固，并没有被撼动的迹象。

鉴于这一现实，我们认为，试图摆脱商业出版商另行建立一套学术出版体系，构建没有商业出版商参与的学术出版体制机制并不一定是最好的选择。一方面，在市场经济条件下，科学研究对学术资源的巨大需求必然导致商业资本的介入，商业出版商具有参与学术出版的天然动机，不是想摆脱就摆脱得了的。另一方面，学术出版是一种需要大量资本投入和高度专业技能的社会化活动，在单一的学术建制体系中，没有第三方的参与，应该难以独立实现。借助商业出版商的力量或许是一种更为经济或理性的选择。因此，建立新的学术出版体制机制，不是试图摆脱商业出版商，而是有效规范其学术出版经营行为，避免过度强调商业利益的现象，以达到学术和商业双赢的效果。

2. 学术出版服务：从文献服务到情报服务再到知识服务

学术出版总是以特定的学术产品或服务来满足科学研究活动的需求的。学术出版服务，表面上看，是学术出版体制机制的产出或曰效果，但从本质上讲，它却是学术出版体制机制的有机组成部分。因为一定的学术出版产品或服务，总是与学术出版的组织体制和运行机制密不可分的，有什么样的出版产品或服务，也就有什么样的学术出版组织体制和运行机制。

回顾学术出版发展史不难发现，不同历史时期学术出版提供的产品或服务形态并不完全相同，大致经历了从文献服务，到情报服务，再到知识服务的演进历程。正如本人拙作所指出的，"在以纸张为载体的印刷时代，出版主要通过书报刊等文献产品来提供服务，文献即产品，产品即服务，产品与服务融为一体不可分割；随着社会生产力发展和信息技术进步，人类进入信息时代，出版主要通过图书数据库、论文数据库和其他商业数据库等情报产品来提供服务，情报即产品，情报即服务，出版的产品属性有所减弱，服务意识开始增强；到今天进入智能时代，出版的知识生产和知识传播本质被重新发现，提供解决方案、决策支持、咨询建议等各种形态的知识服务成为出版的显著特征和重要职能，有些仍以产品形态呈现，如研究报告、在线课程，更多的却已脱离产品的范畴，如出版智库、付费社区，服务逐渐从有形或无形产品的依附关系中独立出来，直接为服务对象提供知识创造价值，知识即服务，出版即服务，出版的服务属性进一步增强"①。

学术出版服务的这种形态演进，实质上，是学术出版体制机制的发展变化，是学术出版基于市场需求变化主动变革体制机制的结果。从表面上看，这种变化主要体现为学术出版服务内容与方式的变革，但从本质上讲，学术出版服务内容与方式的变革是学术出版体制机制变化的必然结果。从这个意义上讲，学术出版服务的演化，也是一个学术出版体

---

① 方卿，王一鸣.论出版的知识服务属性与出版转型路径[J].出版科学，2020(1)：22-29.

制机制范畴的议题。

文献服务，是以出版、发行纸质载体的图书和期刊为基本服务形态或服务方式的一种出版服务。文献服务时期，始于学术图书和学术期刊的产生，一直延续至 20 世纪中叶电子出版的兴起。进入情报服务和知识服务时期后，文献服务虽然不再是主流的学术出版服务形态，但它依然扮演着不可或缺的重要角色。文献服务，实际上，是一种单纯的学术或文化商品的生产与销售服务。在这个时期，学术出版商，类似如普通工商企业，基于市场需求为学者或学术团体生产和销售学术图书与期刊等文献商品，学者或学术团体基于购买和付费订阅模式获取文献商品的使用权。"在文献服务时期，掌握知识物化而形成的静态文献资源，并赋予其固定化的标准、规范，被认为是出版的核心价值"①。若以体制机制衡量，学术出版服务主要表现为简单的文献商品的生产和销售；学术出版商则是单纯的文献商品的生产商和销售商；出版商与学者或学术团体之间的关系，也是一种单向度的文献商品买卖关系。

情报服务，则是在集成图书、期刊等文献资源基础上为用户有效利用文献资源所提供的多种方式的学术内容资源服务，是以文献服务为基础的一种学术出版增值服务，其目的是解决学术文献的快速增长与高效利用之间的矛盾；其方式是整合学术内容资源，开发学术内容资源数据库，出版学术文献目录、索引和文摘，为用户提供信息检索、科技查新、引文分析、热点追踪等学术增值服务。1898 年英国创刊的《科学文摘》、1907 年美国创刊的《化学文摘》，可以看作是学术出版情报服务的缘起。此后，"随着技术进步促使信息资源极大丰富、政策环境变化导致出版体制变迁，几个世纪以来建立的出版权威面临消解的风险：知识越来越急

---

① 方卿，王一鸣. 论出版的知识服务属性与出版转型路径[J]. 出版科学，2020（1）：22-29.

于跳脱纸张作为知识媒介的'内在规定性',知识的传播方式越来越倾向于从单一的传承式过渡到多元的交流式,知识的使用者越来越重视知识的深度利用和个性体验。于是,信息时代知识的价值更多地由前端的生产环节向后端的二次开发和利用环节转移,以文献生产和传播功能为核心的出版服务逐渐式微,以信息分析服务为核心的出版情报服务时期到来"①。进入 20 世纪中叶,随着数据库技术的发展和普及,学术数据库出版促进了学术出版情报服务内容的拓展,科技查新、引文分析、热点追踪等关联学术情报服务逐步成为学术出版商竞相追逐的新宠。当今世界大型龙头学术出版商所提供的服务,均是基于学术资源数据库的学术情报服务,再不是单纯的传统的学术文献出版和发行服务。学术情报服务时期,以体制机制衡量,学术出版的内容已不再是单纯的文献商品的出版与发行,而是在学术文献出版基础上的学术资源增值服务。学术出版不再是单纯的文献商品制造业,而是基于学术内容资源的服务业;学术出版商与学者或学术团体的关系,也不再是单纯的文献商品买卖关系,而是基于学术内容资源的服务者和被服务者的关系。学术出版从制造业演化为服务业,学术出版商从学术文献出版商演化为学术内容资源服务商。

知识服务,是 20 世纪末伴随"知识经济"的兴起而提出的一个新概念,一般被定义为,从各种显性和隐性知识资源中按照人们的需要有针对性地提炼知识和信息内容,搭建知识网络,为用户提出的问题提供知识内容或解决方案的信息服务。与文献服务不同,知识服务提供给用户的不是图书或期刊等文献产品,而是直接满足其需求的知识内容;与情报服务不同,知识服务提供给用户的不是解决问题各种线索或途径,而

---

① 方卿,王一鸣,论出版的知识服务属性与出版转型路径[J]. 出版科学,2020(1):22-29.

是能够解决问题的具体"答案"。知识服务的基本形式是基于现代信息技术的个性化信息提供，其本质是基于用户需求的个性化知识组织与服务。它提供给用户的不仅是个性化的内容资源，而且这些内容资源还是以个性化的呈现方式提供给用户的。对出版业而言，知识服务虽然是一个新的概念，但出版与知识或知识服务却有着悠久的渊源。美国经济学家弗里兹·马克卢普在《美国的知识生产与分配》一书中，就已将出版业定义为"知识产业"，属其中的"知识生产"范畴。学术出版知识服务的核心，是知识生产或组织中内容资源的深度结构化处理，其知识单元必须是细粒度的，而不再是一本书、一本刊或一篇文章；各知识单元之间不再是离散关系，而是可按需重组的强关联关系；知识的呈现不再是纯文本或多媒体的，而是多维可视化的呈现。当然，当下的学术出版，离严格意义上的知识服务还有一段距离，但这个方向却是明确的。

从文献服务，到情报服务，再到知识服务的发展，是学术出版体制机制发展进化的基本脉络和三个阶段。不同的学术出版服务体制与机制，对学术出版的业务组织、产品或服务形态以及与用户之间的关系具有完全不同的要求。学术出版体制机制的创新，应该循着这一脉络，积极拥抱新技术，着力构建适应学术出版知识服务发展要求的新体制和新机制。

3. 学术出版投入：从单一来源到多元投入

没有投入，就没有产出。学术出版活动，无论是由谁主导，也无论是以何种产出或服务示人，都必须有相应的投入作为保障。但是，投入的主体或渠道不同，学术出版活动的功能和社会影响也不相同。因此，建立科学合理的学术出版投入体制与机制，是完善或优化学术出版功能的前提或基础。

学术期刊出版的历史表明，学术出版活动的投入不外乎这样 3 条主要渠道：一是大学、研究机构、学会等非营利性学术单位的投入；二是政府、作者或基金会的出版补贴；三是经营性出版单位的投入。由于这三种渠道的投入主体各不相同，它们各自对学术出版的要求或回报也存在明显的差异。其中，前两个方面的投入主要是出于对学术出版社会效益的考虑，一般不具有直接的经济回报方面的要求；后者，经营性出版单位的投入则不同，它都具有明确的经济效益诉求，不仅要求收回全部投入，而且还有相应的盈利，甚至高额的回报。

历史地看，西方学术期刊出版投入渠道或主体的发展或演进大致可以分为三个不同的阶段。从学术期刊产生到"二战"结束为第一阶段，大学、研究机构、学会等非营利性学术单位一直是这一时期学术出版投入的主体。这一时期，学术期刊的编辑、出版和发行事宜几乎全部由大学、研究机构、学会等非营利性学术单位承担。由于此时学术期刊需求有限，发行量小，期刊的销售收入远远覆盖不了出版印刷投入。大学、研究机构、学会等非营利性学术单位，只能从单位的会费等其他收入中拿出钱来补贴学术期刊的出版。从"二战"结束到 20 世纪末开放存取出版的兴起为第二阶段，这一时期，学术出版的投入同时来自前述 3 种渠道。表面上看，学术出版商是这一时期的投入主体，但其背后的"金主"实际上同时包括大学、研究机构、学会等非营利性学术单位和政府、作者或基金会的出版补贴。"二战"结束后，大量商业出版机构得以入主学术期刊，成为学术出版的主导者。商业出版商的介入，为聚集专业出版人才、升级出版基础设施、完善出版业务流程、建立全球化的出版物发行网络，需要不断加大对学术出版的资金投入。这其中既包括学术出版商的投入，也包括了大学、研究机构、学会等非营利性学术单位和政府、作者或基金会的出版补贴。这种学术出版投入体制一直延续到 20 世纪末开放存取出版的兴起。从 20 世纪末开放存取出版的兴起至今，可以看作是第三个阶段。这一时期，为削弱商业学术出版商的控制力，大学、研究机构、学会、图书馆等非营利性学术单位纷纷参与到学术出版活动中，以开放存取方式从事学术出版活动。开放存取出版的投入主要来自大学、研究机构、学会、图书馆等非营利性学术单位和作者支付的论文处理费。

从以上回顾可以看出，随着学术出版主体和方式的发展变化，学术出版的投入主体或渠道也会发生相应的改变。在这种改变中，有两个值得观察的点，即投入主体的多元化和出版商的投资回报，它们对建构科学的学术出版投入体制机制，完善和优化学术出版体系的功能等具有重要的意义。

投入主体的多元化，是与学术出版所具有的准公共品属性直接相关的。众所周知，论文或著作等学术成果大部分源于财政或其他非经营性投入所支持的学术研究活动，本应以公共品的方式回馈或服务于社会。然而，由于学术出版本身专业性强，投入大，在缺乏经营性资本介入的前提下，单纯依靠财政或其他非经营性投入难以为继，不利于学术成果的有效传播和充分交流。这就为商业出版商的介入留下了空间。商业出版商的介入，虽然有利于学术出版的发展，但却从根本上改变了学术出版的公共品属性。学术期刊、著作或数据库，从公共品进而变成了出版商的商品，成为出版商盈利的工具。正是从这个意义上讲，学术出版既不是完全意义上的公共品，也不是纯粹的商品，而是介于两者之间的准公共品，同时具有公共品和商品的部分属性。作为公共品，学术出版需要财政或其他非经营性投入，如大学、研究机构、学会等非营利性学术单位和政府、作者或基金会的出版补贴；作为商品，学术出版当然就少不了商业出版商的投入。因此，我们认为，投入主体的多元化，是与学术出版所具有的准公共品属性所决定的，是完全符合学术出版发展规律要求的。

作为学术出版投入主体的出版商，在"学术期刊危机"中承受了巨大的压力，甚至是"骂名"。20 世纪 80 年代以来，一些品牌影响力大、市场占有率高的出版商，通过不断提高定价从学术出版市场上的确获得了高额的商业利润或丰厚的经营回报，这正是商业出版商被"污名化"的根源。学术出版产品和服务的高定价，的确影响甚至妨碍了科学交流活动。但是，如果将考查的对象拓宽到一些中小型学术出版商的话，结果将截然相反。在大量的学术出版商中，获得高额利润或丰厚回报的只是少数龙头学术出版企业，绝大部分中小型学术出版商不仅获得的回报有限，有些甚至需要通过其他出版营收来补贴学术出版。我国的大多数学术出版单位几乎都属于后者，即使在西方国家，这种现象也比较普遍。应该说，学术出版商从学术出版活动中获取适度的投资回报，是完全合乎商业逻辑的。我们的研究发现，当前全球学术出版市场主体结构失衡，少数大型龙头企业垄断市场，中小型学术出版企业竞争力不足，才是问题的关键。因此，有效抑制少数龙头出版商对高额垄断利润的攫取，并确保中小型学术出版商的生存空间，促进学术出版市场主体的协调发展才是从根本上解决"学术期刊危机"，促进学术出版健康发展的关键。任何否定商业出版商的作用，或在商业学术出版之外，依靠非商业投入重构学术出版体系的做法都是不科学的、不可取的。没有出版商的商业资本投入，学术出版必将重回 20 世纪 50 年代之前的老路。

4. 结　语

学术出版体制机制的创新，是基于学术出版体制机制发展规律的一种体系化变革。我们的研究表明，学术出版市场主体的重建、学术出版服务方式的迭代更新以及学术出版投入结构的优化，是这一体系化变革的关键所在。其中，重建学术出版市场主体，是要充分发挥学术团体、商业出版商以及图书馆等其他新型主体的共同作用，而不是将传统商业出版商排斥在学术出版体系之外；更新迭代学术出版服务方式，则是借助现代数字技术，变革学术出版产品与服务形态，密切学术出版产销关系，提升学术出版服务水平和质量；优化学术出版投入结构，要以保障充足的投入为前提，调动多元主体的投入积极性，培育完善的投入主体格局，抵充大型商业资本形成市场垄断。

原载于《出版发行研究》2021 年第 3 期，
博士研究生叶冉玲和杨冀是本文的合作者

基于制度视角的开放存取期刊学术质量控制

开放存取期刊(Open Access Journal,简称 OAJ,或称 OA 期刊)的编辑出版具有不同于传统学术期刊的特征,主要表现为不以向图书馆或读者收取订阅费用为营利手段,借助数字技术和网络平台编校和发布内容,期刊运营依赖政府、基金会及研究机构的投入和支持等。建立起适合上述特征的学术质量控制制度,对开放存取期刊的发展十分重要。客观地讲,作为一种新兴的科学交流方式,开放存取出版的运作基本无章可循,更谈不上严格的制度与规范。即使在关于开放存取的"3B"文件,即《布达佩斯开放存取计划》(Budapest Open Access Initiative)、《关于开放存取的毕士大宣言》(Bethesda Statement on Open Access Publishing)和《关于自然科学与人文科学自由的开放存取柏林宣言》(Berlin Deceleration on Open Access to Knowledge in the Science and Humanities)中,也基本没有涉及开放存取的运作制度与规范问题。因此,本文所讨论的开放存取期刊学术质量控制制度主要是成功的开放存取出版期刊和平台在实际运作过程中通过不断探索逐步积累起来的、控制出版物学术质量的一些积极尝试,具体涉及与开放存取出版直接或间接相关的赞助者、编辑、同行专家与作者等主要相关方及这些相关方在保证开放存取期刊质量方面所做的工作及形成的机制。在本文中，我们选取 4 个开放存取期刊平台作为案例，分析它们在资金筹集、内容质量把关、编委会与审稿人管理等方面的具体实践，以讨论其学术质量控制体系和相关制度的优缺点，从而基于制度视角提出开放存取学术质量控制的具体方案。这 4 个开放存取平台分别是：

（1）BioMedCentral（www. biomedcentral. com）：目前最大最成功的营利性开放存取期刊出版商，在同行评审等内容控制方面具有领先的制度设计。

（2）PLoS（www. plos. org）：创立较早的非营利性开放存取出版期刊平台，运作资金全部来自政府、研究机构和基金会的赞助，相关赞助制度较为成熟。

（3）Peer J（peerj. com）：基于社会化网络基础设施和知识共享理念建立的生命科学开放存取期刊，创新了"终身制会员""一年评一文"等编委会与审稿人制度。

（4）arXiv（arxiv. org）：由预印本论文在线文库演变而来的开放存取平台，开放存取运动的先驱之一。尽管平台上的论文大多尚未经过同行评审，需要经过严格的作者资格认定。

平台在充分保证学术论文传播时效性的同时创新了内容质量控制制度。

1. 资金筹集制度

开放存取出版常常被误解为"免费"出版。事实上，与传统学术期刊出版一样，开放存取期刊的评审专家、编辑和期刊出版商在加工和传播学术内容的过程中付出了大量劳动，保证了论文内容的学术质量，为研究人员节约了甄别优质内容的时间成本，为科学交流贡献了价值，他们付出的劳动同样应该得到补偿。正如《"布达佩斯开放存取计划"常见问题解答》一文中所指的，"免费是一个模糊的概念。我们所指的免费是针对读者，而并非生产者。我们知道开放存取文献并不能免费（没有花费）出版……"①这表明，与传统商业出版商主导的学术出版通过出版物销售利润维持运作不同，开放存取期刊是以免费的方式供读者无偿使用的，因此，要维持其正常运作就必须依赖各方面的资金支持。从目前的实际情况看，相关资助主要来自社会与企业的赞助、会员缴纳的会费以及作者缴纳的稿件处理费（article processing charge）等。

1.1 赞助制度

开放存取运动的初衷是打破商业性学术出版的垄断，最初由研究型图书馆、学术研究人员等发起，有关政府机构、基金会、协会等纷纷响应，为开放存取先驱提供资金支持。如 PLoS 在创立之初曾接受过来自包括戈登和贝蒂·摩尔基金会（Gordon and Betty Moore Foundation）桑德勒家族支援基金会（Sandler Family Supporting Foundation）、开放社会协会（Open Society Institute. OSI）、爱尔文·汉森慈善基金会（Irving A Hansen Memorial Foundation）、多利斯·达克慈善基金会（Doris DUke Charitable Foundation）、艾莉森医学基金会（Ellison Medical Foundation）、布拉夫斯·威尔康姆基金（Burroughs Wellcome Fund）等 18 个基金会的赞助②。作为非营利性开放存取平台，arXiv 的运营主要依靠各大学图书馆、研究会

---

① 数字化生存. 开放存取概述——专注于同行评审期刊及其预印本[EB/OL]. [2012-10-24]. http://luojiawhu.blog.sohu.com/138543865.html.

② About PLoS[EB/OL]. [2012-08-03]. http://www.plos.org/about/index.html.

的支持，赞助单位由 2010 年的 83 个增加到 2012 年的 108 个①。根据 arXiv 公布的五年财务计划，从 2012 年到 2017 年，其每年将从康奈尔大学获得 75000 美元直接资助，另由西蒙斯基金会拨付 350000 美元②。

为避免收费对出版物学术质量有可能造成的影响，开放存取期刊出版机构制定了严格限制赞助者影响期刊编辑出版过程与编辑出版独立性的相关制度，并将相关要求明确写入赞助声明或赞助协议中。例如，PLoS 为了确保编辑独立性，要求其赞助人签署以下赞助声明："我们赞助 PLoS 的目的是因为我们认可它的使命和核心原则……因为我们认识到向出版科学、医学作品的任何机构提供财政支持的内在利益与真实、公正的出版原则间的潜在冲突，因此，我们声明我们不会期望而且不会试图对 PLoS 期刊的编辑决策施加压力。"③

1.2 会员制度

对于达到一定运营规模的开放存取平台来说，单靠政府和基金会的赞助不足以满足其庞大的运营开支。从目前的实践来看，收取会费是开放存取平台普遍采用的一种筹资方式。组织或个人通过注册登记、缴纳会费成为开放存取出版平台的会员并享有一定的权益，如以较低的费用出版论文、参加平台举办的各种线上线下活动等。而平台则通过收取会费，补偿运营开支，为用户提供更好的服务，最终达到双赢的结果。全球最大的集物理、数学、计算机科学和生物学于一体的电子印本（e-print）开放存取平台 arXiv，至 2012 年 11 月已经收集了超过 29 万篇论文，并且

---

① arXiv Supporters［EB/OL］.［2012-11-09］. http://arxiv. org/help/support/2010（12）_ supporters.

② arXiv Supporters［EB/OL］.［2012-11-09］. https://confluence. cornel. edu/download/atach-ments/127116484/arXiv+Busines+Model.pdf.

③ PLoS. Become a PLoS Sponsor［EB/OL］.［2012-08-08］. http://www. plos. org/support/ sponsorship.html.

以每月 5000 篇的速度增加①。为了提供持续稳定的服务以满足全球访问用户的需求，arXiv 每年需要在维护服务器、支付管理人员工资、租用网络、购买软硬件设备等方面支付约 75 万到 80 万美元的费用。根据预测，到 2017 年其运营费用将接近 90 万美元(见表 1)。面对资金缺口，arXiv 计划在不增加每一位会员单位缴纳额度的前提下发展新会员，通过扩大会员规模和影响力来解决。

表 1　2013 年到 2017 年 arXiv 年度财务情况一览②

项目	2013 年	2014 年	2015 年	2016 年	2017 年
预计总支出	837760	753875	779870	864580	894845
预计基金支持	538495	599725	585750	518920	498330
预计资金缺口	229265	154160	194120	345660	396515

依赖会费维持运作的开放存取期刊平台，如果没有严格的制度来限制会员可能对期刊编辑出版过程与编辑出版独立性的影响，期刊的学术质量就难以得到保障。在积极扩大会员规模的同时，为了保证 arXiv 平台上收录的论文不受捐赠单位的影响，确保学术质量，其明确指出缴纳会费与论文收录不存在因果联系：会费是会员单位对平台做出的自愿、无偿支持，而与是否收录会员单位或个人的论文无关③。PLoS 也要求缴纳了会费的个人会员和机构会员签署协议，承诺其捐赠不会对编辑决策过程产生任何影响。上述限制会员可能对期刊编辑出版过程与编辑出版独

---

① arXiv Support[EB/OL]. [2012-11-09]. http://arxiv.org/help/support.
② 资料来源：根据 arXiv 的五年财务计划数据统计(单位美元)[EB/OL]. [2012-11-09]. https://confluence.cornell.edu/download/attachments/127116484/arXiv+Business.
③ The Governance of arXiv[EB/OL]. [2012-08-08]. https://confluence.cornel.edu/download/atachments/127116484/arXi.org_chartV1.pdf.

立性的影响所作出的相关规定，正是开放存取期刊学术质量控制的一种
有效的制度安排。

1.3 作者付费制度

作者自付费在开放存取期刊上发表论文，读者免费获取，被认为是
开放存取的"金色道路"（Gold Road）。因为这种模式既提供了支持开放存
取长期发展的有效赢利模式，又能使国家的科研经费以合理的比例向论
文发布环节投入，有利于实现科研成果的广泛传播，最终为社会所用的
理想结果。但在实际操作中，这种作者付费制度有时会遭到质疑，有人
担心开放存取机构会为了获取收益而牺牲期刊的学术质量。尽管某些开
放存取期刊在特定领域已经具有非常的影响力，但全学科和世界范围来
看，开放存取的接受程度和学术质量还存在提升空间。

美国经济学家马卡贝（Mark J. McCabe）和斯奈德（Christopher M.
Snyder）的研究从理论上证实了这一现状。从效益最大化的角度分析了开
放存取出版可以采用的两种经营模式：一是只出版最高水平论文，凭借
顶级的学术质量和一流的学界声誉收取高额的文章处理费、会员费以维
持运转；二是为更多有论文发表需求的作者提供机会，以相对较低的会
员费或评审费出版二流甚至三流的论文。研究发现，学术质量相对较低
的刊物更倾向于转向开放存取出版。为了解决这一问题，他们提出，可
以将论文提交费（submission fee）和用稿费（acceptance fee）区别开来，分两
次收取①。即提交论文时向作者收取少量提交费，用以维持平台的基本运
营即支付固定成本；一旦决定可以录用，进入审稿流程，则可以收取用
稿费，以支付审稿过程中发生的管理费用和人工费用，即支付可变成本。

---

① McCabe Mark J, Snyder Christopher M. Open Access and Academic Journal Quality[J]. AEA
Papers and Proceedings, 2005(5): 453-458.

在实践当中，生命科学领域的新兴开放存取期刊 PeerJ 采纳了上述两位经济学家的研究成果，创造性地提出了以终身会员制代替作者付费制。与"金色道路"主张作者每次投稿都需要向开放存取出版方支付论文处理费不同，PeerJ 采用终身制会员制，只要向其支付一定的会员费，即可成为终身会员并享有终身免费在 PeerJ 平台(包括开放存取期刊和开放存取预印本平台)上出版论文的权利。根据作者的不同需要，PeerJ 制定了三个等级的会员制度，并依此收取金额不等的会费、提供权利大小相异的会员资格(见表2)。与动辄上千美元每篇论文的开放存取出版费用相比，99 美元到 349 美元不等的终身会员费更容易让研究者接受，因此吸引了大批作者加入。而且一次付费，终身受益的模式，避免了收费与单篇论文出版直接挂钩，有利于避免为金钱而牺牲质量的现象发生。

表2　PeerJ 的创新作者付费制度——"终身会员制"①

会员资格		初级会员	中级会员	高级会员
缴纳会费	提交费	99 美元	199 美元	299 美元
	用稿费	129 美元	239 美元	349 美元
权利时限		终身	终身	终身
会员权利	开放存取期刊 PeerJ	每年出版一篇论文	每年出版两篇论文	每年出版论文不受篇数限制
	预印本仓储 Peer J PrePrints	每年上传一篇论文	每年上传论文不受篇数限制	每年上传论文不受篇数限制
适合对象		硕博研究生	博士后研究员	实验室、项目负责人，教授，高产论文作者

① 资料来源：Affordable Author Plans-For Life[EB/OL].[2012-11-09]. http://peerj.com/pricing/.

2. 内容质量控制制度

从成功的开放存取平台实践来看，内容质量控制制度主要涉及同行评审和作者资格认定两个方面。

2.1 同行评审制度

尽管在《布达佩斯开放存取计划》《关于开放存取的毕士大宣言》《关于自然科学与人文科学自由的开放存取柏林宣言》等官方文件中并没有将"同行评审"视作开放存取的必要条件，但是"同行评审"作为学术期刊出版质量控制的重要环节和核心制度，在开放存取出版模式中得到了很好的继承。DOAJ 收录开放存取期刊的基本条件就是必须要"有严格的质量控制保障，编辑、编辑部或者是同行评审制来把好质量关"①。应该说，一些领域开放存取期刊学术影响力的迅速提升是与其较好地继承了这一科学的学术质量控制机制分不开的②。从实践来看，成功的开放存取出版平台，如 BMC、PLoS 等都无一例外地采用了同行评审制度。与出版商主导的订阅式学术期刊出版不同，开放存取平台所采用的同行评审是一种符合网络出版特征的新型学术质量控制机制。这种新的同行评审制度具有以下显著特征：

一是通过公开评审专家与评审结果等信息强化同行专家的责任感。如，BMC 在改进传统同行评审制度的基础上形成的一种所谓"开放同行评

---

① DOAJ 收录来自上百个国家期刊的统计结果［EB/OL］.［2012-10-24］. http://blog.sciencenet.cn/home.php? mod＝space&uid＝212210&do＝blog&id＝392496.
② 徐丽芳，方卿. 基于出版流程的开放存取期刊学术质量控制［J］. 出版科学，2011(11)：15.

审"（Open Peer Review）制度。这项制度要求在 BMC 自创期刊上发表的文章公开"发表前记录"，即作者首次提交的原稿、审稿系统记录的提交时间、审稿专家签名确认的审稿意见报告、作者的每一次修改记录和编辑的反馈意见等。论文一经录用，便意味着发表过程中的上述记录将与论文一并被公开。这样的开放同行评审制度最大限度地做到了审稿过程透明和公正，保证了期刊的学术质量①。

二是集中同行专家、编辑与作者的共同智慧，以降低同行评审过程中容易出现的误判。"交互式评审法"（Interactive Peer Review）是欧洲大气科学联合会主办的学术期刊《大气化学与物理》（Atmospheric Chemistry and Phys-ics，ACP）创造的一种基于网络的新型同行评审制度②。其主要特点是论文一旦进入审稿程序，就由同行专家、论文作者和同领域的其他研究人员展开公开讨论方才定稿。这种交互式评论有利于各个学术团体的信息交流和论文质量的提高③。2011 年 Lutz Bornmann 等利用百分等级对《大气化学与物理》的预测有效性进行了分析研究，探讨交互式开放存取出版是否能确保高影响因子的投稿质量，结果证实了 ACP 同行评审制度的预测效度④⑤。BMC 也规定论文在网上发表后，读者可以针对论文本身、相关审稿意见和作者的修改情况提出意见、进行交流，作者也可以再次修改完善已经公开发表的论文，使文章的发表成为一个作者、编辑、

---

① BMC. What is BioMed Central？[EB/OL].［2010-03-15］. http://www.biomedcentral.com/info/about/whatis.

② 巢乃鹏，胡菲. 学术期刊的网络同行评议[J]. 中国编辑，2010(11)：10.

③ Interactive peer review enhances journal quality［EB/OL］.［2012-10-22］. http://www.researchinformation.info/rise-poct04openacces.html.

④ 夏莉霞，方卿. 国外开放存取期刊的质量评价与控制研究综述[J]. 信息资源管理学报，2011(9)：26.

⑤ Lutz Bornmann, Hermann Schier and Werner Marx, Hans-Dieter Daniel. Is interactive o-pen access publishing able to identify high-impact submissions? A study on the predictive validity of Atmospheric Chemistry and Physics by using percentile rank classes［J］. Journal of the American Society for Information Science and Technology，2011，62(1)：61-71.

评审专家与读者互动的过程，整个过程所采取的严密的质量控制是传统出版流程难以企及的①。

三是减少同行专家数量、缩短评审周期、通过数据库自动选择同行专家，以加快评审速度，降低出版时滞。"低干涉同行评审"（Light-Touch Peer Review）是 PLOS One 基于快速评审和出版的需求而率先采用的一种同行评审方式。与传统同行评审的要求不同，它强调的是被评审论文"方法学上的正确性和原创性，但不评判科学发现的重要性"，同行专家的数量也有所减少，一般为"一位"②。目前，这一评审方式已被 Nature 出版集团采纳。Nature 出版集团 2011 年 1 月 6 日开始正式出版的开放杂志《科学报告》（Scientific Reports），就采用了这种评审方式③。

此外，一些领先的开放存取出版平台针对数字出版即时快速、互动性强、覆盖面广等特点，创新了上述同行评审制度。如 PLoS ONE 部分期刊采用的"发表后同行评审"，Highwire 使用"Benchpress"投稿处理系统以实现"自动快速同行盲评"等。

2.2　作者资格认证制度

随着越来越多的基金会、图书馆、政府部门、科研机构参与资助开放存取出版的行列，对于业已建立起学术声誉、影响力和知名度逐步扩大的开放存取期刊或平台来说，一方面其收到的提交论文也越来越多，另一方面论文质量参差不齐的现象趋于明显，为此，一些开放存取出版平台开始采用作者资格认证制度来从源头保证出版内容质量。

---

① 许洁. BMC 开放存取出版研究[J]. 出版科学，2010(9)：85.
② 徐丽芳，方卿. 基于出版流程的开放存取期刊学术质量控制[J]. 出版科学，2011(11)：15.
③ 钟灿涛. Nature 出版集团出版采用 Light-Touch Peer Review 的开放获取杂志[EB/OL]. [2012-10-22]. http:// blog.sciencenet.cn/home.php? mod=space&uid=373161&do=blog&id=404856.

　　具体有两种做法，一是"注册认证"，如 arXiv 要求作者有一个合法的所属科研单位（通过 Email 地址判断），即要在 arXiv 上发言，需要有个".edu"后缀的 Email 地址作为注册地址。arXiv 相信拥有科研机构邮箱地址的作者提交的学术论文符合一定的学术标准①。

　　二是"认可保证"（endorsement），即需要有一定的认证人认可才可通过认证。arXiv 于 2004 年开始引进该制度，规定第一次提交文章到某个文库或者科目（subject class）的作者需要与合格的 arXiv 认证人（endorsers）联系，以获得其作为学术团体活跃成员的证明②。已经获得验证的学者，包括那些已经在 arXiv 提交过文章的作者和一些来自知名研究机构的作者，在提交文章的时候可以免除认可保证。arXiv 根据其数据库中的权威记录（authority record）确定认证人资格，即认证人必须在 arXiv 某个文库或主题类目的认证领域中已经提交了一定数量的文章，其中不同学科领域对认证人提交文章数量有不同的要求。通常情况下，arXiv 的认证人任期为一年，而且只统计作者在 3 个月到 5 年前这段时间内发表的文章，以确保认证人是团体活跃的成员③。需要注意的是，认可保证并不是同行评审，arXiv 只要求认证人认识请求认证的作者或者读过该作者想要提交的文章，检查文章是否适合期刊领域和特定主题，而不要求认证人仔细阅读被提交文章或者证明文章是正确的。一旦提交了一篇非常不合适的文章通过认证，arXiv 就会中止该认证人的认证权利④。事实上 arXiv 认证人的身份介于 arXiv 同行评审专家和出版人之间，认证制度确保了 arXiv 能够以与传统同行评审期刊相比低得多的成本获取满足期刊基本质量要求的论文，

---

①　傅蓉 . 开放存取仓储［J］. 农业图书情报学报，2006（12）：137.

②　刘银娣 . 电子印本仓储——arXiv 运营情况研究［J］. 出版科学，2009（5）：80.

③　arXiv. Trackbacks［EB/OL］. ［2012-08-20］. http://arxiv.org/help/trackback.

④　arXiv. Trackbacks［EB/OL］. ［2012-08-20］. http://arxiv.org/help/trackback.

从而可以继续为科学团体和公众提供免费的资源①

3. 编审制度

编辑和审稿是学术出版的核心环节，是保证高质量学术信息传播的关键。对开放存取出版来说，优秀的编辑和审稿人是其运作的基石、成功的基础。学术期刊的编辑工作主要由总编（executive editor 或称 editor-in-chief）、组稿编辑（acquisition editor 或称 commissioning editor）、生产编辑（project editor 或称 production editor）和文字编辑（copy editor 或称 manuscript editor）来共同完成。在以数字技术和网络传播为支撑的开放存取模式下，原先负责排版印刷生产流程的生产编辑和负责文本编校的文字编辑工作职能逐渐被审稿系统、反剽窃程序和编校排版软件等技术工具替代。独立于编委会之外的审稿人通常是某一学术领域的专家，受研究机构和大学聘用，以教学科研为主业。为保证审稿工作的独立性与学术性，审稿人往往免费审稿或象征性收取极少酬劳。

3.1　编委会制度

目前开放存取期刊常见的做法是邀请一名研究领域内具有相当学术地位的学者担任总编，由总编在学术圈内凭借自己的影响力召集数名编辑组成编委会（editorial board），由编委会承担组稿工作。期刊内部往往设两三名内容协调人员（content coordinator）为编委会服务，保证整个出版流程的顺利进行。除了利用自己的学术地位和影响力组稿，编委会还负责

---

① arxiv. The arXiv endorsement system［EB/OL］.［2012-08-25］. http://arxiv. org/help/endorsement.

另一项重要的工作——组织审稿。编委会成员作为享有较高学术声誉的专家，往往具有广泛的国际学术关系，能够为每一篇相关领域的论文找到合适的审稿人。

PLoS 旗下各种期刊的学术编辑都经过精心挑选，具有专业的编辑素养和较高的学术水平。例如《PLoS 生物学》(PLoS Biology)的主编艾森(Jonathan A. Eisen)是加利福尼亚大学教授、医学微生物学和免疫学领域的专家，2006 年获得哈佛大学生物学博士学位，而且曾经担任过 Genome Research 和 The Journal of Molecular Evolution 等 5 家著名杂志的编辑。《PLoS 医学》(PLoS Medicine)的编委会由杰出内科医生和研究型专业编辑组成，他们中的很多人也是国际著名医学期刊如《柳叶刀》(Lancet)、《临床调查杂志》(The Journal of Clinical Investigation)和《英国医学期刊》(British Medical Journal)的编辑。优秀高效编辑团队是 PLoS 期刊能够迅速成长为各自领域内的一流期刊的重要保证。所有提交的论文首先要经过专业编辑和学术编辑的初审，通过初审的论文将进行同行评审，专业编辑和学术编辑在同行评审意见的基础上决定是否录用发表。此外，为了保证评审过程的客观性和公正性，PLoS 期刊还实行评审专家和编辑排除制度，即在作者提交论文之后，作者可以要求排除任何学术编辑或同行评审专家去审理他们的稿件。只要这些要求不影响对文章的客观而全面的审查，编委会将会尊重这些要求。

3.2 审稿人制度

高质量的学术期刊离不开审稿人认真负责的工作。作为学术领域内具有一定影响力的专家，大多数审稿人并不以获得报酬为目的，他们更愿意将审稿人职务作为一项荣誉。多数时候，审稿人都在义务为学术刊物审稿。BMC 出版的 63 种学术期刊，由近千名来自世界各地的专家审稿，共同负责其出版论文的学术质量。以在 BMC 平台上出版的《生物学直通报告》(Biology Direct) 为例，同行评议通常要经过以下程序：作者首先向该刊审稿人数据库中任意 3 名审稿人提交论文，收到论文的 72 小时以内 3 名审稿人分别给出作者是否愿意阅读评审该论文的答复。如果审稿人没有给出答复或者明确表示不愿意评审，那么作者必须另外找审稿人审阅。除非 3 位编委都表示愿意评审该论文，同行评议方才正式启动。整个过程分为两步：第一步，3 位专家先浏览论文，对是否同意出版达成一致；如果同意出版，则进入第二步——评审论文并给出自己的意见①。在评议的过程中，审稿专家的所有意见都会附在论文后面，论文发表时作者可以选择把评论附在论文后面一并刊出，也可以选择隐藏评论，但是专家的姓名必须刊出。如果三位专家不同意出版或者没有达成一致，那么将由总编辑决定是否出版论文。为了避免作者指定审稿专家时有可能出现的徇私不公，BMC 要求作者提交论文时自己选择推荐的专家既要熟悉论文所属领域，能对文章做出客观评价，又同时考虑回避因素，即规定有关专家 5 年内未与待审论文作者中任何一人合作发表过研究成果，审稿专家不能来自与任何一位作者相同的研究机构，也不能是编委会成员②。

为了解决审稿人不足的问题，PeerJ 提出了"一年评一文"(performing one review a year) 的解决方案，鼓励其会员在享受低价发表经过同行评议论文的同时积极评论其他作者提交的论文(至少一年评论一次或一篇论文)。这种评论可以是论文发表前的严格同行评议，也可以是公开发表后的评论，甚至是在其 facebook 或 twitter 等社交平台上对相关文章发起的讨

---

① 许洁. BMC 开放存取出版研究[J]. 出版科学，2010(9)：85.
② 许洁. BMC 开放存取出版研究[J]. 出版科学，2010(9)：85.

论①。PeerJ 之所以能以较低的收费为每一个有论文发表需要的研究人员
(包括研究生)提供服务，与这种知识共享，人人为我、我为人人的理念
与实践分不开。

4. 基于制度视角的质量控制模型

与传统期刊相比，开放存取出版的学术期刊具有开放、即时、互动
等特点。建立有效的学术质量控制制度能约束作者、编辑、审稿专家、
资助者、图书馆、读者等各利益相关方按照开放存取出版的规范和准则
参与学术信息的组织交流。BMC、PLoS、PeerJ 和 arXiv 等成熟的开放存
取平台资金筹集、内容质量把关、编委会与审稿人管理等方面的创新实
践有效保证了开放存取期刊的学术质量，值得我们学习研究。在借鉴上
述平台在学术质量控制方面所做工作的基础上，我们从制度视角提出一
个开放存取期刊学术质量控制模型(见图 1)。

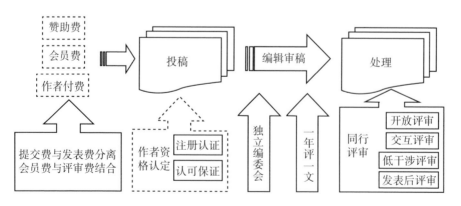

图 1　基于制度视角的开放存取期刊学术质量控制模型

---

① When ready, submit for formal peer-review. peerj. com［EB/OL］. ［2012-08-25］.

在这个模型中，投稿和稿件处理是学术质量控制的核心内容。对于机构仓储、非首发平台、机构知识库和预印本开放存取平台，我们建议采用作者资格认定制度，即借鉴 arXiv 的做法，通过作者注册认证和认可保证等方式对投稿质量进行把关。对于开放存取期刊和营利性开放存取出版物，我们建议放开投稿，不在投稿环节加以控制，而在收到稿件以后采用严格的同行评审制度对来稿进行处理。具体来说，可以利用 BMC 开放式评审、交互式评审等方法，也可以借鉴 PeerJ 的经验发动每一位作者进行互评以降低评审成本，还可以结合 PLoS 首创的低干涉评审、发表后评审等手段缩短出版时滞，确保内容质量。为了保证平台的顺利运行和持续发展，同时又严格保持评审过程的公正与独立，我们建议在完善各项赞助制度、会员制度和作者付费制度的基础上，可参考 PeerJ 将论文提交费与发表费分离，或者将会员费与评审费结合，创新资金筹集制度。

原载于《信息资源管理学报》2012 年第 4 期，许洁博士是本文的合作者

基于出版流程的开放存取期刊学术质量控制

1. 引　言

　　随着开放存取运动的迅速发展，开放存取期刊(Open Access Journal，OAJ)的学术质量控制问题引起学界广泛关注。大量相关研究表明，开放存取期刊"内容质量良莠不齐"[①]，严重困扰了开放存取期刊的发展。针对这一现象，邱均平教授曾指出："期刊质量控制是学术期刊出版的一个极其重要的方面，也是 OAJ 运动中一个备受关注的问题，直接关系到 OAJ 的发展前景。"[②]然而，作为一种全新的学术出版方式和交流渠道，开放存取期刊尚未形成充分有效的学术质量控制机制。笔者拟参考传统纸质期刊业已形成的出版流程控制机制，探讨基于出版流程视角控制开放存取期刊学术质量的思路与对策，以服务于开放存取期刊的持续健康发展。

---

①　邱均平，陶雯. 国内外开放存取期刊质量研究现状探析[J]. 情报杂志，2009(2).
②　邱均平，陶雯. 国内外开放存取期刊质量研究现状探析[J]. 情报杂志，2009(2).

2. 基于出版流程的开放存取期刊学术质量控制

与传统纸质期刊相比，开放存取期刊的出版简便、快捷，特别是一些无须经过同行评审的开放存取期刊，其出版流程更是被大大简化。如我国重要的 OA 出版平台"中国科技论文在线"就明确强调，其出版过程免去传统的评审、修改、编辑、印刷等程序。应该说，出版流程的简化，出版时效性的增强，对开放存取期刊赢得科研人员的青睐有一定积极意义。王应宽博士、初景利教授的研究都印证了这一判断。其研究表明："OA 期刊的出版周期比其他类型的期刊快"是科研人员选择在 OA 期刊发表论文的一个重要原因①。然而，我们还应该看到，出版流程简化在为开放存取期刊加快出版速度赢得科研人员青睐的同时，也为学术质量的下降埋下了隐患。我们研究发现，出版流程的过度简化，尤其是一些重要出版环节的缺失或弱化正是导致开放存取期刊学术质量"良莠不齐"的重要根源。因此，优化出版流程，强化对一些重要出版环节的管理，应该成为开放存取期刊学术质量控制的一个基本出发点。我们认为，开放存取期刊的出版流程管理，重点应该放在组稿、审稿和编辑加工三个核心环节上。

2.1 组稿控制

传统学术期刊的稿源包括作者投稿(也称自投稿)和编辑组稿(也称编辑约稿)两个部分。一般地，从期刊的用稿量来看，自投稿占期刊稿源的

---

① 王应宽. 中国科技界对开放存取期刊认知度与认可度调查分析[J]. 中国科技期刊研究，2008，19(5).

绝大部分，编辑组稿所占比例相对较小。但是，如果从稿源质量来看，编辑组稿对于期刊的意义不可低估。一些期刊的重要稿件，如封面文章、重要栏目文章，不少均是通过编辑组稿方式获得的。例如，国际著名学术期刊《自然》(Nature)的评论栏目一般不接受作者自投稿，绝大多数稿件为编辑约稿。在期刊市场竞争激烈的背景下，不少学术期刊设立专职组稿编辑，职责就是规划选题、专门联系重要作者向其约稿。从这个意义上看，组稿是传统期刊出版流程的首要环节，基本目标是通过主动组稿方式获取一些高质量稿件以提高期刊稿源的学术质量。

与传统纸质期刊相比，开放存取期刊，尤其是纯网络版开放存取期刊大多略去了组稿这样一个从源头控制期刊学术质量的重要环节，而是基于作者自投稿开展期刊的编辑出版工作。我们调查证实了这一点，开放存取期刊的稿源结构与传统纸质期刊完全不同，当前的开放存取期刊稿源单一，以作者自投稿为主，很少有约稿。我们甚至没有发现纯网络版开放存取期刊有向特定作者约稿的案例。尽管还难以确立组稿环节缺失与开放存取期刊内容"质量良莠不齐"两者之间的关联强度，但是综上所述，这两者之间的关联性却是显而易见的。

既然组稿环节缺失导致稿源结构失衡进而影响开放存取期刊的学术质量，那么，通过重建组稿环节以优化出版流程就应该成为开放存取期刊质量控制的重要抓手。对于开放存取期刊而言，重建组稿环节大致可以从三个方面着手：一是在接受作者自投稿的基础上，借鉴传统纸质期刊的做法，进一步拓展稿源渠道，强化刊物组稿功能，针对重要作者进行主动约稿。二是根据刊物办刊宗旨有针对性地增设专门的组稿专栏。三是在强化编辑队伍建设的基础上增设专职组稿编辑。组稿编辑的职责是发现、选择、组织特定选题和作者，约其撰写符合期刊出版宗旨的稿件。许文深和姚远曾经介绍和分析过世界著名科技出版公司施普林格

(Springer)的编辑岗位系统，指出施普林格的"编辑体系中层次最高者称为'组稿编辑'(Planer)，其职责是'制订计划、选题、组稿'，其'编辑部'(Planung)也可直译为'规划部'。全社 8 个编辑部，共有 30 名组稿编辑。每个组稿编辑均配有一两名秘书。组稿编辑一般均为博士或教授"。"组稿编辑必须经常主动出击，争取作者，走出编辑部，主动联系作者，必须不断地到大学、研究所去走访作者，与专家学者取得联系，了解他们的研究计划，或通过参加学术会议、展览会等，及时掌握最新的信息和动向"①。毫无疑问，传统期刊出版的这种组稿编辑制度是值得开放存取期刊学习借鉴的。我们相信，通过上述三个方面举措，开放存取期刊的出版流程将会更为完备，组稿环节的重建将使稿源结构得到优化，这样开放存取期刊的学术质量才有保障。

2.2 审稿控制

审稿既是期刊出版的核心环节，又是期刊学术质量控制的基本机制。审稿制度的建立是与学术期刊的产生同时出现的。1665 年法国出版的《学者杂志》(Journal des Scavans)及 1792 年我国创办的《吴医汇讲》都建立了审稿制度。300 多年来，以同行评审为核心的审稿制度虽然也遭到各方面质疑，但依然是科技期刊学术质量控制的最普遍方式。作为一种传统科技出版学术质量控制机制，同行评审在现代开放存取期刊出版中不仅得到有效继承，而且还与时俱进，出现了一些改进型同行评审方式。传统同行评审以及一些改进型同行评审方式可共同构成开放存取期刊出版流程中学术质量控制的核心环节。

尽管目前仍然有"相当部分的期刊缺乏严格的审稿制度"②，但是一

---

① 许文深，姚远. 科技期刊审稿的发展[J]. 编辑学报，2001(2).
② 邱均平，陶雯. 国内外开放存取期刊质量研究现状探析[J]. 情报杂志，2009(2).

些有重大影响的开放存取期刊却很好地继承了同行评审这一质量控制方式。一些著名开放存取出版平台如生物医学中心（BioMed Central，BMC）、公共医学中心（PubMed Central，PMC）、公共医学图书馆（Public Library of Science、PLoS）等都毫无例外地采用了同行评审制度。《开放存取期刊指南》（Directory of Open Access Journals、DOAJ）收录开放存取期刊的基本条件就是期刊必须"有严格的质量控制保障，编辑、编辑部或者是同行评审制来把好质量关"①。我们认为，一些学科领域开放存取期刊学术影响力的迅速提升是与其较好地继承了这一科学的学术质量控制机制分不开的。

除传统同行评审方式外，在开放存取期刊出版中，出版机构还基于 OA 出版的特征创造了一些新的同行评审形式，如 PLOS One② 的"轻触同行评议"（Light-Touch Peer Review），BMC 的"开放同行评议"（Open Peer Review），欧洲地球科学（European Geosciences Union，EGU）联盟主办的《大气化学与物理》（Atmospheric Chemistry and Physics，ACP）杂志的"互动同行评议"（Interactive Peer Review）。

"轻触同行评议"是 PLOS One 基于快速评审和出版的需求首先采用的一种同行评审方式。与传统同行评审的要求不同，强调被评审论文"方法学上的正确性和原创性，但不评判科学发现的重要性"，每篇论文同行评审专家的数量也有所减少，一般为一位。目前，这一评审方式已被自然出版集团采纳。该集团（Nature Publishing Group，NPG）2011 年 1 月 6 日开始正式出版的开放杂志《科学报道》（*Scientific Reports*）就采用了该评审方式③。

"开放同行评议"是 BMC 在改进传统同行评审制度基础上形成的一种

---

① http://blog.sciencenet.cn/home.php mod=space&uid=212210&do=blog&id=392496[EB/OL].

② PLoS ONE 是 PLOS 系列期刊中的一种。

③ 钟灿涛 . Nature 出版集团出版采用 Light-Touch Peer Review 的开放获取杂志［EB/OL］.［2010-03-15］. http://blog. sciencenet. cn/home. php mod = space&uid = 373161&do = blog&id=404856.

新的同行评审制度。在论文发表时，它要求将论文的初稿、评审人员的意见和签名、作者的修改稿连同论文的最终稿同时在网络上发布，把所有意见公开，力求评议过程透明化。此外，BMC 所有期刊的文章都由 Scopus 和 Google Scholar 两个学术搜索引擎进行跟踪，这样作者就可以了解自己的研究被引用的次数①。目前，BMC 出版的开放存取期刊执行的就是这种评审制度。

"互动同行评议"是 ACP 创造的一种基于网络的交互式评审法，由评审专家、作者和科学团体进行公开讨论然后定稿。这种交互式评论有利于各个学术团体的信息交流和论文质量的提高②。2011 年 LutzBornmann③等利用百分等级对《大气化学与物理》的预测有效性进行了分析研究，探讨交互式开放存取出版是否能确保高影响因子的投稿质量，结果证实了 ACP 同行评审制度的预测效度。

由此可见，从审稿控制角度看，一些重要的开放存取期刊不仅较好地继承了传统的同行评审制度，而且还结合开放存取出版的特征创造性地探索出一些具有时代特征的新型同行评审方式。尽管这些改进型的同行评审方式效果如何还有待观察，但是，这些结合 OA 出版特征对传统审稿方式进行优化的尝试是值得肯定的。我们相信，上述各种新型审稿方式的探索以及符合开放存取出版要求的审稿制度的确立不失为基于出版流程视角控制开放存取期刊学术质量的明智选择。

---

① What is BioMed Central〔EB/OL〕.〔2010-03-15〕. http://www.biomedcentral.com/info/about/whatis.

② Interactive peer review enhances journal quality〔EB/OL〕.〔2010-03-15〕. http://www.researchinformation.info/risepoct04openaccess.html.

③ Lutz Bornmann, Hermann Schier and Werner Marx, Hans-Dieter Daniel. Is interactive open access publishing able to identify high-impact submissions a study on the predictive validity of Atmospheric Chemistry and Physics by using percentile rank classes〔J〕. Journal of the American Society for Imformation Science and Technology, 2011, 62(1).

2.3 加工控制

期刊的学术质量虽然主要表现为发表论文的创新性与学术价值，但其发表成果的形式与技术规范也是学术质量的重要体现，如文字校对、引文标注等都会对期刊的学术质量产生重要影响。编辑加工作为出版流程中一个不可或缺的重要环节，其功能主要体现为确保发表的论文符合出版物的形式与技术规范，避免形式与技术差错。传统出版机构一般都设有专门的编辑岗位(如文字编辑、技术编辑、校对)负责这一方面的工作。可以说，编辑加工在传统期刊的学术质量控制中发挥着重要作用。

在开放存取期刊出版中，传统出版流程中的编辑加工环节部分得到继承，但从总体上看，该环节已被严重弱化。一些有影响的开放存取期刊，主要是同行评审类开放存取期刊，基本保留了这一环节。例如，自然出版集团就强调它们的"期刊编辑有权利、有义务修改作者论文以使论文符合期刊的出版宗旨和出版风格，并满足读者的阅读需要"①。但是，大多数非同行评审类开放存取期刊却严重弱化编辑加工职能。前述"中国科技论文在线"就免去了传统的评审、修改、编辑、印刷等程序，论文只要符合基本投稿要求，按其投稿程序上传，即无须经过评审和编辑加工，可在一周内发表。但是，编辑加工环节的缺失往往造成出版物内容有失水准、文字失当和技术失范等多方面的质量问题。因此，在开放存取期刊出版流程中，强化编辑加工环节，充分发挥责任编辑、文字编辑、技术编辑乃至校对人员的作用，最大限度地避免出版过程中可能出现的形式与技术差错，对提升开放存取期刊的形式与技术规范，服务于开放存取期刊学术质量控制有重大的现实意义。

---

① 刘锦宏，闫翔. 自然出版集团的学术期刊出版模式[J]. 出版科学，2008，2(16).

3. 结　　论

出版流程直接关乎出版物学术质量，当前开放存取期刊的学术质量状况与其出版流程密切相关。与传统期刊出版流程相比，组稿环节的缺失一定程度上影响了开放存取期刊的稿源质量；审稿环节的探索与改良，较好地继承了传统出版的同行评审机制；编辑加工环节的弱化严重影响了开放存取期刊的编校形式质量。因此，要基于出版流程控制开放存取期刊的学术质量，主要应做好以下三个方面工作：第一，重建组稿环节，加强向重要作者主动约稿，以提高期刊稿源质量；第二，结合开放存取出版的特征与要求，积极探索和创新审稿方式，建立符合开放存取出版的审稿制度，严把稿件质量关；第三，强化期刊编辑的加工职能，避免形式与技术规范上的差错。

原载于《出版科学》2011 年第 6 期，徐丽芳博士是本文的合作者

基于技术视角的开放存取期刊学术质量控制框架

1. 引 言

学术质量是学术期刊持续发展的根本。作为一种新的出版模式，开放存取期刊(Open Access Journal，简称 OAJ，或称 OA 期刊)的学术质量关系其发展前景，已引起业界、学术界的广泛关注。相关研究发现，目前开放存取期刊整体的学术影响力还普遍低于传统学术期刊，主要原因在于其学术质量还有待提高①。因而，如何强化质量控制以提升期刊学术质量就成了发展开放存取期刊需要解决的主要问题。作为学术出版与数字技术相结合的产物，一方面科学交流的低成本和高时效是开放存取期刊的优势所在和考虑的关键问题，另一方面开放存取出版物的生产、制作、传播主要依靠技术的力量。由此，利用相关技术对期刊的学术质量

---

① 邓李君．基于引文分析的开放获取期刊研究——以 JCR 中收录的 DOAI 开放获取期刊为例[D]．重庆：西南大学，2009：112.

进行控制就成了开放存取期刊的必然选择和内在优势，技术是实现开放存取期刊学术质量流程控制与制度控制的基础和先决条件，也是开放存取出版优越性的直接体现。

从目前实践的发展来看，尽管传统学术期刊也采用技术手段提高期刊的学术质量，比如使用电子邮件传递信息、利用查重软件和校对软件把关内容质量等，但传统学术期刊的编印发仍旧主要依托规模庞大的编辑、审稿人和校对、排版、制作、印刷、发行人员等手动实施质量控制。与之相比，为了体现成本和时效性优势，开放存取期刊很难采用与传统学术期刊类似的做法进行学术质量控制。这就决定了开放存取期刊需要更多地采用技术手段自动实施质量控制，以节约成本、提升时效，而相关技术的进步则为此提供了可能。当前，不少重要的开放存取期刊出版平台就纷纷尝试采用技术手段控制其期刊的学术质量，并取得了积极成效。基于此，本文提出了基于技术视角的开放存取期刊学术质量控制框架，分析了现有的质量控制技术及相关实践，以期为当前开放存取期刊学术质量控制提供思路。

2. 基于技术视角的开放存取期刊学术质量控制框架

期刊学术质量控制包括内容质量控制、形式质量控制和传播过程中的质量控制，当前主要的开放存取出版平台采用技术手段控制期刊学术质量的尝试也集中在这三个方面。因而，这三个方面的技术也是基于技术视角的开放存取期刊学术质量控制框架的核心（详见图1）。具体来说，在作者提交稿件之前，在整个质量控制系统前端通过一定的形式质量控制技术，首先从源头优化稿件的形式质量，保证编辑、审稿人员面对的是符合学术规范及期刊出版要求的稿件。其次，通过一定的内容质量控制技术保证面向用户的期刊论文的学术性和学术价值，并尽可能缩短出版周期。最后，在传播的过程中采用一定的传播质量控制技术，优化传播质量、提升用户使用与评价。整个技术控制框架最终以实现开放存取期刊生产、传播过程中的质量控制和优化，以及时效、成本、互动等性能的增强为目标。

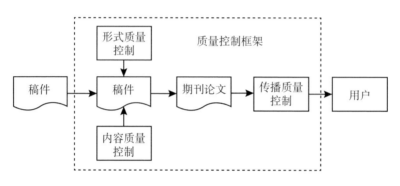

图1　基于技术视角的开放存取期刊学术质量控制框架

2.1　形式质量控制技术

学术期刊的形式质量包括文字是否正确、论文格式是否合乎学术论文写作规范、版式是否美观清晰等。期刊形式会影响到读者的阅读体验并最终影响其对期刊质量的评价，因而形式质量也是期刊学术质量的重要体现。在传统学术期刊中，形式质量由专门的编校、排版、印刷人员控制把关。对于开放存取期刊来说，由于其基于网络的出版过程，不仅使传统的编印发各个流程发生了变化，时效性更强、出版流程更简化，还使期刊形式产生了巨大改变。由此，传统学术期刊形式质量控制的方式就较难适用于开放存取期刊，通过技术手段自动实现期刊形式质量的优化也就成了开放存取期刊的必然选择。由于期刊的形式质量主要为文字、论文格式、版面形式方面的规范，不涉及其他复杂内容，且相关技术也较为成熟。因而，我们认为，这方面的技术不需要专门的技术框架，只需在稿件在线投稿—同行评议系统中前置一些技术功能模块和校对软件，即可从源头严格控制论文学术规范质量，并减轻同行评审专家和编辑的工作量，使他们能够更集中精力评审、控制论文内容的学术质量，提高工作效率。从实践操作看，主流开放存取出版平台通过这一方式，就较好地实现了开放存取期刊形式的优化，这对基于技术视角的开放存取期刊形式质量控制具有重要借鉴意义。

比如，HighWire Press 通过其稿件在线提交系统制定了详细的作者投稿须知和论文写作模板，以此强化其期刊论文形式上的规范、统一。作者在投稿系统中提交论文时，从文章的题名、摘要、关键词、正文内容、致谢、参考文献到作者简介等信息，都需严格按照要求和规范撰写，以保证论文符合平台要求的学术规范；同时，HighWire 稿件提交系统里的文件生成工具也可以帮助作者减少文字等方面的错误①。HighWire Press 利用稿件在线提交系统从源头上加强论文学术规范和形式质量的做法，既减少了后续编辑加工的负担，为论文的快速及时发表打下良好基础，又能显著提高期刊形式质量，可谓一举两得。

PLoS 也采用与 HighWire Press 类似的做法对其期刊的形式质量加强控制。PLoS 期刊的论文均通过其在线提交系统提交，作者在提交论文前，其在线提交系统会向作者提供一个检查表，详细说明了 PLoS 在稿件题目、作者、作者单位、文摘、作者简介、引言、材料和方法、结果、讨论、致谢、参考文献、插图及表格的格式等方面的具体要求，以及需要

① 史海娜. HighWire Press 期刊平台研究［J］. 出版科学，2009（3）：89-90.

提交的一些附加信息和文件，以确保论文形式的完整以及格式符合要求①。通过在线提交系统②，PLoS 实现了形式质量的自动优化。

又如，arXiv 则通过其他一些技术性措施控制其形式质量。为了确保 arXiv 稿件的质量和方便读者的使用，arXiv 的投稿系统会拒绝那些省略了数据的文章，同时，arXiv 还实行自我控制制度，移除那些在格式、主题等方面与 arXiv 要求不符以及剽窃内容、提交他人享有著作权的材料等与 arXiv 政策相冲突的论文③。

2.2　内容质量控制技术

学术期刊的内容质量即其所刊载论文的内容质量，是期刊学术性与影响力的体现，也是期刊学术质量控制的关键内容。"对开放存取期刊进行质量控制，主要是对其所刊载文献的质量进行控制"④，内容质量控制是开放存取期刊学术质量控制的关键。大量相关研究表明，开放存取期刊"内容质量良莠不齐"⑤。主流开放存取出版平台的做法主要是应用相关技术实施有效的同行评审、提升同行评审制度对互联网的适应性。比如，开发在线投稿—同行评议系统以提高同行评审的效率、节约成本；利用作者资格认证、发布用户评价以弥补同行评审可能存在的不足。基于此，我们认为，开放存取期刊内容质量控制涉及的主要关键技术包括在线投稿—同行评议系统、作者认证审核技术、网页链接技术和基于用户评价及评级的 Web2.0 技术等(详见图 2)。其中，在线投稿—同行评议

---

① PLos. PLOS ONE Manuscript Guidelines[EB/OL].[2012-10-25]. http://www.plosone.org/static/guidelines.action.

② PLoS 不同的期刊有各自的在线提交系统和检查表，但要求基本相同。

③ arXiv. The arXiv moderation system [EB/OL]. [2008-8-30]. http://arxiv.org/help/moderation.

④ 夏立新，宋敏霞，金晶，黄宁. 开放存取期刊的质量控制方法探析[J]. 情报科学，2012(7)：968.

⑤ 邱均平，陶雯. 国内外开放存取期刊质量研究现状探析[J]. 情报杂志，2009(2)：155.

系统是内容质量控制的基础，是保证内容学术质量的核心；作者认证审核、网页链接、基于互动理念的用户评价与评级则作为内容质量控制的必要补充，用以弥补同行评议缺失可能造成的内容质量问题。

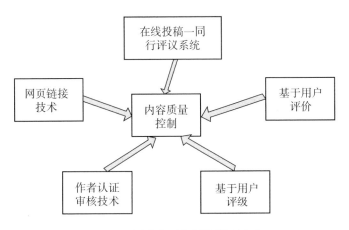

图 2　开放存取期刊内容质量控制技术

首先，基于互联网的在线投稿—同行评议系统能够快速、有效地组织稿件并实施同行评审，以控制开放存取期刊的内容质量。同行评审作为传统学术期刊最重要的内容质量控制手段，被开放存取较好地继承下来。为了在网络环境中实施高效率、低成本的同行评议，各大开放存取出版平台纷纷开发适应自身需要的在线投稿—同行评议系统。如英国联合信息系统委员会（Joint Information Systems Committee，JISC）开发的电子投稿和同行评议系统 ESPERE（UK-based Electronic Submission and Peer Quality Review Project）①、加拿大的国家研究委员会出版社（National Research Council Press）和澳大利亚的科学与工业研究组织（Commonwealth

---

① Wood D J. Peer Review and the Web: The Implications of Electronic Peer Review for Biomedical Authors, Referees and Learned Society Publishers[J]. Journal of Documentation, 1998, 54(2): 173-193.

Scientific and Industrial Research Organisation) 合作开发的在线投稿与同行评议系统 OSPREY (Online Submission and Peer Review System) [1]等，均实现了出版和评议流程的自动化，提高了论文评审的速度。这些在线投稿—同行评议系统将作者投稿和同行评议这两个过程集中到一个平台上来，通过互联网，作者可以随时随地提交论文，专家可以不受时间空间限制地进行评审，双方不但可以及时沟通，而且整个沟通过程可以被系统记录，成为完成的论文"发表前文档"，有必要时还可以在网络上发布和公开。如 HighWire Press 于 2001 年建立的 Benchpress 稿件在线提交系统会根据作者提交论文的题目、关键词和参考文献等将论文自动传给两位相关领域注册专家评审以尽快做出决定，必要时还会请期刊顾问或编委之一的第三位专家评审，同时编辑可以通过"view details"链接查阅评审所需时间等信息[2]。通过采用 Benchpress 系统实行在线同行评审，HighWire Press 不仅保证了其采用论文的学术质量，同时也加快了其期刊论文的评审进程与出版周期。借助技术手段，开放存取期刊大大缩短了论文提交和评审的时间，提高了出版效率的同时也通过同行评审保证了论文内容的学术质量。有的在线投稿—同行评审系统还限定了投稿格式，从源头上把握了论文的学术规范，为学术质量提供了保证。

其次，作者认证审核技术能够保证开放存取期刊内容的学术质量。除了资源的免费获取，开放存取出版与传统出版模式相比还有审稿周期短、传播速度快、出版成本低等优势。因而对于同行评审这种极耗时间与花费、较为影响出版时效与成本的环节，就较难被所有开放存取期刊所采用。比如，我国重要的开放存取出版平台"中国科技论文在线"就明

① SPARC. Journal Management Systems [EB/OL]. [2012-10-25]. http://www.arl.org/sparc/publisher/journal_management.shtml.
② 史海娜. HighWirePress 期刊平台研究[J]. 出版科学，2009(3)：89-90.

确强调要免去评审、修改、编辑等传统出版环节；Paul Ginsparg[①] 等学者也强调像 arXiv 这类开放存取出版平台并不是一种正式的期刊，出于成本考虑也很难采用同行评审的审核制度。为了缩短出版时滞，突出开放存取出版在成本与时效性方面的优势，一些平台积极探索用其他可以保证学术质量的方式替代同行评审。实践表明，可以通过一定的认证审核技术保证开放存取期刊的内容质量并有效减少重复研究、剽窃、数据造假等现象。例如，2004 年以前 arXiv 的认证审核需要投稿者有个“. edu”后缀的 Email 地址作为注册地址，表明作者科学研究人员的身份。2007 年，arXiv 启用反剽窃软件，通过基于语义的模糊检测和柔性匹配自动分析文档的相似度，有效排查论文的重复、剽窃现象。与一般期刊相比，arXiv 通过技术手段保证了其平台上出版的文章具有相当的学术价值，并由此发展为全球知名的开放存取出版平台。

再次，针对同行评审可能带来的费用过高而较难被采用问题，基于用户评价的相关技术可以作为期刊内容质量评价的指标，并能在一定程度上弥补同行评议缺失造成的学术质量问题。网页链接频率、网站访问量、点击率、论文下载率等反映用户对论文质量认可度与使用率的定量评价指标，可以且应该成为开放存取期刊重要的学术性控制指标[②]。尤其是目前应用较为普遍的网页链接技术可以作为开放存取期刊内容质量控制的重要技术，通过用户链接到论文的网页数量作为评价文章质量的重要指标，可以有效弥补开放存取期刊因缺少同行评审而产生的内容质量问题。目前，arXiv 就增加了可以链接到博客的 trackback 功能[③]，trackback 可以反映链接到 arXiv. org 上的文章的网站，"这一方面为研究

① Paul Ginsparg. Creating a global knowledge network[EB/OL]. [2012-10-21]. http://people. ccmr. cornell. edu/~ginsparg/blurb/pg01unesco. html.

② 侯集体. 开放存取期刊质量评价指标研究[J]. 图书情报工作，2009，6(53)：142-143.

③ arXiv. Trackbacks[EB/OL]. [2008-8-20]. http://arxiv. org/help/trackback.

者之间的即时交互提供了重要平台，另一方面也可以作为评价文章质量的一个重要指标，可以有效地弥补 arXiv 缺乏同行评审的缺憾"①。

此外，还可以通过 Web2.0 技术引入用户评价和评级，使读者在阅读论文过程中可以对其内容质量进行评价和讨论，以此作为论文学术质量评价的重要参考，力求达到开放存取期刊内容质量控制的目标。2007年，PLoS 引入了科学视频分享网站 SciVee(www. scivee. tv)。该网站嵌入 PLoS 平台以后，科学家可以上传并分享针对 PLoS 期刊上发表文章而进行讨论的声频和视频。与此同时，PLoS 还引入了基于用户贡献内容的评级系统(Rating System)，用户通过参与论文评级不仅实现了与论文作者的互动，也通过评级辨别论文内容质量②。PLoS 通过用户对论文的评价、评级作为论文评审的重要补充，由此实现了对内容质量的有效控制。

2.3 传播(或服务)质量控制技术

通过网络让全球科研人员无障碍地快速获取最新科研信息与学术动态是开放存取期刊的重要特征和主要宗旨。基于网络传播的开放存取期刊，其传播质量关乎论文获取的稳定性和使用的方便性，直接影响着用户对期刊的使用与评价。因此，传播质量是开放存取期刊学术质量的重要组成部分，探讨开放存取期刊的学术质量控制应该包括其传播质量。由于主要通过网络传播，因而，开放存取期刊的传播质量控制的关键技术主要为网络通信与传播技术，包括网络平台技术、文件传输技术、信息推送技术、链接技术、语义搜索技术、引用跟踪技术(详见图 3)。其

---

① 刘银娣. 电子印本仓储——arXiv 运营情况研究[J]. 出版科学，2009(3)：79.
② PLoS. PLoS E-Newsletter for Institutional Members[EB/OL]. [2012-10-20]. http://mailings. plos.org/strat/html/strat_20070930.html.

中, 网络平台建设是根本, 其他相关技术是提升传播质量、增强服务品质的必要技术手段。

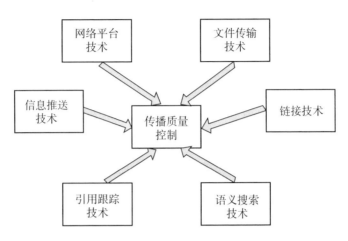

图3 开放存取期刊传播质量控制技术

第一, 通过网络平台技术优化开放存取出版平台的网络运行及传输性能。高质量的网络运行速度及数据传输速度, 能够有效提高用户对网络访问与文件下载的满意度, 是优质开放存取期刊出版平台建设的重点。成功的开放存取出版平台往往能够及时进行系统升级, 先于用户要求提高运行稳定性和数据传输性能。2008 年 7 月 16 日, PLoS 就将其生产服务系统的 Russ 升级到 Topaz 0. 9(rc1) , 凭借 Topaz 0. 9 在图像传输、幻灯片展示等方面的优势, 极大地提高了期刊网站的运行速度①。

第二, 基于相关的文件传输技术提高开放存取期刊论文的获取质量。更快、更好地获取开放存取期刊论文, 能够提升开放存取期刊用户使用的积极性、满意度和回访率, 是开放存取期刊传播质量控制的重要方面。

---

① PLoS. Topaz 0. 9(rc1) -Site Maintenance Tonight on the PLoS Journals [EB/OL]. [2012-10-22]. http://blogs. plos. org/plos/2008/07/topaz-09-rc1-site-maintenance-tonight-on-the-plos-journals/.

相关的传播质量控制技术可以使用户更好获取期刊论文。比如，PLoS 于 2008 年初引进了 Zetero Translator 技术，这项技术可以帮助使用者获取 PDF 格式的 PLoS 文章的全文，而且在 PLoS ONE 和 PLoS Neglected Tropical Diseases 上使用这项技术还可以自动获取元数据信息，从而提升了 PLoS 用户获取论文的格式质量①。arXiv 于 2008 年 6 月 26 日通过技术手段增加了数据规模限制，限制作者上传过大的文件，避免造成用户下载困难，从而极大地提高了 arXiv 的论文的下载速度②。

第三，以信息推送技术为用户提供实时更新的个性化信息推送服务，提高开放存取期刊平台的用户满意度和忠诚度，形成较高的用户黏性。HighWire Press 平台通过创设 Alerts 和 My HighWire 功能模块，为用户实时追踪其所关注领域的最新研究进展，及时反馈期刊出版情况及自动匹配用户所关注的主题、作者、文献被引情况的信息，并通过邮件来提醒用户是否有符合既定标准的文章出版③。而 BMC 则通过引进 RSS Feed 技术系统，提供适应不同移动终端操作系统(iOS、Android、Microsoft)和 PC 终端的最新论文定制信息的接收方式，提高了推送信息的自适应匹配度和用户满意度④。HighWire Press 和 BMC 所采用的信息推送技术总体来说各有优劣，从信息推送的及时性和完整性来讲，HighWire Press 的做法更胜一筹，但从信息接收方式及阅读的多样性而言，BMC 的做法则适应了未来数字信息的跨终端自适应传递趋势。我们认为，二者功能的结合效果会更好，当前现有的技术条件也是可以实现的：一方面信息推送技术

① PLoS. E-Newsletter for Institutional Members[EB/OL]. [2008-08-02]. http://mailings.plos. org/html/enewsletter_jan_08.html.

② arXiv. What's been New on the arXiv. org e-print archives[EB/OL]. [2008-09-02]. http:// arxiv.org/new/.

③ 史海娜. HighWirePress 期刊平台研究[J]. 出版科学，2009(3)：89-90.

④ BMC. BioMed Central RSS feeds[EB/OL]. [2012-10-20]. http://www.biomedcentral.com/ about/rss.

已经较为成熟且应用已十分广泛，另一方面现有的实现跨平台信息发布的技术与匹配算法业已出现并得以推广应用，比如 ePub 等。

第四，利用链接技术和语义搜索技术实现参考文献的全文链接和论文内容的全文检索。学术期刊的学术价值不仅体现为论文本身内容的学术价值，还体现为论文所引用参考文献的学术价值。现有的 Open URL 和 DOI 等参考文献链接技术，能够实现参考文献的全文链接，不仅加深了用户对论文的理解和拓展了阅读面，还促使了参考文献得以广泛传播，也由此成为不少开放存取期刊提升传播质量的重要技术手段。比如 HighWire 平台上每篇文章都与所有相关文章通过文献索引、作者、主题等实现链接，可以说每篇文章都是通往所有其他相关文章的入口。同时阅读全文的读者还可以免费获得第一篇文章中直接引用的另外一篇文章的全文，被称为"互惠免费期刊链接"①。这种"无缝隙链接"能够提升期刊的学术价值含量，由此受到了用户的欢迎和好评。

第五，借助引用跟踪技术实现论文影响力的科学评价。有效的引用跟踪可以对期刊传播过程进行有效监控；通过掌握论文被引信息，可以为期刊了解其学术质量及寻求提升之道提供参考依据。因而，引用跟踪技术已被许多开放存取期刊出版平台当作重要的传播质量控制技术，甚至直接作为期刊论文影响力评价的主要技术手段。例如，BMC 所有期刊的文章都由 Scopus 和 Google Scholar 进行跟踪，这样不仅作者可以了解自己的研究被引用的次数，BMC 也可以将此作为论文评审的技术指标，借以实现学术质量的控制②。

① 史海娜. HighWirePress 期刊平台研究[J]. 出版科学，2009(3)：89-90.
② BMC. What is BioMed Central? [EB/OL]. [2010-03-15]. http://www.biomedcentral.com/about/whatis.

3. 结　论

作为信息网络技术进步的产物，相关技术的进步为开放存取期刊学术质量的控制提供了可能，因而，技术视角理应成为开放存取期刊学术质量控制的重要思路。从当前主流开放存取期刊出版平台的实践看，相关学术质量控制技术也确实起到了积极作用。比如，形式质量控制技术能够帮助期刊编审人员自动优化论文形式规范，从而节约了时间、提高了效率。传播质量控制极大地优化了期刊的传播与使用体验，对提高用户使用与评价意义重大。

然而，现有的能够实现内容质量评价的技术都是基于事后的评价，即期刊论文公开发表后由用户评判其学术质量；作者认证与审核只能作为内容质量控制的必要补充，而不能完全实现其学术性的控制，最终还是需要同行评审。虽然在线投稿—同行评议系统能够提高评审的效率，但是究其本质仍是人工的控制，而非技术上的控制。因而，未来基于技术视角的开放存取期刊学术质量控制框架仍需解决论文发布前的内容质量控制技术问题。同时，随着开放存取认知度的提升，未来将会有越来越多的科研人员将其论文上传至开放存取出版平台发表，或通过开放存取出版平台获取科研信息，信息量和访问量的攀升将对平台的运行质量提出严峻挑战。此外，现有的传播质量控制技术主要是引入已有的网络传播技术，这就存在技术的契合问题，如何开发或引入适合开放存取出版传播质量控制的技术，比如上文提到的信息推送技术，也是值得思考的。

基于此，我们认为，完善基于技术视角的开放存取期刊学术质量控制框架，主要应做好以下三个方面的工作：第一，除了强化在线投稿—

同行评议系统在快速、有效实施同行评议中的功能，以及积极利用
Web2.0 技术加强作者资格认证、发布用户评价以弥补同行评审的缺憾
外，还需引入其他事前控制技术，从而进一步确保开放存取期刊内容的
学术价值和学术质量。第二，重视相关形式质量控制技术的应用，以此
优化开放存取期刊的形式质量，并提高工作效率。第三，注重开放存取
期刊出版平台建设，做好网络运行效率及升级的规划，同时不断开发或
引入新的适合于开放存取期刊所需的传播质量控制技术，提升期刊的传
播质量。

原载于《信息资源管理学报》2012 年第 4 期，

曾元祥博士是本文的合作者

关于我国出版业发展战略的思考(一)
——出版产业布局的优化

产业布局是关乎产业发展的重要战略问题。科学合理的产业布局，有利于产业资源的合理利用和市场的充分开发，能够极大地促进产业的健康发展，而产业布局的失范将会导致生产效率的低下，严重制约产业的进步。产业布局理论强调，不同产业部门，由于资源禀赋、劳动力、交通以及产业政策的不同，其产业布局会呈现出不同的形态与特征。作为一个高度依赖智力资源的文化产业，出版产业布局通常表现出高度的非均衡性。英、美、法、德等发达国家出版业高度集中于少数经济、文化发达区域的现实就充分印证了出版业非均衡布局的合理性。本文将在简要分析我国出版产业布局现状与弊端的基础上，提出优化我国出版产业布局的思路。

1. 我国出版产业布局的现状

产业布局是指"形成产业的各部门、各要素、各链环在空间上的分布态势和地域上的组合"。典型的产业布局形态不外乎两种,一是均衡布局,二是非均衡布局。出版产业布局其实就是出版部门、出版要素在空间上的分布状况,大致可以从出版机构的空间与地域分布情形来衡量。我们认为,我国出版产业布局的现状主要呈现以下两个鲜明的特征。

第一,均衡性是我国出版产业布局的基本特征。

出版机构在中央各部委之间、在地区之间均衡分布。2008 年,新闻出版总署柳斌杰署长在接受《南方周末》采访时就曾指出过这种现象,"过去是按行政级次来平均配置新闻出版资源的。一个部有一个出版社、一个报、一个刊。一个省有一个省报和人民、教育、科技等几个出版社。"我国现有出版社 570 多家,其中,中央部委所属出版社近 150 家,地方出版机构 300 余家。前者在中央各部委之间、后者在各省级行政区域之间均衡分布。出版机构的这种分布格局考虑到的只是"公平"而非"效率"。无论彼此的出版资源状况如何,符合条件就可以成立出版机构,配置政府资源,享有出版权;行政级别不够,即使资源条件再好,也不可能成立出版机构。出版机构在空间和地域上的这种均衡分布,使得出版资源禀赋条件好的部委和地区失去了更大的发展空间,而资源禀赋条件差的部委和地区则占用了有限的出版资源,却难以为出版产业的发展做出应有的贡献,严重影响了出版产业效率的提升。

20 世纪 80 年代之后,在中央和地方出版机构之外,高校出版社得到了迅速发展,进而成为我国出版业的一支生力军。但是,高校出版社的兴起和发展并没有从根本上改变我国出版产业布局的均衡性。因为高校出版社的设立也是与高等教育发展布局基本一致的,而我国高校的布局带有很强的计划色彩,其发展的非均衡性本身就严重不足。

此外,在按学科门类进行分类的出版机构中,教育、科技、文艺、古籍、少儿等不同类别的出版机构分布同样表现出较强的均衡分布特征。

这从各地区出版机构的构成中可以得到充分的印证。

第二，现行出版产业政策是主导我国出版产业布局的基本力量，资源禀赋等出版生产要素在出版产业布局中难以发挥应有的作用。

正如喻国明教授所指出的，"中华人民共和国成立后，我国的生产力布局和区域政策在很长时间里受到均衡思想的影响和支配"①。中华人民共和国成立初期，社会主义改造完成后，国家就将全部出版社收归国有，出版生产力的布局由政府统筹安排，出版机构的设立与撤销均由政府按计划统一部署，并为出版市场的准入设定了较高的制度门槛。尽管政府相关管理部门部署出版机构布局时也会在一定程度上考虑各地各部门的出版资源与禀赋条件，但是，这些市场要素却难以在出版机构的设立中直接发挥效用。改革开放以后，为促进出版业的发展，我国的出版产业政策有过多方面的调整，但是与出版产业布局直接相关的出版市场准入制度并没有实质性的变化。正是这种制度机制，导致了我国出版机构的均衡布局。

2. 我国出版产业布局的弊端

尽管不同产业由于自身要求的不同，可以有不同产业布局，但是，高度依赖于智力资源的出版产业通常表现出鲜明的非均衡布局特征。大多数国家的出版产业是集中于智力资源丰富的文化、经济与政治中心。这类区域丰富的文化、教育与科技要素为出版生产提供不竭的智力资源和广阔的市场空间。相反，均衡的布局由于得不到其所需要的智力资源的支撑，而不利于出版产业的发展。我们认为，出版产业的均衡布局存

---

① 喻国明，王斌. 规制与突破：传媒产业布局的演变路径[J]. 北方传媒研究，2007(2).

在以下突出弊端。

第一，均衡布局严重影响了出版产业效率的提升。

效率与公平是经济学界长期争论的一个重要话题，效率与公平的取舍也是影响产业布局的一对重要矛盾。如果说计划经济体制下我国强调出版业的均衡布局是以牺牲效率换取公平，促进各地出版业平衡发展，满足人民群众基本文化需求还有其合理性的话，那么，在社会主义市场经济体制不断完善、人民群众精神文化需求日趋多样化的今天，提升效率必然成为出版产业发展的重要价值追求。在经济全球化、文化交流日趋频繁的国际大背景下，牺牲效率不仅换不来公平，反而会丧失市场，制约出版产业的发展。当前，我国出版产业效率的低下，在相当程度上正是由于产业的均衡布局所造成的。从这个意义上讲，不打破现行的均衡布局，出版产业的效率就难以从根本上得到提升。

第二，均衡布局容易导致出版市场的区域分割与地域垄断。依靠政府手段形成的均衡布局仍然会借助相同的手段来维护这种结构的稳定性，并不断强化和主张各个市场主体的权利与利益。正是在各个市场主体不断强化和主张其权利与利益的过程中，整体的市场被分割，地域垄断得以形成，在落后的出版单位无忧无虑地坐享均衡布局所带来的红利的同时，优势出版企业却丧失了进入更大市场空间的可能。近些年来，尽管新闻出版行政主管部门为打破出版市场的这种区域分割与地域垄断格局，做出了不懈的努力，颁布了诸如《关于新闻出版业跨地区经营的若干意见》（2002 年 6 月 3 日），但仍然收效甚微。可以相信，如果不能彻底改变这种均衡的产业布局，我国出版市场的区域分割与地域垄断将会长期存在，甚至还会愈演愈烈。

第三，均衡布局容易造成出版单位、目标市场、出版产品与服务的同质化，导致出版资源的严重浪费。均衡布局必然直接导致出版机构及其目标市场的严重同质化。由于市场被分割，空间被压缩，容量有限，各出版机构的目标定位也因此受限，因而立足区域市场、服务有限的读者便成为众多出版单位的经营定位。我国大多数地方出版单位、高校出版单位缺乏个性和特色，正是由于这种均衡结构造成的。出版单位及其目标市场的同构，相应带来了出版产品与服务的同质化。当前出版市场上普遍存在的"跟风""搭车"和重复出版现象正是其必然产物。这种严重的同质化出版现象，消耗了本来就十分有限的出版人财物力资源。

3. 我国出版产业布局的优化

既然当前的均衡布局存在诸多弊端，阻碍和制约了出版产业的发展，那么，改变现状，优化布局，建立非均衡的产业格局就应该成为我国出版产业发展战略的必然选择。我们认为，我国出版产业布局的优化，可以从以下三个方面着手：

首先，转变政府职能，建立出版资源的市场配置机制。

美国著名经济学家、诺贝尔经济学奖获得者斯蒂格利茨 2006 年 3 月在清华大学演讲时就曾指出，"每个成功的市场经济都是建立在市场和政府的平衡关系之上的"。在社会主义市场经济条件下出版产业的发展中，市场和政府之间显然也应该建立起这样一种平衡关系。然而，从我国的实际情况看，这种所谓的平衡关系仍然没有真正建立起来，政府对出版市场的干预仍然过多，市场配置出版资源的功能尚没有得到有效发挥。在配置出版资源方面，政府与市场之间仍然是一种偏向于政府的失衡关系。

要打破出版产业的均衡布局，必须转变政府职能，淡化政府直接配置出版资源的功能，将出版资源的配置职能交由市场按绩效进行。只有当市场成为主导出版资源配置的基本力量后，出版资源才可能更多地流向绩效高的区域或部门，均衡的出版产业布局才可能被打破，非均衡的出版产业布局才有机会形成。

我们的新闻出版体制改革已经持续多年，政府的职能转变也已取得了一定的成效。然而，在政府与市场的关系调整方面却仍然不到位，市场主导出版资源配置的机制尚未真正建立起来。出版体制改革的下一步必须强化这方面的改革力度。新闻出版总署今年颁布的《关于进一步推进新闻出版体制改革的指导意见》(以下简称《指导意见》)对此已有明确态度。《指导意见》指出，"打破按部门、按行政区划和行政级次分配新闻出版资源和产品的传统体制，打破条块分割、地区封锁、城乡分离的市场格局，加强资本、产权、信息、技术、人才等新闻出版生产要素市场建设，实现生产要素合理流动和资源优化配置。"我们有理由相信，随着新闻出版体制改革的不断深入，市场主导出版资源配置机制的建立，我国均衡的出版产业布局将会被打破，非均衡的出版产业布局将会逐步形成。

其次，完善市场准入制度，建立新的出版市场进入与退出机制。

市场准入制度是影响产业布局的一种重要制度规范。一般说来，宽松的准入制度，较低的准入门槛，有利于产业布局的优化，而苛刻的准入条件则不利于良好产业布局的形成。考虑到出版业的意识形态属性，各国政府对其市场准入一般都制定了一定的限制条件。一些国家出版业的市场准入条件较高，外资甚至国内某些形式的资本都难以进入，而另一些国家的出版市场准入门槛相对较低，外资不仅可以方便进入，甚至可以享受国民待遇，更不用说国内的其他资本了。

我国为出版业设定了较高的市场准入条件，正如吴旭君所指出的"在我国出版行业是特殊行业，国家实行审批、许可制度。成立出版社要符合国家行政法规的规定，政府除依法审批外⋯⋯基本排除了个人、合伙、合资、外资等形式开办出版社的可能。"①我们认为，这正是影响我国出版产业布局非均衡发展的一个重要制度因素。应该说，考虑到出版业的意识形态属性，一定的市场准入限制是符合国家利益的，也与世界大多数国家的做法是相同的。但是，在其意识形态属性表现得不充分的条件下，苛刻的市场准入就没有了必要。王志刚指出，"科技图书并不直接涉及意识形态问题"。② 刘杲先生同样认为，"科技出版不属于意识形态"。③ 基于此，我们认为，在一定程度上开放科技出版市场，鼓励各种资本参与我国科技出版市场的竞争，应该不会带来什么负面影响，也不至于影响到国家的文化安全，相反，对于优化目前我国科技出版产业布局还有显著的积极意义。如果以此作为契机，有选择性地调整出版市场进入条件，完善出版市场进入机制，必然对我国出版产业布局的优化起到积极的促进作用。

在调整出版市场进入条件的同时，还应该建立起配套的市场退出机制。因为没有严格的市场退出机制，落后、低效，甚至违规出版机构得不到清理，不仅浪费了出版资源，也不利于非均衡产业布局的形成。值得庆幸的是，建立和完善出版市场退出机制已受到出版管理高层的关注。2007 年，柳斌杰署长在接受《中国新闻出版报》采访时就曾强调，"在建立新闻出版业准入制度的同时，还要完善退出机制。既要控制总量，还要有生有死，通过评估等级、年检、诚信记录和两个效益的考核，淘汰不合格的新闻出版企事业单位，做到生死由业绩和市场决定。"在今年的全国新闻出版局长座谈会上，柳斌杰署长再次强调"对那些效益较差、资

---

① 吴旭君. 论出版业的市场规则和市场准入[J]. 出版与印刷，2002(2).
② 王志刚. WTO 给中国科技出版带来什么[J]. 出版参考，2002(1).
③ 刘杲. 市场经济、信息化和科技出版[N]. 中国图书商报，2002-12-20.

不抵债、人才缺乏、发展难以为继，或者存在严重违规行为，或者主管部门或主办单位不愿意继续办下去的新闻出版单位，要下决心'停办退出一批'"。

在科学的市场准入制度规范下，各种优质资源有机会进入出版市场，低效、落后的出版单位又不得不退出市场，出版业传统的均衡产业布局必将被打破，新的非均衡产业布局将会得以形成。

最后，推进联合重组，鼓励跨地区经营。

我国出版产业均衡布局的形成有着深层的历史根源，短期内要彻底改变这种状况仍不现实。为有效克服这种均衡布局制约出版产业发展的缺陷，积极推进出版企业联合重组，鼓励优势企业跨地区经营就显得十分必要。广泛的联合重组和跨地区经营，可以在出版产业内部累积打破均衡产业布局的动力，对于优化出版产业结构有着一定的积极意义。总署2009年颁布的《指导意见》对此也提出了明确的要求。《指导意见》指出，"各级新闻出版行政部门要严格执行《中华人民共和国反不正当竞争法》和《关于禁止在市场经济活动中实行地区封锁的规定》等法律法规，积极支持出版传媒企业跨地区合法开展经营活动，为公平竞争创造良好环境，提供优质服务。对于出版传媒企业合法的跨地区经营活动，不得以任何形式进行地区封锁，不得滥用行政权力，限制其进入本地市场经营"。这些举措如果能够落实到位，对于出版产业布局的优化应该能起到一定的促进作用。

原载于《中国出版》2009 年第 11 期

关于我国出版业发展战略的思考(二)
——出版企业组织建设

经济学和管理学都对企业组织在促进产业发展方面的作用给予了充分的肯定。著名经济学家马歇尔教授对古典经济学的"劳动""资本""土地"三要素进行了修正,提出将"组织"作为第四项生产要素来对待的重要观点。他强调指出,组织在促进产业发展方面可以起到十分重要的作用。马歇尔的这一理论奠定了组织要素在经济学中的重要地位①。在管理学中,迈克尔·波特教授将与企业组织直接关联的"企业战略、结构与同业竞争"列为其"钻石体系"的四个基础要素之一。波特教授指出,"在国家竞争优势对产业的关系中,第四个关键要素就是企业"②。

在出版产业中,出版组织(或曰出版机构、出版单位)在促进出版产业发展方面同样起着十分重要的作用。英国商务部 2000 年发布的《知识经济时代的出版业:英国出版媒介产业竞争力分析(主报告)》③中就详细

---

① 马歇尔. 经济学原理[M]. 北京:华夏出版社,2005.
② 迈克尔·波特. 国家竞争优势[M]. 北京:华夏出版社,2002.
③ DTI Publishing in the knowledge economy: Competitiveness analysis of the UK publishing media sector(Main report)[R]. 2000.

列举了英国处于领导地位的全部重要出版企业，以凸显这些企业组织对英国出版产业发展的特殊意义。欧洲出版委员会 2005 年发布的《欧洲出版竞争力评估报告》①将"出版产业组织变革"作为出版产业竞争力的四个评价指标之一，表明欧洲出版界对出版产业组织在出版产业发展中作用与地位的高度认可。

2006 年，柳斌杰署长在《传媒》杂志撰文《深化出版发行体制改革》指出："出版发行企业是出版物市场的主体，是出版产业发展的依托。"这反映了我国出版界对出版组织在出版产业发展中作用和地位的认识。我们认为，出版组织是直接关系出版产业发展的战略要素，出版组织建设理应成为我国出版产业发展战略的核心内容。本文将从组织属性、组织结构和组织边界三个方面简要分析我国出版组织建设中存在的问题，并提出相应的改进思路。

1. 出版组织的属性

出版组织的属性是由国家的宏观文化管理体制和出版管理体制决定的。在不同的文化与出版管理体制下，出版组织的属性可以有完全不同的定位。需要强调的是，对出版组织属性的定位应该与其管理方式统一起来。如果属性定位与管理方式之间出现错位，出版组织的运作就无章可循，出版产业的发展必然受其影响。

长期以来，我国对出版业实行的是事业管理体制，出版组织不是独立经营的市场主体，而是事业单位，是行政机构的附庸。从理论上讲，基于这种属性定位，国家对作为事业体制的出版组织不仅不应该以经济

① EPC Assessing the Competitiveness of European Publishing 2005[R].

收益来评价其发展状况，而且应该以财政资金支持其发展。然而，在实际运作过程中，国家对定性为事业性质的出版组织却采取了"企业化管理"的方式，即对出版组织实施"事业性质、企业化管理"。也就是说，国家对于出版组织不仅没有财政支持，而且还要求有经济上的回报。显然，出版组织属性的"事业"定位与"企业化"管理方式之间是有矛盾的。早在1999年，王益同志就在《出版发行研究》上撰文《事业乎？企业乎？》对出版组织的这种定位提出异议。他指出"事业单位企业管理，是不正确的，应该纠正"①。2009年4月，柳斌杰署长在第十九届全国图书交易博览会举办的中国出版发展论坛上也曾指出："所谓的'事业性质、企业化管理'，实际上是一个非事非企的怪胎，其结果是人往事业靠、钱按企业拿，越搞越糟。"因此，我们有理由认为，对出版组织属性的这种"事业"定性与"企业化"管理，正是制约我国出版产业发展的根本性的制度障碍。只有重新界定出版组织的性质，彻底改革现行的出版管理体制，才能从根本上调动广大出版组织的积极性，促进出版产业的发展和繁荣。

那么，对我国出版单位的属性到底该如何定位、如何管理呢？2003年，党的十六届三中全会对此指出了明确的方向。公益性出版单位和经营性出版单位实施分类管理。前者是事业属性，后者是企业性质。全会还分别明确了这两类不同属性出版组织的改革目标与任务。在经过3年改革试点后，2006年，中共中央、国务院正式颁布了《关于深化文化体制改革的若干意见》，进一步明确了深化包括出版在内的文化体制改革的目标任务，为出版体制改革的全面铺开奠定了基础。2009年，新闻出版总署又颁布了《关于进一步推进新闻出版体制改革的指导意见》，明确了新闻出版改革的"时间表"和"路线图"，提出了包括"推进公益性新闻出版单位体制改革，构建新闻出版公共服务体系"和"推动经营性新闻出版单

---

① 王益. 事业乎？企业乎？[J]. 出版发行研究，1999(1).

位转制，重塑市场主体"的目标任务。我们认为，明确的改革目标和清晰的改革思路，必将彻底改变我国出版组织属性定位和管理方式之间长期以来形成的错位现象，确保不同属性的出版组织按照各自的规律健康发展。

在此需要强调一点的是，两类不同属性的出版组织的改革和发展问题同等重要。然而，他们彼此被社会关注的程度却各不相同。经营性出版单位受到了管理层、业界和学界的高度关注，而公益性出版单位的改革与发展问题却显得有些冷淡，没有引起社会的足够重视。笔者对《中国知网》相关数据库的检索结果就充分印证了这一点。尽管由于经营性出版单位的改革涉及面广、难度大，引起广泛的社会关注，完全在情理之中，但是，我们也应该明白，公益性出版单位的改革和发展关乎的才是更广大的人民群众利益的。因此，大力推进公益性出版单位的改革与发展，建立起健全的出版公共服务体系应该引起全社会的广泛关注和高度重视。

2. 出版组织的结构

产业组织理论认为，企业的组织结构是特定生产方式下企业生产经营管理的组织安排。波特教授曾指出，"企业的目标、战略和组织结构往往随着产业和国情的差异而不同"[①]。在出版产业领域，这种组织结构上的差异体现得尤其充分。就我们了解的情况看，世界各国出版企业的组织结构存在重大差异。我国的出版组织在规模和内部结构等方面与以美、英、德、荷等国为代表的出版业发达国家存在巨大的差异。我们的研究进一步证实，正是这些组织结构上的差异导致了出版产业竞争力的不同。

---

① 迈克尔·波特. 国家竞争优势[M]. 北京：华夏出版社，2002.

现阶段，我国出版组织的结构改革应注意以下两点：

第一，从出版组织的规模结构来看，既要强调大型骨干出版企业集团的打造，又要注重中小型"专、精、特、新"特色出版企业的培育。

规模效益是经济学的一个重要命题，在许多产业领域这个命题业已被证明是正确的。在出版产业领域，诸如科技出版、教育出版也都是大企业的游戏。以科技出版为例，发达国家的科技出版企业普遍规模偏大，往往是少数大型龙头企业垄断极大的科技出版市场份额。如英荷的励德·爱斯维尔（Reed Elsevier）、德国的施普林格（Springer Verlag）、加拿大的汤姆逊（Thomson）、美国的麦格劳·希尔（McGraw Hill）等无一不是销售规模数以十亿（美元）计。而与之形成鲜明对照的是，我国的科技出版企业普遍规模偏小。尽管近10年来我国党和政府在促进出版企业规模建设方面做出过一些积极的努力，为包括科技出版在内的出版集团化建设创造了一定的条件，但是成效并不明显。以图书出版社为例，我国规模最大的出版企业年销售也不过3亿美元，单就科技出版社而言，销售基本上没有达到1亿美元规模的。我国的580家出版社中，属科技出版社系列的100多家出版社的平均销售额仅有几千万元人民币，与发达国家的同类出版社不可同日而语。由此可见，要提升我国出版的国际竞争力，必然要在扩大出版企业的规模上下功夫。可以说没有企业规模的扩大，很难有出版国际竞争力的提升。从这个意义上讲，《关于进一步推进新闻出版体制改革的指导意见》所提出的"培育一批大型骨干出版传媒企业"不失为一种明智的决策。

众所周知，出版市场是一个典型的异质性市场。仅有少数大型企业是满足不了这种典型的异质性市场的需求的。这就为大量"专、精、特、新"特色出版企业提供了广阔的生存空间。前两年出版界广为流行的美国人克里斯·安德森撰写的《长尾理论》较为简明地揭示了出版市场的这一特征。从我国出版市场主体的现有条件来看，大多数出版单位短期内并不具备发展成为大型龙头出版企业的可能。即使按地域、部门组建大型出版集团，也并非所属地区、行业的出版组织全员加入。基于对出版市场的这一认识，我们认为，注重中小型"专、精、特、新"特色出版企业的培育应该成为当前我国出版产业发展的一个重要战略选择。当前正值我国出版业转企改制的关键时期，这正是转制企业重新定位，向"专、精、特、新"特色出版企业转型的重要机遇期。广大转制出版企业应该创造性地把握这一难得的机遇以获得新的发展契机。

第二，从出版企业组织的内部结构看，应该摒弃等级森严的科层制，建立起网络化、扁平化和柔性化的企业内部结构。

从系统论的角度来看，结构决定功能与效率。中外出版企业在内部组织结构方面同样存在着重大差异。发达国家的出版企业完全是按照现代企业制度、以市场为导向来确立其内部结构的。尽管发达国家不同的出版企业内部结构也不完全相同，但是它们却具有一些共性，即企业组织的网络化、扁平化和柔性化。具有这些结构特征的出版企业可以对出版市场的变化做出快速的反应，有利于企业竞争力的提升。我国的出版企业大多是在计划体制下形成和发展起来的，通常是比照行政机构建立起等级森严的科层制。近年来其内部结构虽然根据市场经济体制的要求有了一些调整和变革，但是，计划体制的色彩仍然很重。不少出版机构仍然存在机构臃肿、层级过多、反应迟缓等弊端，难以有效适应出版市场的快速发展变化，严重影响了企业竞争力的提升。从这个意义上讲，按照现代企业制度和市场导向优化出版企业的内部结构，促进出版企业组织向网络化、扁平化和柔性化的方向发展，不失为提升我国出版组织竞争力的有效举措。

3. 出版组织的边界

组织边界是经济学的众多学派共同关注的一个重要范畴。确立科学的组织边界对于企业的发展以及企业竞争力的提升具有积极意义。企业组织边界(通常称作企业边界)是指企业规模扩张的界限,一个可持续发展的企业常常伴随边界的不断向外扩展。企业边界实际上就是企业资源与能力的边界,企业可利用的资源与有效利用这些资源的能力决定了一个企业相对于其他企业的边界。对于包括出版企业在内的任何企业而言,组织边界的界定与调整都至关重要,它直接关乎企业竞争力的消长。

企业边界的合理界定是培育企业竞争力的基本策略。任何企业都有自身的优势与特长,因此,企业应该按照这些优势与特长确立自己的组织边界,避免将企业的范围盲目扩展到自己不擅长的领域。我们的研究发现,发达国家的出版企业大多能够清晰界定自身的企业边界,几乎每一家知名出版企业都有自己明确的"目标市场",完全看不到盲目扩展"势力范围"的现象。大家所熟知的励德·爱斯维尔、施普林格、汤姆逊等国际科技出版巨头,尽管出版的学科专业范畴很广,但是这些大型科技出版集团往往都分设许多家子公司,下辖多家专业性极强的出版社。这些属下出版企业的边界都十分清晰,通常仅仅专注于单一学科专业的出版活动,力求"做精做深",而绝不会涉足与自己的优势和特长不相吻合的出版领域。

国内出版界的情形却完全不同。我们的大多数出版企业尽管规模不大,但涉及的学科专业领域却非常宽泛,没有清晰的组织边界,没有明确的目标市场。应该说,我们的出版企业大多是从计划体制下走过来的,原有的专业分工实际上带有明显的组织边界痕迹。尽管这种组织边界不是企业参与市场竞争的产物，但是完全打破这种"边界"却又不能形成新的"边界"，出现所谓的无序竞争、恶性竞争也就不足为奇了。这种现象对出版企业竞争力的提升显然是不利的。因此，我们认为我国出版企业竞争力的提升必须从清晰地界定企业的组织边界着手，只有根据企业的优势与特长合理界定组织边界，我国出版企业竞争力的提升才有可能实现。

企业的组织边界并不是一成不变的，而是随着市场环境与企业自身条件的发展变化需要进行适时调整的。企业边界的调整，实际上是企业成长方式的选择。企业组织边界的调整方式不外乎两种：一是纵向边界的调整；二是横向边界的调整。

纵向边界是指企业沿产业流程进行一体化发展的边界。纵向边界的调整则是指企业运用"纵向一体化"策略沿产业流程进行边界的扩张或收缩。出版的产业流程大致包括出版策划、编辑与制作、发行与服务等主要环节。因此，出版企业纵向边界的调整也就是在出版产业流程的这几个环节之间进行边界的扩张或收缩。

横向边界则是指企业进行水平扩张的边界。横向边界的调整则是指企业运用水平扩张策略扩展企业横向边界。企业横向边界的调整可以通过两个途径来实现：第一，增加产品或服务的类别与数量，以扩大企业规模，通过获得"规模经济效益"来扩展企业边界；第二，实现多角化经营，拓展企业经营范围，通过获得"范围经济效益"来扩展企业边界。从发达国家出版产业的实际情况看，第一种方式是一种普遍选择。励德·爱斯维尔、施普林格等世界级的大型出版集团几乎毫无例外地都是选择使用第一种方式来拓展企业横向边界的。例如，1989 年施普林格收购美国医学论坛出版公司、1994 年里德·埃尔斯维尔收购美国米德数据中心公司、1998 年荷兰沃尔斯特·克鲁维尔出版集团收购美国科技医疗出版社等，显然都是期待通过规模扩张以获得"规模经济效益"的方式来实现企业边界的横向拓展的。需要强调的是，在发达国家的出版领域几乎看不到以上述第二种方式来拓展企业边界的案例。

与发达国家相比，我国出版企业的边界调整策略完全不同。一方面，在纵、横向两种边界调整方式中，我国出版企业普遍青睐横向拓展方式，而忽视纵向边界拓展方式。大多数国内出版企业对出版产业流程各环节的关联性重视不够，在扩展企业边界时不习惯优先考虑扩展纵向边界，往往是将产业流程的下游环节交由其他企业去完成，而自己去选择那些远离其核心出版业务的其他领域扩展企业的边界。显然，这正是我国出版产业"一体化"发展远远落后于发达国家的原因所在。另一方面，在横向边界调整途径的选择上，国内出版企业习惯使用的是发达国家同行极少采纳的多角化经营策略，忽视产业的规模效益，而觊觎范围效益。

基于以上分析，我们认为，在我国出版企业组织建设过程中，应该注重清晰地界定企业的组织边界，不宜盲目扩大企业经营领域；在市场环境或企业自身条件发生重大变化时，要注意选择科学的边界调整策略，及时扩张或收缩企业的边界。

原载于《中国出版》2009 年第 12 期

关于我国出版业发展战略的思考(三)
——出版产业升级

　　产业升级是当前我国经济发展中各产业领域所面临的一个共同话题，更是出版业必须正视的一个重大战略课题。经过改革开放 30 多年的高速发展，我国已进入世界出版大国行列。无论是从业人员，还是出版品种、产量(印数)都稳居世界各国前列。应该说，出版产业的这种规模扩张为满足人民群众基本文化需求奠定了坚实的基础，具有十分重大的现实意义。然而，我们同时也应该看到，在数字技术突飞猛进、市场竞争日趋激烈的背景下，基于规模扩张的产业发展模式已经过时，出版业的"大发展大繁荣"只能建立在产业升级的基础上。"出版，作为一个产业，急切需要进行产业的升级。"①没有产业结构的优化、产业资源的合理利用、产业能力的提升，就不可能有出版业的"大发展大繁荣"。显然，产业升级是当前我国出版业所必须面对的一个重要战略选择。本文将在简要分析出版产业升级背景的基础上，阐述出版产业升级的含义与主要内容。

---

① 培翊. 出版：产业升级迫在眉睫[EB/OL]. http://pubeconomy.bokee.com/434659.html.

1. 我国出版产业升级的背景分析

一般而言，产业升级是由于产业发展环境或产业生态发生重大变化而引起的。那么，当前我国出版产业所面临的升级压力到底源于哪些变化呢？我们的分析认为，这种压力大致来自以下两大方面：

第一，技术环境的变化。

在出版业发展的历史长河中，技术的进步不断改变着出版的产业形态。这从《中国出版史》①"以出版技术的变革为主要依据"来划分出版阶段的事实中应该可以得到印证。出版业今天的产业形态正是技术的不断进步所逐步塑造而成的。2 世纪初，我们的先人发明了纸张，使出版有了基本的物质载体，手写本纸质书"出版"得以实现；7 世纪，我国发明了雕版印刷术，于是就有了印本书出版业；11 世纪，毕昇发明的活字印刷术，极大地提高了出版的效率与效益，奠定了商业出版的基础；15 世纪50 年代，谷登堡发明的铅活字造就了现代意义的出版业。

20 世纪 40 年代中期，计算机的问世掀起了一场全球范围的信息革命，信息产业应运而生，人类因此迈入信息社会。管理大师彼德·德鲁克更是将这场革命称作"概念"上的革命。那么，这场以技术为先导的信息革命对出版业又意味着什么呢？有人惊呼人类将迈向"无纸社会"，图书将走向"消亡"。2009 年 9 月 14 日，《纽约杂志》还以《终结》(The End) 为题发表署名(Boris Kachka) 文章，指出面临电子书和新技术的挑战，传统出版业已被"逼到了日薄西山的尽头"②。当然，也有人持有与

① 吴永贵，李明杰．中国出版史［M］．湖南大学出版社，2008.
② http://www.zznews.gov.cn/media/2008/0928/article_25.html.

此完全相反的观点。持这种观点者看到的是技术给出版业带来的机遇，认为传统出版业在经过适应技术的转型后必将以全新的形态获得重生。

那么，这场技术变革给传统出版业带来的到底是机遇，还是挑战呢？我们认为，这场技术变革对传统出版业的影响并不完全取决于技术变革本身，而是取决于出版业，取决于出版业对待技术变革的态度，取决于出版业的应对之道。以数字技术为代表的现代信息技术，不仅改变了出版载体、出版流程、出版组织，改变了出版业的运作方式和盈利模式，而且更重要的是改变了读者、改变了市场。我们的出版人如果还不思进取、因循守旧、抱残守缺，不去拥抱新技术、探索新模式、开拓新市场，那结果是可想而知的了。显然，技术环境的变化正是推动当前出版产业升级的核心力量。

第二，出版产业发展的阶段性特征。

经济的发展通常会表现出明显的阶段性特征，上海交通大学的胡惠林教授就曾论述过文化产业的这一鲜明特征。① 如果从供求格局来看，我国出版业以 20 世纪 80 年代中期为界可以分为两个特征各异的发展阶段。80 年代中期以前，我国出版市场处于供不应求状态，扩大规模、提高产量，解决出版生产能力不足成为主导出版业发展的基本战略。进入 80 年代中期以后，出版市场供求格局得以改变，出版物供不应求状况初步得到缓解。又经过 10 余年的发展，进入 90 年代，出版市场供求关系格局发生了根本性的变化，出版物产品供过于求，产品价值难以实现，出版生产能力相对过剩。尽管 1993 年底，管理层及时提出了出版业"阶段性转移"的产业发展要求，但是，由于发展惯性使然，这一政策的初衷并未能完全实现。至今，我国出版业的发展仍未彻底摆脱 20 世纪 80 年代中期以

---

① 胡惠林. 中国文化产业发展的新阶段［EB/OL］. http://theory.people.com.cn/GB/49154/49155/4052322.html.

前的发展思路。我们认为，这正是导致当前我国出版产业发展面临恶性竞争、效率低下的根本原因。

简单归纳一下，现阶段我国出版业至少表现出如下突出特征：第一，出版物产品价值难以实现，库存积压严重，而品种规模还在不断扩大；第二，需求乏力，且买方的议价能力不断提升，利润空间越来越小；第三，同行竞争激烈，无序程度加剧，手段单一，且面临严重的"外行搅局"；第四，出版企业效益低下、增长乏力。

面临如此严峻的产业生态，没有产业发展战略上的根本改变，出版业要想走出困局是难以想象的。那么，出路在哪里呢？从根本上调整产业发展战略，优化产业结构、合理配置产业资源、提升产业能力，走产业升级之路或许是纾缓困局之良策。

2. 出版产业升级的含义及主要内容

从宏观层面理解，产业升级主要是指国家或地区产业结构的调整与改善。但对具体的产业部门而言，由于产业特征各异，产业升级的内涵往往难以准确地界定。就出版产业而言，我们认为，其含义至少涉及产业结构、产业资源和产业能力三个方面的优化与提升。下面我们将从这三个视角切入，对出版产业升级的主要内容作一个简要阐述。

第一，出版产业结构的优化。

产业结构优化是产业升级的核心内容，它是通过调整产业部门的布局结构，提高价值和利润丰度高的产业部门在整体产业中的比重来实现产业升级目的的。出版产业结构是指出版产业中各个不同出版门类的构成及相互关系。我们可以从以下三个维度来考察出版产业结构，一是出版技术维度；二是出版市场，或曰出版物内容维度；三是出版物类型维度。出版产业结构优化自然也是围绕这三个方面展开的。

从出版技术维度看，出版产业门类包括传统出版和现代数字出版两大部分。在当前技术背景下，出版产业升级就是要加大现代数字出版门类的发展力度，提升数字出版在我国出版产业中的比重，形成以数字出版为主导的新型出版产业格局。柳斌杰署长在2009年全国新闻出版局长座谈会上的讲话中就明确指出，"要加快推进以企业为主体的技术创新体系建设，推动出版企业研发具有自主知识产权的关键技术，力争扭转数字出版的产出在整个数字内容产业中比例偏低的局面"。今年总署颁布的《关于进一步推进新闻出版体制改革的指导意见》也同样意识到，利用现代技术"推动新闻出版产业升级和结构调整"的重要性。可见，从技术维度看，大力发展数字出版业已成为优化出版产业结构的必然选择。

从出版市场或出版物内容维度看，出版产业门类包括大众出版、教育出版和专业出版三类。当今的中国出版市场，这三者的关系严重失衡、畸形发展，突出表现为出版产业对教育出版的高度依赖，教材成为支撑我国出版产业的单一出版物类别。与教育出版独大形成鲜明对照的是专业出版式微、大众出版失范，三者表现得越来越难以协调。从这个意义上讲，出版产业结构优化就是要大力发展专业和教育出版，建立三者共同繁荣、协调发展的出版产业格局。

从出版物类型维度看，出版产业门类大致可分为图书出版与期刊出版。图书出版与期刊出版在我国是两个泾渭分明的产业，用"鸡犬相闻，老死不相往来"来形容恐怕也不过分。其实，这两者在出版业发达国家是高度融合、协调发展的一个有机整体。例如美国、德国的专业出版机构大多是以期刊出版见长，图书出版处于从属地位。日本在20世纪七八十年代就形成了"刊高书低"出版格局。用发达国家的经验衡量，我国期刊业的产值尚不到图书业的一半就表明我国期刊业存在巨大的发展空间。因此，发展期刊业，提高期刊业在出版产业中的比重，应该成为出版产业结构优化的又一个必然选择。

第二，出版产业资源的合理配置。

学界通常将产业资源理解为支撑产业发展的各种要素的集合。出版是典型的内容产业，支撑出版业发展的产业资源主要是指各类智力资源，如内容资源、需求资源以及人力资源，也就是与"作者、读者和编者"直接关联的三类智力资源。出版资源的合理配置就是要在充分认识不同资源价值的基础上合理利用上述智力资源，极大化上述智力资源的效用。

作者是出版内容资源的创造者，从法律关系角度看，还是作品版权的终极所有者。因此，出版企业要充分占有出版内容资源首先必须建立起广泛的作者队伍，尤其是要与相关领域的高端作者建立起稳定的业务关系。现阶段，出版企业与作者之间的关系较为松散。表面上看，这种松散的关系，有利于作者在不同出版企业之间进行"寻租"，以获得更大的自身利益。但实际上，在一个规范的出版市场环境中，这种松散的关系，并不利于作者获取长远的利益。出版界如果能够仿效演艺界利用"签约"的方式与高端作者建立起相对稳定的业务关系，对于双方利益的最大化应该是有意义的。因此，我们认为，出版内容资源的合理配置，可以考虑从建立作者与出版企业之间稳定的业务关系着手。

需求资源，也就是消费者资源、市场资源，在出版产业中就是读者需求资源。在传统出版活动中，读者通常被出版企业视为服务对象，是出版企业的一种外在环境要素。而在现代经营理念中，读者不应再被视作出版企业的外部力量，而应该被纳入出版企业的资源范畴之内予以有效的开发与利用，根据读者需求组织出版经营活动。出版业对于需求资源的合理配置主要可以从这样三个方面做文章。第一，树立科学的出版资源观，充分认识读者需求资源的稀缺性特征以及供过于求条件下读者需求资源的产业价值。第二，认真研究当今经济、文化、技术背景下读者需求的发展变化，及时掌握具有潜在价值的需求动向。第三，基于有效需求组织出版经营活动。

这里的编者，实际上是指全体出版人。他既是出版活动的主体，又是出版产业的最重要智力资源。编者对于出版产业发展的意义不言而喻。由于编者资源的合理配置，可以通过提高出版企业人力资源管理水平来实现。在此，我们就不展开了。

第三，出版产业能力的提升。

提升产业能力既是出版产业升级的目的，又是出版产业升级的基本内容。没有产业能力的提升，出版产业升级也就无从谈起。出版产业能力包含的内容十分宽泛，既包括策划创意、编辑出版、发行营销能力，也包括管理、决策与执行能力。结合当前我国出版产业能力的现状，我们认为，要实现出版产业升级，以下三个方面的能力急需得到提升。

一是创新能力。经济学意义上的创新概念是熊彼特1912年首次提出的。熊氏的创新概念主要包括新产品、新方法、新的市场、新的供应来源等五个方面的内容。即使以熊氏的"古老"创新理念来衡量，我国当今出版业的创新能力都难尽如人意，更遑论其后以技术为主要创新内涵的更高标准了。在今天的中国出版业，仍然不乏以模仿求生存的出版企业。无论是市场定位、选题开发，还是营销推广，只要有稍好的市场表现，便会立即招来大量的模仿者，而且模仿手段之低劣简直难以示人。有消息称，某地一家书店卖书"论斤称"，这难道不是对当前我国出版选题能力的一个莫大讽刺吗？发达国家的出版商已纷纷转型，有些早已实现了从"卖书"到"卖内容"的华丽转身，成为堂堂正正的"内容提供商"，而我们还有人居然靠"卖纸"为生。毫无疑问，存在这种现象的根源就是出版业创新能力的严重不足。如果不能克服这种不足，培育和提升产业的创新能力，出版产业的升级永远只能是一种梦想。

二是营销能力。不管出版活动的终极产品是出版物也好，内容也罢，都是商品。既然是商品，其价值的实现终究离不开市场。因此，营销是出版企业的一种基本生存能力。然而，遗憾的是我国不少出版企业营销理念陈旧，营销能力低下。这正是导致出版市场需求难以激活、出版物产品价值难以实现、读者需求得不到有效满足的真正原因。我们认为，我国出版企业以下几个方面的营销能力亟待提升：市场定位能力、市场开拓能力、议价能力、渠道控制能力、服务营销能力以及促销推广能力等。

三是执行能力。如果说传统管理有强调决策，忽视执行嫌疑的话，那我国出版业倒像是传统管理理念的守望者。改革开放30多年来，为推进出版产业的健康发展，政府曾出台过很多好的政策。然而，回头看，其中不少英明的决策却并没有得到有效的贯彻。例如，20世纪80年代后期出台的所谓"三放一联"中的"联合"就远没有实现；20世纪90年代初提出的所谓"阶段转移"也只是停留在口头上，规模照样膨胀，质量效益难有起色；21世纪初期提出的所谓出版市场"退出机制"也是雷声大，雨点小，真正的图书出版社也未见退出市场的。我们认为，这就是一种执行力不足的表现。原本认为，我们的管理体制在执行力方面有着先天的优势，可是，这种执行力在出版行业却被打了折扣。与宏观执行严重不足一样，我国出版企业的执行同样存在严重不足现象。比如，有了好的策划与创意，却开发不出好的产品就是最好的佐证。可见，执行力的严重不足已成为制约我国出版产业能力提升的瓶颈。只有提高执行力，才能提升我国出版产业能力。

原载于《中国出版》2009年第12期

新时代出版业发展的新要求、新目标、新任务与新举措

——对《出版业"十四五"时期发展规划》的几点认知

2021 年 12 月底，国家新闻出版署印发了《出版业"十四五"时期发展规划》①（以下简称《规划》），明确了"十四五"时期我国出版业发展的指导思想、基本原则、目标要求、重点任务、保障措施，从做强做优主题出版等 9 个方面，提出了 39 项重点任务及 46 项重大工程，并对推动规划落地实施提出了工作要求。与《规划》同时印发的还有《"十四五"时期国家重点图书、音像、电子出版物出版专项规划》《印刷业"十四五"时期发展专项规划》《出版物发行业"十四五"时期发展专项规划》三个专项规划。

制定出版业中长期发展规划，是党和政府领导和管理我国出版业科学发展的重大战略举措。这既是我国出版管理制度优势的集中体现，也是促进我国出版业健康发展的重要保障。"十四五"《规划》，虽然是过往五年规划的延续，具有常规性，但又面临"新时代、新阶段，新矛盾、新问题，新机遇、新挑战，新目标、新任务等一系列新情况，具有新的时

---

① 国家新闻出版署关于印发《出版业"十四五"时期发展规划》的通知［R］. 国家新闻出版署，2021-12-30.

代特征和继往开来的里程碑意义"①。出版业"十四五"《规划》"为开启全面建设社会主义现代化国家新征程、向第二个百年奋斗目标进军的第一个五年，擘画了出版工作的时间表、路线图和任务书"②，对我国出版业的未来五年甚至更长远的发展具有重要的战略意义。在系统学习基础上，笔者基于个人的理解，简要谈谈自己对《规划》的几点粗浅认识。

1. "十四五"时期出版业发展的新要求

《规划》以"深刻把握出版业发展新任务新要求"开篇，明确了"十四五"时期我国出版业发展的历史定位和功能定位。党的十九大报告指出，"经过长期努力，中国特色社会主义进入了新时代"，这是我国各项事业发展新的历史方位。"十四五"时期，是我国全面建成小康社会、实现第一个百年奋斗目标之后，乘势而上开启全面建设社会主义现代化国家新征程、向第二个百年奋斗目标进军的第一个五年。进入"新时代"、开启"新征程"、迈向"第二个百年"的"第一个五年"是《规划》对未来五年我国出版业发展的历史定位。从功能定位看，《规划》沿袭了十九大以来的基本发展理念，着力强调出版工作是"党的宣传思想文化工作的重要组成部分，是促进文化繁荣兴盛、建设社会主义文化强国的重要力量"。个人认为，这两个定位是《规划》确立"十四五"时期我国出版业发展指导思想、基本原则、目标要求、重点任务和保障措施以及出版业发展新要求的大前提和出发点。

---

① 郭占恒. "十四五"规划的里程碑意义和重大趋势[EB/OL]. 人民论坛网，2020-10-14.
② 田红媛. 魏玉山最新解读：出版业"十四五"规划和以往相比有哪些变化？[J]. 中国出版传媒商报，2022-01-11.

基于历史和功能这样两个定位，《规划》以四个"迫切需要"明确了"十四五"时期我国出版业发展的"新要求"，即"进入新发展阶段，出版工作迫切需要更好发挥服务大局、统一思想、凝聚力量的重要作用，进一步巩固壮大主流思想舆论；迫切需要提升内容建设水平和服务供给能力，更好以精品奉献人民；迫切需要积极适应新一轮科技革命和产业变革趋势，深化改革创新，转化增长动能，更好抢占数字时代出版发展制高点；迫切需要用好国内国际两个市场两种资源，增强走出去实效，讲好中国故事，传播好中国声音"。我们认为，这四大新需求是"十四五"时期我国出版业发展新目标、新任务与新举措的前提基础。

"进一步巩固壮大主流思想舆论"，是对"十四五"时期出版业发展方向的"新要求"。十八大以来，习近平总书记对包括出版工作在内的宣传思想工作提出了"巩固壮大主流思想舆论"的明确要求。我国出版业通过强化出版管理、做好主题出版、引导阅读消费等在服务大局、统一思想、凝聚力量等方面较好地发挥自己的作用，为巩固壮大主流思想舆论作出了应尽的贡献。在向第二个百年奋斗目标进军的"第一个五年"的全新历史方位中，我们面临的国内国际形势更加复杂多变，这就要求出版工作在"巩固壮大主流思想舆论"中地位和作用能够得到进一步的强化。

"更好以精品奉献人民"，则是基于中国特色社会主义进入新时代我国社会主要矛盾的转化对出版业"十四五"时期发展而提出的新需求。中国特色社会主义进入新时代，我国社会主要矛盾已经由"人民日益增长的物质文化需要同落后的社会生产之间的矛盾"转化为"人民日益增长的美好生活需要和不平衡不充分的发展之间的矛盾"。出版业要满足人民日益增长的"美好生活需要"，唯有"更好以精品奉献人民"。改革开放尤其是十八大以来，我国出版业的巨大发展，虽然初步满足了广大人民群众的基本阅读需求，但与新时代人民日益增长的"美好生活需要"尚有较大差距。个人理解，"提升内容建设水平和服务供给能力，更好以精品奉献人民"，是我国出版业"为人民服务"等根本宗旨在新时代、"十四五"时期的具体体现。

"更好抢占数字时代出版发展制高点"，是基于数字技术迅猛发展及其在出版业中的深度应用对新时代出版业高质量发展提出的新需求。众所周知，20世纪末以来，数字技术不仅在改变社会的阅读与消费，而且正在重构出版业。从全球范围看，新阅读、新出版已成为出版业发展的新的"风口"，更是出版业未来发展的兵家必争之地。如果说在传统出版业的国际竞争格局中我国落后于西方发达国家或地区，那么，数字出版却给我们带来了通过弯道超车、实现转型升级、形成竞争优势的新契机。

"讲好中国故事，传播好中国声音"，是新时代"加强我国国际传播能力建设"在出版业中的具体体现。2021年5月31日，习近平总书记在主持中央政治局加强我国国际传播能力建设集体学习时强调，"讲好中国故事，传播好中国声音，展示真实、立体、全面的中国，是加强我国国际传播能力建设的重要任务"。出版是传播业的有机组成部分，自然也肩负着国际传播的重要职能。因此，加强出版业国际传播能力建设，用好国内国际两个市场、两种资源，增强"走出去"实效，正是新时代对出版业高质量发展的必然要求。

2. "十四五"时期出版业发展的新目标

从过往的经验看，任何行业发展规划总是以目标为导向的，一般都会基于国家经济社会发展总体目标和行业发展基础、发展态势与要求确立一个定性发展预期或定量发展指标体系。本《规划》也不例外，同时确立了定性和定量两个方面的"新目标"，即 2035"远景目标"和"十四五"时期的具体目标。

《规划》确立的远景目标是：到 2035 年，将我国建成出版强国。正如中国新闻出版研究院魏玉山院长所讲的"这是第一次在国家正式文件中将出版强国建设的时间表、路线图确定下来"。个人认为，这一远景目标的确立是《规划》最大亮点。

十八大以来，党中央对文化建设高度重视，把文化建设提到了很重要的地位，把文化自信和道路自信、理论自信、制度自信并列为中国特色社会主义"四个自信"。十九届五中全会更是明确提出到 2035 年建成文化强国的具体时间表。出版是文化的有机组成部分，出版强国，应是国家文化强国战略的应有之义。出版强国远景目标的确立，既是出版业对标国家经济社会发展总体要求、落实文化强国战略的必然选择，又是我国从出版大国迈向出版强国的必然逻辑。

改革开放，特别是十八大以来，我国出版业得到了快速发展，业已成为世界出版大国。无论是出版业规模，还是出版物品种，都进入全球前列。正如《规划》所指出的，"十三五"时期，出版事业与党和国家各项事业同向同步，取得历史性成就、发生历史性变革，出版业整体实力与质量效益稳步提升。进入新时代，对标新要求，出版业的未来发展理应有新的更高的远景目标。

特别让人眼前一亮的是，《规划》还对出版强国这一远景目标的内涵做出了清晰界定，为出版业的长远发展擘画出了宏伟蓝图。《规划》对出版强国给予了这样的描述，即"出版创新创造活力充分激发，优质内容供给能力显著增强，出版服务大局服务人民能力凸显，出版业实力、影响力、国际竞争力明显提高，出版领域治理体系和治理能力基本实现现代化，出版在增强国家文化软实力和中华文化影响力中的作用更加彰显"。

个人认为,《规划》所列出的"出版创新创造活力""优质内容供给能力""服务大局服务人民能力""出版业实力、影响力和国际竞争力""出版领域治理体系和治理能力"和"在增强国家文化软实力和中华文化影响力中的作用"等正是出版强国远景目标的核心指标维度,是"十四五"乃至2035年我国出版业高质量发展的主要方向。

在定性确立远景目标基础上,《规划》锚定"出版强国"这一长远目标,以"新高度""新提升""新突破""新台阶""新成效"和"新提高"等"六个新"具体描述了"十四五"时期出版业需要达成的具体目标,其中多个目标维度还给出了定量指标。这六个具体目标是"出版强国"远景目标在"十四五"时期的阶段性要求,是实现2035远景目标的重要基础。

《规划》确立的六个具体目标,既是出版强国远景目标的在"十四五"时期的阶段性体现,又是建立在"十三五"出版业发展基础之上的逻辑演进。

从定性目标看,六个具体目标紧扣远景目标的核心维度。如"服务大局的能力水平达到新高度"和"满足人民学习阅读需求实现新提升"就是紧扣远景目标中的"服务大局服务人民能力";"行业繁荣发展取得新突破"和"产业数字化水平迈上新台阶"则是锚定远景目标中的"出版创新创造活力"和"优质内容供给能力";"出版走出去取得新成效"显然是对接远景目标中的"在增强国家文化软实力和中华文化影响力中的作用";"行业治理效能得到新提高"即是对应远景目标中的"出版领域治理体系和治理能力"等。可以说,六个具体目标无一例外地锚定远景目标中的相应维度,体现了具体目标对远景目标的精准理解和有效把握。

从定量目标看,"十四五"时期的六个具体目标,有多项确立了明确的量化标准。如,全国出版、印刷和发行服务营业收入从2020年的1.6万亿元提升到"十四五"时期末的2万亿元左右,净增0.4万亿元,年增长率5%；全国出版物发行网点从2020年的26万处提升到"十四五"时期末的30万处左右，净增4万处，年增长0.8万处；出版版权输出规模从2020年的1.38万项提升到"十四五"时期末的2万项左右，净增0.62万项，年增长0.124万项。应该说，这些量化指标都是2035远景目标的内在要求，是"十四五"时期必须为之奠定的阶段性基础。虽然说这些指标的要求还是很高的，实现的难度不小，但是，《规划》为这些具体目标的实现部署行之有效的举措，设计了强有力的保障措施。我们相信，有党和国家的坚强领导，通过全行业的共同努力，这些具体目标是一定能够实现的。

3. "十四五"时期出版业发展的新任务

明确的目标，还需要有实实在在的具体工作任务或重大工程的支撑。《规划》围绕远景目标和具体目标，从做强做优主题出版、打造新时代出版精品、壮大数字出版产业、促进印刷产业提质增效、加强出版公共服务体系建设、健全现代出版市场体系、推动出版业高水平走出去、提高出版业治理能力与管理水平、完善出版业高质量发展保障措施等9个方面，提出了"十四五"时期需要完成的39项重点任务及46项重大工程。我们不妨将这9个方面的39项重点任务和46项重大工程，称作"十四五"时期出版业发展的"新任务"。无论是从篇幅还是分量来看，"新任务"都是《规划》的主体，是"十四五"时期出版业发展目标的具象化，更是广大出版工作者和出版单位可知可感的工作抓手。

通过对《规划》的学习，笔者深感这9个方面的"新任务"戳到了我国出版业的痛点，抓住了"十四五"时期我国出版业发展的关键。其中的不少任务与工程，既是长期以来制约出版业健康发展的短板和难题，又是实现出版强国远景目标难以跨越或回避的关键。由于在这 9 个方面的"新任务"中，"完善出版业高质量发展保障措施"同时具有"任务"和"举措"的双重意涵，拟将其纳入"新举措"部分进行解读。本部分仅涉及其他 8 个方面的"新任务"。

"做强做优主题出版"，是由我国出版业的社会主义性质所决定的出版工作的政治任务。2003 年主题出版工程启动以来，全国出版界围绕党和国家中心工作、重大活动或事件等及时策划、编辑、出版了大量有影响的主题出版物，在宣传贯彻习近平新时代中国特色社会主义思想、彰显时代精神、统一思想、凝聚力量和传播中华优秀传统文化等方面起到了应有的作用。做强做优主题出版，是"十四五"时期我国出版业发展首要任务。《规划》围绕"做强做优主题出版"这一首要任务，精心部署了"十四五"时期"加强党的创新理论出版传播"等 4 项重大任务和"习近平新时代中国特色社会主义思想研究阐释出版"等 9 项重大工程。这些重点任务和重大工程，集中体现了新时代特别"十四五"时期党和国家对出版业发展的新期待和新要求。能否高质量完成这些任务和工程，是衡量和检验未来五年我国出版业发展的硬指标或试金石。

"打造新时代出版精品"，是《规划》中"更好以精品奉献人民"这一新要求的具体体现，更是出版业的生命力所系。没有高质量的精品力作，出版业必难行稳致远。虽说出版精品力作一直以来都是我国出版业矢志追求的共同目标，但一段时期以来，由于受到市场化改革等多元因素的影响，出版质量的下降已是不争的事实。2018 年，出版转隶中宣部管理后，提升出版质量，打造出版精品受到前所未有的重视。《规划》围绕"打造新时代出版精品"设计了"整理出版一批重要文化典籍"等 4 项重大任务和"原创精品创作出版"等 5 大重大工程。这既体现了新时代出版业高质量发展的内在要求，也是反映了党和国家推进出版业发展方式转变的坚强决心。

"壮大数字出版产业"，是顺应数字技术快速发展及其在出版业中的深度应用所规划的新任务。数字出版是出版业发展的方向，谁掌握了数字出版的主动权，谁就将拥有未来出版业的话语权。总体上讲，我国数字出版业的发展成就是有目共睹的，网络文学、电子图书等数字出版业态甚至走在了世界前列。《规划》基于"壮大数字出版产业"安排了"健全完善数字出版科技创新体系"等 4 项重点任务和"重大出版融合发展项目"等 6 大重大工程。这些任务和工程，既是对前期数字出版存在不足的补强，如"系统推进出版深度融合发展""健全完善数字出版科技创新体系"等；又高度契合了数字出版发展的前沿态势，如"推广互动式、服务式、场景式传播"就是未来数字出版的新高地。

"促进印刷产业提质增效"，是新技术背景下提升出版业技术含量、优化出版产业链结构的必然选择。当前，印刷复制业面临新旧动能转换与技术转型等多重压力，亟待寻求新的产业改革与发展思路。《规划》以"提质增效"为主线，设计的"印刷业关键技术及装备器材研发攻关工程""印刷智能制造示范工程"和"全印刷补链强链护链工程"等均有很强的针对性，有助于提升印刷业的技术含量、优化出版产业链结构。

"完善公共文化服务体系"，是出版业贯彻与落实党和国家"加快构建现代公共文化服务体系"精神的具体体现。十八大以来，为更好满足人民群众基本精神文化需求、保障和改善文化民生，党中央将加快构建现代公共文化服务体系纳入全面深化改革之全局。十九届五中全会又明确提出"提升公共文化服务水平"的要求。出版界通过实施出版惠民工程、倡导全民阅读、构建书香社会等，为建设现代公共文化服务体系、提升公共文化服务水平做出了积极贡献。"十四五"时期，《规划》将完善公共文化服务体系的重点放在全民阅读活动的创新、乡村阅读服务水平的提升、特殊群体基本阅读权益的保障和出版公共服务效能的增强四个方面,以"十三五"的主线一以贯之,重点不是开拓新的领域而是核心工作的提质增效。这显然是一种务实且理性的选择。

"健全现代出版市场体系",是市场经济条件下出版业高质发展的基础性前提,也是近十年来我国出版改革发展持续发力但尚未取得重大突破的一大难题。2011年10月,十七届六中全会审议通过的《中共中央关于深化文化体制改革、推动社会主义文化大发展大繁荣若干重大问题的决定》,明确提出了"健全现代文化市场体系"的目标任务。经过十多来年的努力,我国出版物产品市场、出版要素市场、出版市场主体、出版物流通制度等的建设虽然取得了一些成绩,但离现代文化市场体系的要求还有较大差距,还存在不少问题或不足,如出版资源的配置问题、出版物的品种结构问题、出版市场的开放性问题、流通渠道的合理规划问题等。《规划》基于"健全现代出版市场体系"这一主题,所安排的4项重点任务和3项重大工程,抓住了问题的症结和要害,开出了一剂良方。

"推动出版业高水平走出去",是2003年确立的新闻出版业"走出去"战略在"十四五"时期的延续,是在总结过去近十年来我国出版业"走出去"经验与不足基础上提出的更高要求。2003年,新闻出版业"走出去"战略提出以来,相关部门陆续推出了金水桥计划、中华学术外译项目、经典中国国际出版工程、中国图书对外推广计划、中国出版物国际营销渠道拓展工程、重点新闻出版企业海外发展扶持计划、边疆新闻出版业"走出去"扶持计划、图书版权输出奖励计划和丝路书香工程等重大举措,各出版单位积极响应,初步构建起了内容生产、翻译出版、发行推广和资本运营等全流程全领域的"走出去"格局,为"讲好中国故事,传播好中国声音"做出了应尽的贡献。但是,我国出版业"走出去"的整体水平,与新时代建设"文化强国"、坚持"文化自信"以及提高国家文化软实力的要求相比,还有一定差距,如我国出版物的实物出口量、版权输出量、海外图书馆馆藏量、大型出版企业的国际影响力、在国际出版管理事务中的话语权等都相对不足。因此,"推动出版业高水平走出去"就成了"十四五"时期出版业发展的必然选择。《规划》从"走出去"的内容建设、渠道拓展和竞争力影响力三大方面规划了"亚洲经典著作互译计划""中国出版物国际营销渠道拓展工程""对外翻译出版工程"和"国际出版版权数据库建设项目"等四大重大工程。我们相信,随着这些重点任务与重大工程的实施,我国出版业"走出去"的水平、出版业的国际竞争力和影响力将会得到大幅提升。

"提高出版业治理能力与管理水平",是改革开放以来我国出版业高速发展和新时代尤其是"十四五"时期高质量发展的必然要求。治理能力和管理水平,决定着行业的发展能力与发展水平。"十四五"时期,出版业的高质量发展,只能建立在治理能力和管理水平不断提升的基础之上。《规划》提出的这一目标是十九届四中全会确立的"推进国家治理体系和治理能力现代化"战略在出版管理中的落实和体现。出版行业治理或管理的关键,是出版方向问题。《规划》将"完善党管出版工作体制机制","牢牢掌握党对出版工作的领导权"作为此项目标的首要任务,牢牢把握住了出版工作的政治方向,抓住了"提高出版业治理能力与管理水平"的关键。此外,《规划》还就出版治理与管理的其他方面部署了"规范网上网下出版秩序""加强著作权保护和运用""深化出版领域'放管服'改革"和"加强出版领域法规体系建设"等多项任务和工程,涉及出版管理的各个重要方面和主要领域。每一条措施都直指问题的要害,发力精准到位。

4. "十四五"时期出版业发展的新举措

目标和任务的实现，是以强有力的保障措施为支撑的。中国特色社会主义制度和国家治理体系，具有"坚持全国一盘棋，调动各方面积极性，集中力量办大事的显著优势"。这也为《规划》出台有效举措提供空间。为确保出版强国远景目标和"十四五"具体目标和任务的实现，《规划》以"完善出版业高质量发展保障措施"和"强化规划部署实施"两个部分部署了一系列强有力的保障措施。

一是从领导体制上，明确要求各级新闻出版部门、出版单位主管部门和出版行业协会等要"切实加强组织领导"，"对标本规划提出的目标任务，加强政策和制度衔接"，"建立规划推进机制"和"规划实施监测评估机制"，以"确保规划抓实抓好抓出成效"，"确保规划目标如期实现"。

二是从政策与制度上，提出了"加强政策有效供给，完善制度保障体系"一系列措施。如在"出版经济政策体系"方面，"推动完善出版融合发展、印刷业转型升级、实体书店提质增效、深化出版走出去等"的财税政策；"推动延续出版、发行、出口等环节"的有关税收优惠政策；建立基于长效机制的"宣传文化增值税优惠政策"和"对接运用国家有关企业设备更新和技术改造、扩大战略性新兴产业投资、推进新型基础设施建设等"方面的支持政策。再如，在"资金投入机制"方面，对国家级出版公共文化设施、重大出版工程、重大出版融合发展项目，积极协调财政资金支持；鼓励各地区各部门加大对出版领域的资金支持力度，积极出台扶持出版业发展的政策措施等。又如，在"激励机制"方面，推动出版单位构建以精品生产为中心的"考核评价体系"；建立健全精品出版与"社会效益考核评价、评奖评优、出版资源配置协调联动机制"等。

三是从技术层面，出台了包括"基础性和关键共性技术研发""科技成果转化""标准体系建设"在内的"强化出版技术支撑"系列措施。如"推进实施一批出版科技创新重点项目，推动将出版技术研发列入国家重点研发计划，加强出版领域基础性和关键共性技术研发推广"，"统筹行业重大科技工程与企业基础技术设施建设，培育技术要素市场，扶持创新示范项目，促进科技资源优化配置和科技成果转化应用"和"优化行业标准体系结构，建立符合出版业发展要求的高质量标准体系，推动标准工作提档升级"等。

四是从理论层面，进一步强化了出版学研究对出版业发展的"智力支持"作用。《规划》明确指出，要"构建中国特色社会主义出版学学科体系"，"更好发挥出版研究机构、行业协会、高等院校的智库作用，支持有关地方和单位积极开展出版智库建设"，"站位全局，着眼长远，聚焦出版业发展基础性战略性关键性问题，组织开展前瞻性系统性研究，为出版业高质量发展提供智力支持"。加强社会类出版智库规范引导，统筹推进各类出版智库规范发展。

五是从人才队伍层面，提出了"加强出版人才队伍建设"的目标要求，规划了培养造就一批"出版领军人物和出版家"和建设新时代"出版人才矩阵"的具体举措，如健全"出版人才评价体系"，实施急需紧缺人才"特殊政策"，完善"职业技能等级认定工作"和改革深化专业技术人员"职称制度"等。

原载于《出版科学》2022 年第 3 期

后　记

出版，是件雅俗共赏之事。说到雅，是因为它总是与文人墨客打交道，有了些文化气息；说到俗，它终究只是一些人的营生而已，难免会粘上些铜臭气。雅也好，俗也罢，古今中外靠出版讨饭吃的人并不少。他们或者以撰稿谋生，或者以编书为业，或者靠贩书度日。此外，还有一种人也算是靠出版讨饭吃的，就是我等编辑出版学专业的教书匠。

我是1990年研究生毕业进入高校编辑出版学专业任教的。当时的学科专业名称是图书发行管理学，还不叫编辑出版学，直到1998年教育部颁布《普通高等学校本科专业目录（1998）》时，才将发行学和编辑学两个专业合并，更名为"编辑出版学"。与今天的年轻人不停地"跳槽"不同，我一生就干一件事，待在一个单位就一辈子。2020年教师节那天，还荣幸地收到了学校党委书记和校长联名签发的"执教30年荣誉证书"。在获得的众多证书中，这是我最看重的证书之一，因为它是我用30年的光阴换来的。

30多年来，我的主要工作是讲课，陪着孩子们成长。看到一波波孩子从这个专业走出去，在出版行业干得有声有色，甚是欣慰。授课的同时，也偶尔写点东西，谈谈对出版的感悟。2020 年，在学院建院百年、本人执教 30 年之际，我粗略整理了一下自己零星写过的一些东西。现在看来，不少东西还不成熟，有的甚至还很幼稚。这其中虽有历史的缘故，但更多还是自身学力不足使然。虽然幼稚和不成熟，但却是一个历史的见证，它见证了我 30 年走过的路，更有我国出版业 30 年的发展历程。

出版业虽然有着悠久的历史，但严格意义上的出版学研究时间并不长。现代意义上的出版学高等教育，在我国也就 30 多年的历史。我算得上是较早进入这个行业的一员。30 多年来，我清晰地见证了我国出版生态的改善、出版体制机制的变革、出版技术与手段的进步以及出版服务能力的提升。30 多年前的图书流通体制改革、21 世纪初的出版体制改革以及近 20 年来数字技术的广泛应用等，一步一步地释放出现代出版生产力，提升出版服务教育、科技和文化发展的能力。当年我讲授"图书市场信息学""世界书业导论""图书营销学"等课程时还是在仰视西方出版业，今天则可以坦然地平等视之。我们正从出版大国走向出版强国的路上。

这本集子收录的 30 多篇文章，大致也能反映我国出版业的这一发展历程。早期的文章关注的主要是"图书营销""发行代理制""产业链"等出版产业微观或局部问题，中后期更多涉及的则是"发展战略""专业出版""产业资源""出版服务"或学科建设等产业宏观或理论问题。集子里的东西都出于个人视角，不希望它有多大的价值，只是自娱自乐而已。

集子的出版得到了文化名家暨"四个一批"人才计划的资助。

方　卿